BRUNS Elternzeit

RdW Schriftenreihe
›Das Recht der Wirtschaft‹

Band 237 · Juli 2023

Elternzeit

von Dr. Patrick Bruns, Rechtsanwalt und
Fachanwalt für Arbeitsrecht
Baden-Baden

6., überarbeitete Auflage, 2023

BOORBERG

Bibliografische Information der Deutschen Nationalbibliothek | Die Deutsche Nationalbibliothek verzeichnet diese Publikation in der Deutschen Nationalbibliografie; detaillierte bibliografische Daten sind im Internet über www.dnb.de abrufbar.

6. Auflage, 2023

ISBN 978-3-415-07438-5

Die Schriftenreihe >DAS RECHT DER WIRTSCHAFT< (RdW) ist Teil des gleichnamigen Sammelwerks, einer Kombination aus Buch und Zeitschrift: Zweimal monatlich erscheinen Kurzberichte, die auf jeweils 48 Seiten über aktuelle Rechts- und Steuerfragen informieren. Jährlich erscheinen zusätzlich sechs bis acht Bücher zu Themen der aktuellen Rechtslage.

Verantwortlich: Carola Moser, B.A.

Richard Boorberg Verlag GmbH & Co KG | Scharrstraße 2 | 70563 Stuttgart
Stuttgart | München | Hannover | Berlin | Weimar | Dresden
www.boorberg.de

Gesamtherstellung: Laupp & Göbel GmbH | Robert-Bosch-Str. 42 | 72810 Gomaringen

---

Vorwort zur 6. Auflage

Für die Neuauflage waren wieder zahlreiche neue Urteile des BAG und der Landesarbeitsgerichte zu berücksichtigen, während sich der Gesetzgeber diesmal zurückgehalten hat.

Für Hinweise und die Zusendung einschlägiger neuer Gerichtsentscheidungen bin ich weiterhin dankbar (dr.bruns@gmx.de).

Rechtsprechung und Schrifttum sind bis März 2023 eingearbeitet.

Baden-Baden, im März 2023 *Dr. Patrick Bruns*

Aus dem Vorwort zur 1. Auflage

Das Recht der Elternzeit (früher: Erziehungsurlaub, noch früher: Mutterschaftsurlaub, im europäischen Kontext: Elternurlaub) steht im Schatten der in der Bevölkerung und im Bundestag immer wieder und auch intensiv diskutierten Voraussetzungen des Bezugs von Elterngeld (früher: Erziehungsgeld). Beides ist im BEEG geregelt. Dessen 2. Teil (§§ 15–21) befasst sich mit den Regelungen zur Elternzeit. Im Jahr ergehen etwa vier Entscheidungen des Bundesarbeitsgerichts und ein Dutzend Entscheidungen der Landesarbeitsgerichte, die im Kern Rechtsprobleme zur Elternzeit betreffen.

Der vorliegende Band stellt die Rechtslage zur Elternzeit dar. Er gibt den Stand der Diskussion zu den wesentlichen Rechtsfragen wieder und bezieht dazu Stellung. Die Darstellung stützt sich u. a. auf mehrere Hundert obergerichtliche, zum Teil nicht veröffentlichte Gerichtsentscheidungen.

Baden-Baden, im Januar 2008 *Dr. Patrick Bruns*

Inhaltsverzeichnis

Abkürzungen

a. A.	anderer Ansicht
a. E.	am Ende
a. F.	alte Fassung
Abs.	Absatz
AfP	Archiv für Presserecht (Zeitschrift)
AGG	Allgemeines Gleichbehandlungsgesetz
Alt.	Alternative
AN	Arbeitnehmer
AnwZert ArbR	AnwaltZertifikatOnline Arbeitsrecht (Online-Zeitschrift)
ArbG	Arbeitsgericht
ArbGG	Arbeitsgerichtsgesetz
ArbPlSchG	Arbeitsplatzschutzgesetz
ArbRB	Arbeitsrechts-Berater (Zeitschrift)
arg.	argumentum
Art.	Artikel
AuA	Arbeit und Arbeitsrecht (Zeitschrift)
Aufl.	Auflage
AuR	Arbeit und Recht (Zeitschrift)
Az.	Aktenzeichen
BAG	Bundesarbeitsgericht
BAnz.	Bundesanzeiger
BAT	Bundes-Angestelltentarifvertrag (1961 – 2005/2010)
BB	Betriebs-Berater (Zeitschrift)
BBiG	Berufsbildungsgesetz
BeckRS	Beck-Rechtsprechung, Rechtsprechungssammlung in beck-online (Jahrgang, Nummer)
BEEG	Gesetz zum Elterngeld und zur Elternzeit
Beil.	Beilage
BErzGG	Gesetz zum Erziehungsgeld und zur Elternzeit
BetrAVG	Gesetz zur Verbesserung der betrieblichen Altersversorgung
BetrVG	Betriebsverfassungsgesetz
BGB	Bürgerliches Gesetzbuch
BGBl.	Bundesgesetzblatt
BGH	Bundesgerichtshof
BGHZ	Entscheidungen des Bundesgerichtshofs in Zivilsachen
BPersVG	Bundespersonalvertretungsgesetz

BSG	Bundessozialgericht
BT-Drs.	Bundestagsdrucksache
BUrlG	Bundesurlaubsgesetz
BVerfG	Bundesverfassungsgericht
BVerfGE	Entscheidungen des Bundesverfassungsgerichts
CEEP	Europäischer Zentralverband der öffentlichen Wirtschaft
DAI	Deutsches Anwaltsinstitut e. V.
DB	Der Betrieb (Zeitschrift)
ders.	derselbe
dies.	dieselbe(n)
ebda.	ebenda
EFZG	Entgeltfortzahlungsgesetz
EG	Europäische Gemeinschaft
EGB	Europäischer Gewerkschaftsbund
EGBGB	Einführungsgesetz zum BGB
EGMR	Europäischer Gerichtshof für Menschenrechte
EMRK	Konvention zum Schutz der Menschenrechte und Grundfreiheiten
ErfK	Erfurter Kommentar
EStG	Einkommensteuergesetz
EU	Europäische Union
EuZA	Europäische Zeitschrift für Arbeitsrecht
EuZW	Europäische Zeitschrift für Wirtschaftsrecht
EWG	Europäische Wirtschaftsgemeinschaft
EWiR	Entscheidungen zum Wirtschaftsrecht (Zeitschrift)
FA	Fachanwalt Arbeitsrecht (Zeitschrift)
FamRZ	Zeitschrift für das gesamte Familienrecht
f. m. N.	für mehr Nachweise
Fn.	Fußnote
FS	Festschrift
GA	Geschäftsanweisung
gem.	gemäß
GewO	Gewerbeordnung
GG	Grundgesetz
ggf.	gegebenenfalls
ggü.	gegenüber
GKG	Gerichtskostengesetz
GRCh	EU-Grundrechte-Charta
grds.	grundsätzlich

HandwO	Handwerksordnung
Hs.	Halbsatz
i. d. F.	in der Fassung
i. Erg.	im Ergebnis
i. G.	im Gegensatz
info also	Informationen zum Arbeitslosenrecht und Sozialhilferecht (Zeitschrift)
i. S.	im Sinne
i. V.	in Verbindung
JArbSchG	Jugendarbeitsschutzgesetz
JurisPR-ArbR	Juris PraxisReport Arbeitsrecht (Ausgabe, Jahr)
KR	Kommentar zum Kündigungsrecht, Verlag Luchterhand
KSchG	Kündigungsschutzgesetz
LAG	Landesarbeitsgericht
LAGE	Entscheidungen der Landesarbeitsgerichte (Jahrgang, Seite)
LAGReport	Landesarbeitsgerichts-Report
LS	Leitsatz
LSG	Landessozialgericht
LVwVfG	Landesverwaltungsverfahrensgesetz
mdl.	mündlich
Mio.	Million(en)
m. N.	mit Nachweisen
MuSchG	Mutterschutzgesetz
NJOZ	Neue Juristische Online Zeitschrift
NJW	Neue Juristische Wochenschrift
NJW-RR	Neue Juristische Wochenschrift – Rechtsprechungsreport
NordÖR	Zeitschrift für Öffentliches Recht in Norddeutschland
n. v.	nicht veröffentlicht
NVwZ	Neue Zeitschrift für Verwaltungsrecht
NVwZ-RR	Neue Zeitschrift für Verwaltungsrecht – Rechtsprechungsreport
NZA	Neue Zeitschrift für Arbeitsrecht
NZA-RR	Neue Zeitschrift für Arbeitsrecht – Rechtsprechungsreport
NZS	Neue Zeitschrift für Sozialrecht
o. ä.	oder Ähnliches
öAT	Zeitschrift für das öffentliche Arbeits- und Tarifrecht (Jahrgang, Seite)
OVG	Oberverwaltungsgericht
PflegeZG	Gesetz über die Pflegezeit
PVG	Personalvertretungsgesetz

RdA	Recht der Arbeit (Zeitschrift)
RdW	Recht der Wirtschaft (Zeitschrift)
Rn.	Randnummer
RiLi	Richtlinie
Rspr.	Rechtsprechung
RVO	Reichsversicherungsordnung
S.	Seite/siehe
s. o.	siehe oben
s. u.	siehe unten
SAE	Sammlung arbeitsrechtlicher Entscheidungen
SG	Sozialgericht
SGB	Sozialgesetzbuch
SozR	Sozialrecht
SprAuG	Gesetz über Sprecherausschüsse der leitenden Angestellten
st. Rspr.	ständige Rechtsprechung
TVöD	Tarifvertrag für den öffentlichen Dienst
TVG	Tarifvertragsgesetz
TzBfG	Teilzeit- und Befristungsgesetz
u. a.	und andere/unter anderem
UmwG	Umwandlungsgesetz
UNICE	Vereinigung der europäischen Industrie- und Arbeitgeberverbände
u. s. w.	und so weiter
u. U.	unter Umständen
v.	vom
VG	Verwaltungsgericht
VGH	Verwaltungsgerichtshof
VV	Verwaltungsvorschrift
VwGO	Verwaltungsgerichtsordnung
WissZeitVG	Wissenschaftszeitvertragsgesetz
WM	Wertpapier-Mitteilungen (Zeitschrift)
z. B.	zum Beispiel
ZfA	Zeitschrift für Arbeitsrecht
ZFE	Zeitschrift für Familien- und Erbrecht
Ziff.	Ziffer
ZIP	Zeitschrift für Wirtschaftsrecht
ZPO	Zivilprozessordnung
ZTR	Zeitschrift für Tarifrecht
zw.	zweifelhaft

Einführung

Am 1.1.2007 ist das Gesetz zum Elterngeld und zur Elternzeit (Bundeselterngeld- und Elternzeitgesetz – BEEG) in Kraft getreten.[1] Es hat das im Wesentlichen deckungsgleiche Bundeserziehungsgeldgesetz (BErzGG) abgelöst. Während der 1. Abschnitt (§§ 1–14: Elterngeld) die Voraussetzungen für den Bezug von Elterngeld regelt und daher zum Sozialrecht gehört (§ 68 Nr. 15 SGB I), enthält der 2. Abschnitt (§§ 15–21: Elternzeit für Arbeitnehmerinnen und Arbeitnehmer) ausschließlich arbeitsrechtliche Regelungen zur Elternzeit.[2] Dieser Teil des BEEG stimmt im Wesentlichen mit dem 2. Abschnitt des BErzGG überein. Die geringe Zahl der Paragrafen täuscht. Insgesamt enthält dieser Teil über 60 Sätze mit detaillierten Sonderregelungen zur Elternzeit. Der 3. Abschnitt des BEEG (§§ 22–27) erläutert Vorschriften, die statistischen Erhebungen dienen, sowie die üblichen Übergangs- und Schlussvorschriften. Das BEEG gilt für alle Arbeitsverhältnisse in Betrieben, die ihren Sitz in Deutschland haben.[3]

Der 2. Abschnitt des BEEG enthält alle wesentlichen Regelungen zur Elternzeit, nämlich zur Freistellung, zum Erholungsurlaub, zur Teilzeitarbeit, zu befristeten Arbeitsverhältnissen und zum Sonderkündigungsschutz. Diese Vorschriften dienen dazu, dem Arbeitnehmer unter Aufrechthaltung seines Arbeitsplatzes Freiraum für die Betreuung eigener und angenommener Kinder zu geben. Sie gehen in allen Punkten über die Mindestvorgaben der RiLi 96/34/EG v. 3.6.1996 zu der von den europäischen Sozialpartnern UNICE, CEEP und EGB geschlossenen Rahmenvereinbarung über Elternurlaub[4] hinaus. Hierbei stand der Gesetzgeber auch vor der Aufgabe, die

---

1 Art. 1 des Gesetzes zur Einführung des Elterngeldes v. 5.12.2006, BGBl. I S. 2748; aktuell i.d.F. der Bekanntmachung v. 27.1.2015 (BGBl. I S. 33).

2 Der Diskussionsentwurf eines Arbeitsvertragsgesetzes (Stand: November 2007, Beil. zu NZA 21/2007) sieht vor, diese Vorschriften als §§ 101, 102 in das Arbeitsvertragsgesetz einzugliedern. Sofern in § 68 Nr. 15 SGB I auch dieser Abschnitt dem Sozialrecht zugeschlagen wird, dürfte es sich um ein Redaktionsversehen handeln.

3 HK-ArbR/Velikova, Rn. 8 zu § 15 BEEG.

4 ABl. L 145 v. 19.6.1996, S. 4; ergänzt durch die RiLi 97/75/EG v. 15.12.1997, ABl. L 10/24 v. 16.1.1998; ersetzt durch die RiLi 2010/18/EU v. 8.3.2010, ABl. L 68 v. 18.3.2010, S. 13. Die neue Rahmenvereinbarung datiert vom 18.6.2009. Die wesentlichen Neuerungen der Richtlinie sind:
- **Keine Diskriminierung** – Arbeitnehmern, die Elternurlaub beantragen oder in Anspruch nehmen, dürfen daraus keine Nachteile entstehen.
- **Vorübergehende Änderung der Arbeitsbedingungen** – Nach Rückkehr aus dem Elternurlaub ist vorübergehend eine Änderung der Arbeitszeitregelung möglich. Bei der Prüfung solcher Anträge müssen die Arbeitgeber die Bedürfnisse der Arbeitnehmer berücksichtigen.

Interessen des Arbeitgebers auf größtmögliche Gestaltungsfreiheit und Ausgleich für die Bereithaltung des Arbeitsplatzes für die Zeit nach Ablauf der Elternzeit angemessen zu berücksichtigen. Beispiele für diese Gestaltungsfreiheit finden sich in Fristanforderungen (z. B. der Anmeldefrist des § 16 Abs. 1 Satz 1 BEEG), Zustimmungserfordernissen (z. B. gem. § 15 Abs. 2 Satz 4, Abs. 7 Satz 1 Nr. 4, Abs. 4 Satz 3 BEEG) und inhaltlichen Begrenzungen der Elternzeit (z. B. durch die Höchstgrenzen in § 15 Abs. 2 Satz 1 und Satz 5 BEEG oder die Verteilung auf nur drei Zeitabschnitte gem. § 16 Abs. 1 Satz 6 BEEG). Beispiele für einen Ausgleich finden sich in § 17 Abs. 1 Satz 1 BEEG (Möglichkeit der Urlaubskürzung) sowie § 19 BEEG (dreimonatige Frist für die Arbeitnehmerkündigung).

Art. 8 EMRK gibt kein Recht auf Elternzeit und verpflichtet die Konventionsstaaten auch nicht, Elternzeit zu bezahlen. Elternzeit und eine damit verbundene Zahlung ermöglichen es aber einem Elternteil, zu Hause zu bleiben und sich den Kindern zu widmen, fördern so das Familienleben und wirken sich zwangsläufig auf dessen Organisation aus. Sie fallen also in den Anwendungsbereich des Art. 8 EMRK. Daher ist Art. 14 EMRK i. V. mit Art. 8 EMRK anwendbar. Wenn ein Konventionsstaat Elternzeit vorsieht, muss das in einer mit Art. 14 EMRK zu vereinbarenden Art und Weise, mithin diskriminierungsfrei, geschehen.[5]

Die Möglichkeit, Elternzeit (bis 2001: Erziehungsurlaub) zu nehmen, besteht seit dem 1. 1. 1986.[6] In der Folge hat der Gesetzgeber das BErzGG und spätere BEEG über ein Dutzend Mal geändert, dabei aber immer nur an einzelnen Stellschrauben gedreht, zuletzt vor allem durch das Anfang 2015 in Kraft getretene Gesetz zur Einführung des Elterngeld Plus mit Partnerschaftsbonus und einer flexibleren Elternzeit im BEEG.[7] Dementsprechend erscheinen die §§ 15–21 BEEG heute nicht aus einem Guss.[8]

[Fortsetzung Fußnote 4]

– **Eltern von Adoptivkindern und behinderten oder langfristig erkrankten Kindern** – Die Mitgliedstaaten und die Sozialpartner müssen die besonderen Bedürfnisse solcher Eltern bewerten.

5 EGMR v. 22. 3. 2012 – 30078/06 (Rn. 130), NJOZ 2014, 1593, 1597 – Markin.

6 Gesetz zum Erziehungsgeld und zur Elternzeit v. 6. 12. 1985, BGBl. I S. 2154; dazu BT-Drs. 10/3792 und 10/4212; dieses Gesetz hat die Regelungen zum Mutterschaftsurlaub und -geld v. 25. 6. 1979, BGBl. I S. 797, abgelöst.

7 Vom 18. 12. 2014, BGBl. I S. 2325. Flankierend dazu wurde am 23. 12. 2014 das Gesetz zur besseren Vereinbarkeit von Familie, Pflege und Beruf (BGBl. I S. 2462) verabschiedet, das Änderungen vor allem des FamPflegeZG und des PflegeZG beinhaltet, dazu u. 8. und 9. sowie allg. Stüben/v. Schwanenflügel, NJW 2015, 577.

8 Drastischer Winterfeld, DB 2004, 930, 934: „Labyrinth".

Nicht alle Änderungen sind verständlich. Einiges wirkt aktionistisch wie etwa das umfangreiche Gesetz vom 30. 11. 2000[9] mit dem einzigen Zweck, den Begriff „Erziehungsurlaub“ durch den der Elternzeit zu ersetzen. Ungewöhnlich sind auch die vielen Bekanntmachungen der Gesetzesfassungen.[10]

9 BGBl. I S. 1638.

10 Allein bis 2005 erfolgten 6 Bekanntmachungen der Neufassung des BErzGG, nämlich v. 25. 7. 1989 (BGBl. I S. 1551), 21. 1. 1992 (BGBl. I S. 69), 31. 1. 1994 (BGBl. I S. 181), 1. 12. 2000 (BGBl. I S. 1646), 7. 12. 2001 (BGBl. I S. 3359) und 9. 2. 2004 (BGBl. I S. 207).

1. Freistellung

Die Elternzeit verschafft abhängig Beschäftigten die Möglichkeit, sich ihren neugeborenen leiblichen, zur Pflege oder Adoption aufgenommenen Kindern zu widmen und gleichzeitig den Kontakt zum Beruf zu wahren. Hierzu gibt § 15 BEEG den Eltern und gewissen Pflegepersonen ein **Recht auf (unbezahlte) Freistellung von der Arbeit**, regelmäßig für die Dauer bis zur Vollendung des 3. Lebensjahrs des Kindes. Das Recht auf Elternzeit soll vor allem die Rechtsstellung der Mütter verbessern. Diese sollen nicht, wie vom MuSchG in seiner Fassung von 1968 noch beabsichtigt, gezwungen sein, ihr Beschäftigungsverhältnis aufzugeben, wenn sie sich für gewisse Zeit ausschließlich um familiäre Belange kümmern wollen. Vorläufer der Elternzeit war der 1979 eingeführte 4-monatige Mutterschaftsurlaub. Dieser wurde 1986 durch den (zunächst bis zu 10-monatigen, ab 1988 12-monatigen, ab Mitte 1989 15-monatigen, ab Mitte 1990 18-monatigen und seit 1992 3-jährigen) Erziehungsurlaub abgelöst. Da dieser sicherlich kein Urlaub ist und er auch keine Erziehung zum Gegenstand hat, heißt er seit 2001 Elternzeit. Das Recht auf Elternzeit (damals noch Erziehungsurlaub) wurde aus fiskalischen Gründen zum 1. 1. 1992 vom Recht auf Bezug von Erziehungsgeld (seit 2004: Elterngeld) abgekoppelt, sieht man einmal von der schwer verständlichen Ausnahme in § 18 Abs. 2 Nr. 2 BEEG ab (dazu 5.1.2). Für den Bezug von Elterngeld bestehen inzwischen teilweise (vor allem hinsichtlich der Anspruchsdauer) andere, nämlich engere Voraussetzungen.

Auf **Sonderurlaub** finden die Regelungen des BEEG keine Anwendung. Zudem greifen die sozialversicherungsrechtlichen Folgen der Elternzeit[11] nicht ein. Ein vereinbarter bzw. tariflich gewährter Sonderurlaub wird durch die Wahrnehmung von Elternzeit auch nicht gegenstandslos. Dies steht vor dem Hintergrund, dass der Arbeitnehmer an die Festlegung des Urlaubs gebunden ist, auch wenn der Urlaub nicht wie vorgesehen genommen werden kann.[12] Der Arbeitgeber ist gleichwohl nach Treu und Glauben verpflichtet, einer vorzeitigen Beendigung des Sonderurlaubs zuzustimmen, um dem/der Beschäftigten die Wahrnehmung der Elternzeit zu ermöglichen.[13]

Ob und wann der Elternzeitberechtigte Elternzeit nimmt, steht ihm frei. Er kann selbst dann in Elternzeit gehen und sich den Sonderkündigungsschutz des § 18 BEEG verschaffen, wenn er erfährt, dass eine Betriebsschlie-

11 Dazu unten 7.; Ausnahme: § 45 SGB V für den Fall der Betreuung eines erkrankten Kindes.
12 BAG v. 9. 8. 1994 – 9 AZR 384/92, NJW 1995, 1774, 1775.
13 BAG v. 16. 7. 1997 – 5 AZR 309/96, NZA 1998, 104, 105.

ßung ansteht.[14] Das Recht auf Elternzeit darf gem. § 15 Abs. 2 Satz 6 BEEG nicht durch Vertrag zu Lasten des Elternzeitberechtigten abbedungen werden, z. B. durch ein Verbot für Lehrer, Elternzeit während der Schulferien zu nehmen,[15] ist mithin **einseitig zwingend**. Es besteht deshalb neben anderen Freistellungsmöglichkeiten, vor allem aus § 3 Abs. 1 Satz 1 PflegeZG zur Betreuung pflegebedürftiger naher Angehöriger in häuslicher Umgebung (dazu 8.). Vertrag in diesem Sinne sind auch Tarifverträge und Betriebsvereinbarungen.[16] Nicht verboten sind Absprachen, die den Elternzeitberechtigten besserstellen.[17]

Aus § 15 Abs. 2 Satz 6 BEEG folgt ein **Diskriminierungsverbot**. Dieses schützt auch vor nur mittelbarer Benachteiligung durch den Arbeitgeber. In der Rspr. wird dieser Schutz mitunter nur schwach ausgestaltet.[18] Diskriminierungsschutz besteht schon im Vorfeld des Vertragsabschlusses. Ebenso, wie etwa Fragen des Arbeitgebers nach der Schwangerschaft der Bewerberin wegen mittelbarer Geschlechterdiskriminierung unzulässig sind,[19] muss auch für Fragen nach der Elternzeitberechtigung des Bewerbers (m/w) entschieden werden.[20] Dieses Diskriminierungsverbot gilt aber nicht über das BEEG hinaus, also z. B. nicht im Sozialversicherungsrecht.

Zu berücksichtigen sind überdies die Vorgaben aus Art. 6 GG und dem EG-Recht, vor allem der Europäischen Sozialcharta und Art. 1 RiLi 2010/18/EU i. V. mit § 3 Nr. 2 der (neuen) Rahmenvereinbarung über den Elternurlaub. Hiernach muss Elternzeit EU-Bürgern unter gleichen Voraussetzungen gewährt werden wie Inländern. Sie darf etwa nicht von einer förmlichen Aufenthaltserlaubnis abhängig gemacht werden.[21] Zwar haben

---

14 LAG Niedersachsen v. 2. 7. 2004 – 16 Sa 440/04, NZA-RR 2005, 250, 251; a. A. Klinkhammer/Brungs, ArbRAktuell 2014, 349, 350.

15 Berlin-Brandenburg v. 15. 11. 2018 – 14 Sa 654/18 (Rn. 41 ff.), NZA-RR 2019, 127, 129, m. zustimmender Anm. Bauschke, öAT 2019, 62.

16 Schaub/Linck, § 172 Rn. 4.

17 Buchner/Becker, Rn. 30 zu § 15 BEEG.

18 Vgl. BAG v. 24. 11. 1993 – 10 AZR 704/92, NZA 1994, 423, 424; BAG v. 15. 2. 1994 – 3 AZR 708/93, NZA 1994, 794, 796; BAG v. 21. 5. 2008 – 5 AZR 187/07 (Rn. 29), NZA 2008, 955, 957: kein Schutz von Vergütungsbestandteilen im ruhenden Arbeitsverhältnis; BAG v. 22. 10. 2008 – 10 AZR 360/08 (Rn. 20), NJW 2009, 2395, 2296: Berechnung der Karenzentschädigung nach § 74 Abs. 2 HGB unter Einbezug der Elternteilzeit; anders bei bloßer Elternzeit: Hier soll es entsprechend § 11 Abs. 1 Satz 3 BUrlG, § 21 Abs. 4 MuSchG, §§ 130, 131 SGB III auf die letzten vor dem vergütungslosen Zeitraum bezogenen Leistungen ankommen, ebd. Rn. 38.

19 BAG v. 6. 2. 2003 – 2 AZR 621/01, NZA 2003, 848, 849.

20 Wisskirchen/Bissels, NZA 2007, 169, 173.

21 Schaub/Linck, § 172 Rn. 2; vgl. EuGH v. 12. 5. 1998 – C-85/96, EuZW 1998, 372, 373 f. – Maria Martinez Sala.

Richtlinien der EU, auch die Richtlinie über den Elternurlaub, zu der die Rahmenvereinbarung gehört, keine horizontale Drittwirkung, begründen also keine Rechte von Privaten untereinander.[22] Einem Umsetzungsdefizit kann allerdings nicht nur durch Vorlage an den EuGH begegnet werden, sondern auch durch richtlinienkonforme Auslegung der Bestimmung.[23]

1.1 Voraussetzungen

Das Recht auf Elternzeit besteht unter **fünf Voraussetzungen**, die zusammen vorliegen müssen:

- Beschäftigungsverhältnis (§§ 15 Abs. 1, 20 BEEG)
- Freistellungszweck (§ 15 Abs. 1 Satz 1 Nr. 1 BEEG)
- Haushaltsgemeinschaft (§ 15 Abs. 1 Satz 1 Nr. 1 BEEG)
- Betreuungsbedarf (§ 15 Abs. 1 Satz 1 Nr. 2 BEEG)
- begrenzte Erwerbstätigkeit (§ 15 Abs. 4 Satz 1 BEEG).

1.1.1 Beschäftigungsverhältnis (§§ 15 Abs. 1, 20 BEEG)

§ 15 Abs. 1 Satz 1 BEEG gibt Arbeitnehmerinnen und Arbeitnehmern (im Folgenden kurz: Arbeitnehmer) ein Recht auf Elternzeit. Der Begriff des Arbeitnehmers knüpft an den im Arbeitsrecht allgemein verwendeten Arbeitnehmerbegriff an.[24] Dieser Personenkreis wird in § 20 BEEG erweitert (ähnlich wie im AGG). Erforderlich ist ein **privatrechtliches** Beschäftigungsverhältnis. Für besonders geregelte Berufsgruppen wie Beamte, Pfarrer und Soldaten gelten Sonderregelungen außerhalb des BEEG.[25] Europarechtlich sind aber auch sie in die Rahmenvereinbarung aus der RiLi 2010/18/EU eingebunden.[26] Erwerbsfähige Hilfsbedürftige, die in einer privaten Einrichtung im Rahmen einer Arbeitsgelegenheit mit Mehraufwandsentschädigung gem. § 16d Abs. 7 Satz 1 SGB II (sog. Ein-Euro-Job) tätig sind, arbeiten dort nicht aufgrund eines privatrechtlichen Arbeitsverhältnisses, sondern auf-

22 EuGH v. 14. 7. 1994 – C-91/92, NJW 1994, 2473, 2474; Ruffert, in: Calliess/Ruffert, EUV/AEUV, 5. Aufl. 2016, Rn. 57 zu Art. 288 AEUV; s. auch LAG Niedersachsen v. 29. 3. 2012 – 5 Sa 140/12, BeckRS 2012, 70280.

23 EuGH v. 22. 10. 2009 – C-116/08 (Rn. 42), NJW 2010, 1582, 1584 – Meerts; EuGH v. 7. 9. 2017 – C-174/16, NJW 2017, 3357, 3359; s. aber BAG v. 15. 5. 2018 – 1 AZR 20/17 (Rn. 12), NZA 2018, 1198, 1199, das einen *acte éclairé* vermisst.

24 Dazu etwa BAG v. 20. 8. 2003 – 5 AZR 610/02, NZA 2004, 39.

25 Z. B. Mutterschutz- und ElternzeitVO v. 12. 2. 2009 (BGBl. I S. 320) für die Bundesbeamten, Elternzeitverordnungen der Länder für die Landesbeamten, ElternzeitVO für Soldatinnen und Soldaten v. 18. 11. 2004 (BGBl. I S. 2855).

26 EuGH v. 7. 9. 2017 – C-174/16 (Rn. 34), NJW 2017, 3357, 3358.

grund eines öffentlich-rechtlichen Rechtsverhältnisses sozialrechtlicher Art (vgl. § 16d Abs. 7 Satz 2 SGB II).[27] Die nach § 15 SGB II abzuschließende Eingliederungsvereinbarung begründet schon deshalb (nur) ein öffentlich-rechtliches Rechtsverhältnis, weil sie durch Verwaltungsakt ersetzt werden kann.[28] Dieser Personenkreis ist daher nicht elternzeitberechtigt.[29]

Beschäftigungsverhältnisse sind alle Formen abhängiger Arbeit, also Vollzeit- ebenso wie **Teilzeitverhältnisse** einschließlich geringfügiger Beschäftigungen. Auch **leitende Angestellte** i. S. des § 5 Abs. 3 BetrVG haben die Möglichkeit, Elternzeit wahrzunehmen. Eingeschlossen sind **Berufsbildungsverhältnisse** (§ 20 Abs. 1 Satz 1 BEEG). Der Begriff der Berufsbildung geht weit. Darunter fällt nicht nur die Berufsausbildung i. S. des § 1 Abs. 1 BBiG (und des § 1 Abs. 2 EFZG), sondern auch die berufliche Fortbildung i. S. des § 53 BBiG, die berufliche Umschulung i. S. des § 58 BBiG und die Berufsausbildungsvorbereitung i. S. des § 68 BBiG. Nicht darunter fallen die in § 28 BBiG genannten Lehrverhältnisse wie z. B. ein einfaches Praktikum oder ein Volontariat. Bei einem Praktikum im Rahmen einer Hochschul- oder Fachhochschulausbildung kommt es darauf an, ob es vollständig im Studium integriert ist oder als selbstständiger, betrieblich ausgerichteter Teil der Ausbildung anzusehen ist. Nur im letzten Fall ist der Zugang zur Elternzeit eröffnet.[30] Ausgeschlossen sind auch Personen, die einer Ausbildung im Rahmen eines öffentlich-rechtlichen Dienstverhältnisses nachgehen (vgl. § 3 Abs. 2 Nr. 2 BBiG).[31] Erfasst sind ferner Beschäftigte, die unter das **Heimarbeitsgesetz** fallen und „am Stück mitarbeiten“, also – anders als z. B. der Zwischenmeister – unmittelbar an der Produktion mitwirken (§ 20 Abs. 2 BEEG; Hintergrund: wirtschaftliche Abhängigkeit, insoweit weitergehend als nach § 17 Abs. 3 Satz 2 MuSchG).

Keine Möglichkeit, in Elternzeit zu gehen, haben im Gegenschluss Unternehmer, Selbstständige, Personen im freiwilligen sozialen Jahr, ehrenamtlich Tätige und Arbeitslose. **Geschäftsführer** einer GmbH haben kein Recht auf Elternzeit, wenn sie überwiegend weisungsfrei handeln.[32]

---

27 BAG v. 8. 11. 2006 – 5 AZB 36/06 (Rn. 16), NJW 2007, 1227, 1228; BAG v. 26. 9. 2007 – 5 AZR 857/06, NZA 2007, 1422, 1423; BAG v. 20. 2. 2008 – 5 AZR 290/07 (Rn. 17), NZA-RR 2008, 401, 402; BVerwG v. 21. 3. 2007 – 6 P 4/06 (Rn. 16), NZA-RR 2007, 499, 500; BSG v. 27. 8. 2011 – B 4 AS 1/10 R (Rn. 17), NJOZ 2012, 1428, 1429.

28 BAG v. 17. 1. 2007 – 5 AZB 43/06 (Rn. 14), NJW 2007, 3303, 3304.

29 Rancke, Rn. 28 zu § 15 BEEG.

30 Buchner/Becker, Rn. 2 zu § 20 BEEG.

31 Gaul, Rn. 1 zu § 20 BEEG.

32 Vgl. BAG v. 26. 5. 1999 – 5 AZR 664/98, NZA 1999, 982; ebenso Fischer, NJW 2011, 2329, 2331 f., unter Bezugnahme auf EuGH v. 11. 11. 2010 – C-232/09 (Rn. 56), NJW

Nicht erforderlich ist, dass der/die Beschäftigte in Deutschland wohnt; entscheidend ist, dass sich das Beschäftigungsverhältnis nach deutschem Recht richtet.[33] Das ist auch bei längerfristiger Entsendung ins Ausland der Fall. Die Vorschriften des BEEG sind ansonsten auch nicht als Eingriffsnormen i. S. des Art. 34 EGBGB zu berücksichtigen.[34]

Steht der/die Beschäftigte in mehreren Beschäftigungsverhältnissen, darf er in jedem dieser Verhältnisse in Elternzeit gehen.[35]

Elternzeit kann auch in einem Folgebeschäftigungsverhältnis genommen werden, falls die 3- bzw. 8-Jahresfrist des § 15 Abs. 2 BEEG noch nicht abgelaufen ist und soweit die (gesetzliche) Elternzeit beim früheren Arbeitgeber nicht ausgeschöpft wurde.[36] Insofern steht dem Beschäftigten beim neuen Arbeitgeber auch der Sonderkündigungsschutz nach § 18 BEEG zu. Das gilt selbst dann, wenn der neue Arbeitgeber von der Geburt bzw. Annahme des Kindes bei Arbeitsantritt nichts wusste (dazu 5.1.1).

Elternzeit darf schon zu Beginn eines Arbeitsverhältnisses angemeldet werden. Eine Wartezeit muss der Elternzeitberechtigte somit nicht einhalten. Von der Möglichkeit in der RiLi 96/34/EG, die Wahrnehmung von Elternzeit von einer bis zu einjährigen Betriebszugehörigkeit abhängig zu machen, hat der deutsche Gesetzgeber nur für die Elternteilzeit, die beim eigenen Arbeitgeber verrichtet wird, Gebrauch gemacht (§ 15 Abs. 7 Satz 1 Nr. 2 BEEG: 6 Monate, dazu 2.2). Das Beschäftigungsverhältnis muss zu Beginn der Elternzeit (nicht schon bei Ankündigung der Elternzeit) bestehen[37] und während der Elternzeit fortbestehen. Endet ein befristetes Arbeitsverhältnis, endet damit auch die Elternzeit.

1.1.2 Freistellungszweck (§ 15 Abs. 1 Satz 1 Nr. 1 BEEG)

Elternzeit erhalten Beschäftigte i. S. des § 15 Abs. 1 Satz 1 BEEG zur Betreuung

- „ihres“ Kindes (Nr. 1 a); auch der mangels gemeinsamen Sorgerechts (vgl. § 1626a Abs. 1 Nr. 1 BGB) nicht sorgeberechtigte Elternteil hat

[Fortsetzung Fußnote 32]
2011, 2343, 2345 (Danosal): Arbeitnehmereigenschaft zu bejahen, wenn „Tätigkeit für eine bestimmte Zeit nach der Weisung oder unter der Aufsicht eines anderen Organs“.

33 HK-ArbR/Velikova, Rn. 8 zu § 15 BEEG; vgl. EuGH v. 15. 3. 2011 – C-29/10, EuZW 2011, 302, 304 (Koelzsch).

34 BAG v. 7. 5. 2020 – 2 AZR 692/19 (Rn. 50 ff.), NZA 2021, 225, 230.

35 Schrader, in: BeckOK BEEG, Rn. 3 zu § 15; Buchner/Becker, Rn. 5 zu § 15 BEEG.

36 BAG v. 11. 3. 1999 – 2 AZR 19/98, NZA 1999, 1047, 1048.

37 Schrader, in: BeckOK BEEG, Rn. 3 zu § 15.

diese Möglichkeit, sofern der andere Elternteil zustimmt (§ 15 Abs. 1 Satz 2 BEEG);

- eines Kindes, für das sie eine Vaterschaftsanerkennung anstreben (vgl. §§ 1594 Abs. 2, 1600d BGB, § 15 Abs. 1 Satz 1 Nr. 1b i. V. mit § 1 Abs. 3 Satz 1 Nr. 3 BEEG), sofern die (sorgeberechtigte) Mutter zustimmt (§ 15 Abs. 1 Satz 2 BEEG); hierbei ist an die lange Bearbeitungsdauer des Anerkennungsverfahrens gedacht, vor allem an die Situation, dass die Mutter bei Geburt des Kindes noch mit einem anderen Mann verheiratet ist, dessen Vaterschaft zunächst aufgehoben werden muss (§§ 1592 Nr. 1, 1599 ff. BGB);[38]
- eines Kindes des Ehegatten (Stiefkind) oder Lebenspartners (Nr. 1b i. V. mit § 1 Abs. 3 Satz 1 Nr. 2 BEEG), sofern der sorgeberechtigte Elternteil zustimmt (§ 15 Abs. 1 Satz 2 BEEG). Lebenspartner ist nur der eingetragene Lebenspartner, nicht der Partner in einer eheähnlichen Lebensgemeinschaft;[39] dies ergibt sich daraus, dass die Erstreckung auf Lebenspartner zusammen mit der Einführung der Lebenspartnerschaft durch Gesetz v. 16. 2. 2001 (BGBl. I S. 266) erfolgte;
- eines Kindes nach Aufnahme zur Adoption (sog. Adoptionspflege, vgl. § 1744 BGB; § 15 Abs. 1 Satz 1 Nr. 1b i. V. mit § 1 Abs. 3 Satz 1 Nr. 1 BEEG), sofern der jeweils sorgeberechtigte Elternteil zustimmt (§ 15 Abs. 1 Satz 2 BEEG);
- eines Kindes nach Aufnahme in Vollzeitpflege (vgl. § 33 SGB VIII, § 15 Abs. 1 Satz 1 Nr. 1c BEEG), sofern der jeweils sorgeberechtigte Elternteil zustimmt (§ 15 Abs. 1 Satz 2 BEEG);[40]
- in bestimmten Härtefällen (schwere Krankheit, Schwerbehinderung oder Tod der Eltern) auch eines Enkels, Bruders, Neffen bzw. einer Enkelin, Schwester oder Nichte des Beschäftigten (Verwandte bis zum 3. Grad, § 1589 BGB) bzw. seines Ehegatten oder Lebenspartners (Nr. 1b i. V. mit § 1 Abs. 4 BEEG);[41] sofern keine Sorgeberechtigung des Elternzeitberechtigten vorliegt, muss auch hier der jeweils sorgeberechtigte Elternteil zustimmen (§ 15 Abs. 1 Satz 2 BEEG).

Im November 2008 hat der Gesetzgeber § 15 Abs. 1 BEEG um einen a-Absatz ergänzt, wonach Arbeitnehmer auch dann Elternzeit wahrnehmen

38 BT-Drs. 16/1889, S. 19.

39 BT-Drs. 16/1889, S. 19, 27; Schrader, in: BeckOK BEEG, Rn. 8 zu § 15.

40 Zu Fällen der Vollzeitpflege s. BGH v. 6. 7. 2006 – III ZR 2/06, NJW 2006, 2553; OVG Münster v. 6. 9. 2004 – 12 A 3625/03, NVwZ-RR 2005, 336; OLG Stuttgart v. 20. 7. 2005 – 4 U 81/05, NJW 2005, 3579.

41 Auch hier ist nur der eingetragene Lebenspartner gemeint.

dürfen, wenn sie mit ihrem **Enkelkind** (nicht unbedingt zusammen mit den Eltern,[42] die der Großelternzeit auch nicht zustimmen müssen) in einem Haushalt leben und dieses Kind selbst betreuen. Voraussetzung ist, dass ein Elternteil des Kindes entweder minderjährig ist oder sich (bei Antritt der Großelternzeit) in einer Ausbildung befindet. Die ursprüngliche Einschränkung, dass eine Großelternzeit nur in Betracht kommt, wenn der Elternteil sich im letzten oder vorletzten Jahr einer Ausbildung befindet, hat der Gesetzgeber jedoch fallengelassen.[43] Die Neuregelung gilt für Kinder, die ab dem 1.7.2015 geboren oder mit dem Ziel der Adoption aufgenommen wurden (§ 27 Abs. 1 Satz 2 BEEG). Voraussetzung ist nur noch, dass die Ausbildung vor Vollendung des 18. Lebensjahrs begonnen wurde und die Arbeitskraft dieses Elternteils im Allgemeinen voll in Anspruch nimmt. Erfasst werden berufliche wie auch schulische Ausbildungen einschließlich des Hochschulstudiums.[44] Als weitere Voraussetzung darf in dieser Zeit keiner der Elternteile des Kindes selbst Elternzeit beanspruchen (§ 15 Abs. 1 a Satz 2 BEEG).[45] Damit soll den Problemen sog. Teenager-Schwangerschaften begegnet werden. Anspruch auf Elterngeld erwächst den Großeltern dadurch indes nicht.[46]

1.1.3 Haushaltsgemeinschaft

Das Kind lebt mit dem/der Beschäftigten im selben Haushalt (§ 15 Abs. 1 Satz 1 Nr. 1 BEEG). Diese Anforderung ist mit § 2 Nr. 1 der Rahmenvereinbarung über den Elternurlaub v. 18.6.2009 vereinbar, wonach „Arbeitnehmerinnen und Arbeitnehmer im Fall der Geburt oder Adoption eines Kindes ein individuelles Recht auf Elternurlaub zur Betreuung des Kindes" haben sollen, da ansonsten nicht zwischen bloßen Besuchen und einer gefestigten Betreuung unterschieden werden könnte.[47]Haushalt ist allgemein der häusliche Schwerpunkt der Lebensführung, auch im Rahmen einer Wohngemeinschaft oder sozialen Einrichtung (z. B. Frauenhaus).[48] Im geschlossenen Vollzug soll eine solche Gemeinschaft nicht möglich sein, auch dann nicht, wenn die Justizvollzugsanstalt eine Mutter-Kind-Einrichtung unterhält, in der die

42 BT-Drs. 16/9415, S.7.

43 Art. 1 Nr. 16 a) bb) des Gesetzes zur Einführung des Elterngeld Plus mit Partnerschaftsbonus und einer flexibleren Elternzeit im BEEG v. 8.12.2014, BGBl. I S. 2325.

44 BT-Drs. 16/9415, S. 6; HK-ArbR/Velikova, Rn. 10 zu § 15 BEEG.

45 Dazu Düwell, NZA 2009, 759 f.

46 Krit. Genenger, ZRP 2008, 180, 182.

47 VG Hannover v. 6.5.2014 – 13 B 8468/14, BeckRS 2014, 50968; a. A. Klenter, AiB 2013, 217, 218; ErfK/Gallner, Rn. 2 zu § 15 BEEG.

48 Rancke, Rn. 18 zu § 15 BEEG.

Mutter mit ihrem Kind untergebracht ist.[49] Im Zweifel sollte sich der Arbeitgeber diesen Umstand vom Elternzeitberechtigten durch Vorlage einer Jugendamtsbescheinigung oder Auskunft des Einwohnermeldeamts belegen lassen.[50] Weigert sich der Arbeitnehmer, lässt sich hierauf eine Abmahnung und bei weiterer Obstruktion auch eine verhaltensbedingte Kündigung stützen. Vorübergehende Unterbrechungen der Haushaltsführung (bis zu drei Monaten) etwa wegen Urlaubs, stationären Klinikaufenthalts oder Rehabilitationsmaßnahmen sind für die Annahme einer Haushaltsgemeinschaft regelmäßig unschädlich.[51]

1.1.4 Betreuungsbedarf

Der/die Beschäftigte betreut das Kind (im Wesentlichen) selbst (§ 15 Abs. 1 Satz 1 Nr. 2 BEEG). Das gilt auch für den Fall, dass der andere Elternteil parallel Elternzeit nimmt (§ 15 Abs. 3 Nr. 1 BEEG: „gemeinsam“). Diese Voraussetzung ist vor allem deshalb nicht eng auszulegen, weil das Gesetz dem Elternzeitberechtigten die Möglichkeit gibt, während der Elternzeit einer Erwerbstätigkeit von bis zu 32 Wochenstunden nachzugehen (§ 15 Abs. 4 Satz 1 BEEG). Ebenso wie beim Kriterium der Haushaltsgemeinschaft stört ein vorübergehendes Aussetzen mit der Betreuung nicht (vgl. § 1 Abs. 5 BEEG).[52]

1.1.5 Begrenzte Erwerbstätigkeit

Der/die Beschäftigte geht während der Elternzeit keiner Erwerbsarbeit oder einer Erwerbstätigkeit von **höchstens 32 Wochenstunden** nach (§ 15 Abs. 4 Satz 1 BEEG). Diese Regelung gilt seit dem 1. 9. 2021.[53] Der Gesetzgeber hat die Höchstgrenze von 30 auf 32 Wochenstunden ausgeweitet, um die Eltern besser dabei zu unterstützen, einerseits das Familieneinkommen abzusichern und andererseits durch die Teilzeit mehr Zeit für die Familie zu haben.[54] Hinsichtlich der Grenze von 30 Wochenstunden hatte der Gesetzgeber, um eine Regelung auch für Arbeitszeiten mit Schwankungsbreite zu treffen, mit Wirkung zum 18. 9. 2012 bestimmt, dass die Grenze **im Monatsdurchschnitt** zu bemessen ist.[55] Damit sollten nicht nur gelegentliche Abweichungen von

---

49 BSG v. 4. 9. 2013 – B 10 EG 4/12 R, FamRZ 2014, 206, 207, aber zw.

50 Sowka, S. 20.

51 Rancke, Rn. 18 zu § 15 BEEG.

52 Rancke, Rn. 19 zu § 15 BEEG.

53 2. Gesetz zur Änderung des BEEG v. 15. 2. 2021 (Art. 1 Nr. 18–20, Art. 7), BGBl. I S. 239.

54 Gesetzentwurf BT-Drs. 19/24438 S. 1.

55 Art. 1 des Gesetzes zur Vereinfachung des Elterngeldvollzugs vom 10. 9. 2012, BGBl. I S. 1878, ber. 2013 S. 69.

geringer Dauer wie im Arbeitsförderungsrecht (vgl. § 138 Abs. 3 Satz 1 Hs. 2 SGB III) unberücksichtigt bleiben. Die damals normierte 30-Stunden-Grenze sollte dem Risiko einer Gefährdung des Kindes vorbeugen.[56] Daraus wird man abzuleiten haben, dass die Grenze auch Überstunden sowie Arbeitszeiten aus anderen Arbeitsverhältnissen erfasst und die Volatilität eine Grenze haben muss. Nach der Begründung zum Gesetz vom 10.9.2012 diente die Neuregelung auch der Angleichung an die Regelung des § 1 Abs. 6 BEEG.[57] Diese Vorschrift zieht aber nur den Kreis der Elterngeldbezieher möglichst weit, so dass diese Bezugnahme einer Heranziehung speziell arbeitsrechtlicher Kriterien nicht entgegensteht. Sachgerecht erscheint eine Feinjustierung dahingehend, dass die Überschreitung im Wochenschnitt nicht mehr als 20 % betragen darf, da ansonsten eine Gefährdung des Kindeswohls zu gewärtigen ist.

Erleichterungen gelten nach § 15 Abs. 4 Satz 2 BEEG für i. S. des § 23 Abs. 3 SGB VIII geeignete Tagespflegepersonen (sog. **Tagesmütter**). Geeignet sind hiernach Personen, die sich durch ihre Persönlichkeit, Sachkompetenz und Kooperationsbereitschaft mit Erziehungsberechtigten und anderen Tagespflegepersonen auszeichnen und über kindgerechte Räumlichkeiten verfügen (§ 23 Abs. 3 Satz 1 SGB VIII). Sie sollen vertiefte Kenntnisse hinsichtlich der Anforderungen der Kindertagespflege besitzen, die sie in qualifizierten Lehrgängen erworben oder in anderer Weise nachgewiesen haben (§ 23 Abs. 3 Satz 2 SGB VIII). Solche Personen dürfen auch dann in Elternzeit gehen, wenn sie bis zu fünf Kinder in Tagespflege betreuen und ihre wöchentliche Arbeitszeit die 32 Wochenstunden-Grenze übersteigt (§ 15 Abs. 4 Satz 2 BEEG).

1.2 Dauer und Verteilung der Elternzeit

Das Gesetz sieht eine **Höchstdauer** der Elternzeit von **drei Jahren** vor. Bei leiblichen Kindern muss die Elternzeit bis zur Vollendung des 3. Lebensjahrs des Kindes genommen sein (§ 15 Abs. 2 Satz 1 BEEG). Diese Regelung trägt dem Umstand Rechnung, dass die (nachgeburtliche) Mutterschutzzeit anzurechnen ist (§ 15 Abs. 2 Satz 3 BEEG; dazu 1.5.4), so dass die Mutter effektiv keine 3 Jahre in Elternzeit verbringt. Für angenommene Kinder bestimmte § 15 Abs. 2 Satz 5 BEEG a. F. einen Zeitraum von drei Jahren, der bis zum 8. Geburtstag des Kindes wahrgenommen werden durfte, da solche Kinder oft erst in höherem Alter in eine Pflegefamilie aufgenommen

56 BT-Drs. 14/3553, S. 16.
57 BT-Drs. 17/9841, S. 30.

werden. Mit der Gesetzesnovelle von 2014 hat der Gesetzgeber die zuvor in § 15 Abs. 2 Satz 4 BEEG a. F. geregelte Übertragbarkeit eines Anteils von bis zu zwölf Monaten entfallen lassen[58] und das Gestaltungsrecht des Elternzeiters stattdessen dahingehend erweitert, dass er ganz allgemein **einen Anteil von 24 Monaten zwischen dem 3. Geburtstag und dem vollendeten 8. Lebensjahr des Kindes** wahrnehmen darf (§ 15 Abs. 2 Satz 2 und Satz 5 BEEG).[59] Diese Regelung gilt für Kinder, die ab dem 1. 7. 2015 geboren oder mit dem Ziel der Adoption aufgenommen wurden (§ 27 Abs. 1 Satz 2 BEEG). Damit hat der Gesetzgeber die **Rahmenfrist** für die Elternzeit allgemein auf **acht Jahre** („bis zum vollendeten 8. Lebensjahr des Kindes“) angehoben. Der Elternzeitberechtigte kann die drei Jahre Elternzeit nunmehr also auch für die Betreuung eigener Kinder viel großzügiger verteilen. Auf Betreiben der Fraktion der CDU/CSU bzw. des federführenden Ausschusses für Familie, Senioren, Frauen und Jugend[60] wurde die Erweiterung in dieser Gesetzesnovelle allerdings dahingehend eingeschränkt, dass das Gestaltungsrecht **verbraucht** ist, wenn der Elternzeiter zwei Abschnitte der Elternzeit genommen hat und den **3. Abschnitt für die Zeit nach dem 3. Lebensjahr des Kindes** benötigt (§ 16 Abs. 1 Satz 7 BEEG). In diesem Fall ist eine Vereinbarung mit dem Arbeitgeber nötig. Wie in den Fällen der Elternteilzeit darf der Arbeitgeber ein entsprechendes Angebot des Elternzeiters aber nur ablehnen, wenn **dringende betriebliche Gründe entgegenstehen**. Das Merkmal „dringend“ kann mit den Worten „nahezu zwingend“ oder „unabweisbar“ umschrieben werden.[61] Der Arbeitgeber muss die **Ablehnung innerhalb von acht Wochen** nach Beantragung (nicht unbedingt schriftlich) erklären. Ansonsten gilt der Antrag in entsprechender Anwendung des § 15 Abs. 7 Satz 5 Nr. 2 BEEG als angenommen. Der Gesetzgeber wollte damit die Interessen des Arbeitgebers nach Planungssicherheit stärken und Aushandlungsprozesse zwischen Arbeitgebern und Elternzeitern fördern, indem z. B. der Beginn der Elternzeit einvernehmlich verschoben wird.[62] Tatsächlich wird die Durchsetzbarkeit der Elternzeit damit aber weitgehend zunichte gemacht, da der Elternzeiter gerade für den Regelfall, dass er für die Betreu-

58 Diese Möglichkeit war nur schwach ausgestaltet, weil der Arbeitgeber der Übertragung zustimmen musste. Eine Ablehnung durfte zwar gem. § 315 BGB nur nach billigem Ermessen erfolgen (BAG v. 21. 4. 2009 – 9 AZR 391/08, Rn. 45, NJW 2010, 695, 698), war jedoch im Wesentlichen frei. Diese Regelung gilt weiterhin für bis zum 30. 6. 2015 geborene Kinder.

59 Art. 1 Nr. 16 b) aa) des Gesetzes zur Einführung des Elterngeld Plus mit Partnerschaftsbonus und einer flexibleren Elternzeit im BEEG v. 8. 12. 2014, BGBl. I S. 2325.

60 BT-Drs. 18/3086, S. 4, 10, 13.

61 BT-Drs. 18/3086, S. 12; s. auch u. S. 71 ff.

62 BT-Drs. 18/3086, S. 12.

ung seines Kindes ab dem 3. Lebensjahr den 3. Abschnitt der Elternzeit benötigt, auf gerichtliche Hilfe angewiesen ist, wenn der Arbeitgeber nicht mitmacht.

Die vorgenannten Grenzen gelten für jedes Kind, selbst wenn die Zeiträume sich überschneiden (§ 15 Abs. 2 Satz 3 BEEG; s. auch § 15 Abs. 2 Satz 1 BEEG: „eines Kindes"). Mehrlingsgeburten führen damit nicht zu einer Verlängerung der Elternzeit.[63]

Berechnet werden die Fristen ab Geburt bzw. Aufnahme des Kindes. Dabei wird der Tag der Geburt bzw. Aufnahme nicht mitgerechnet (§§ 187 Abs. 2 Satz 2, 188 Abs. 2 Alt. 2 BGB).

Beispiel: Das Kind wird am 6. 7. 2022 geboren: Die Elternzeit endet am 5. 7. 2025. Da der folgende Tag ein Werktag ist, muss der Elternzeitberechtigte also am Geburtstag des Kindes wieder zur Arbeit.

Die Elternzeit steht beiden Eltern- bzw. Pflegeelternteilen unabhängig voneinander zu, also ohne gegenseitige Anrechnung auch gemeinsam oder im Wechsel (§ 15 Abs. 3 Satz 1 und Satz 2 BEEG). Dies ist mit der Forderung vereinbar, wonach der Beschäftigte das Kind selbst betreuen und erziehen muss (§ 15 Abs. 1 Satz 1 Nr. 2 BEEG).

Die Elternzeit darf von den Eltern bzw. Pflegeeltern (unabhängig voneinander) in mehreren Teilen genommen werden. Nachdem die Möglichkeit zur Aufteilung zunächst auf eine weitere Inanspruchnahme begrenzt war, hat der Gesetzgeber die Zahl im Jahr 2014 erhöht.[64] Die Elternzeit kann seither in **drei Abschnitten** genommen werden (§ 16 Abs. 1 Satz 6 Hs. 1 BEEG). Diese Regelung gilt für Kinder, die ab dem 1. 7. 2015 geboren oder mit dem Ziel der Adoption aufgenommen wurden (§ 27 Abs. 1 Satz 2 BEEG). Die Neuregelung war notwendig, um Elternzeitern die Möglichkeit zu geben, bis zu 24 Monaten (statt wie bisher zwölf Monate) Elternzeit zwischen dem 3. und dem 8. Lebensjahr des Kindes zu nehmen. Die Beibehaltung von nur zwei Abschnitten hätte dazu geführt, dass diese Zeit häufig nicht nutzbar gewesen wäre, weil für die Zeit davor oft schon zwei Zeitabschnitte verbraucht werden. Dies gilt umso mehr, als im gleichen Zug die Möglichkeit eingeführt wurde, einen Abschnitt für die Zeit zwischen dem 3. und 8. Geburtstag des Kindes einzusetzen (vgl. § 15 Abs. 2 Satz 2 BEEG); der 3. Abschnitt kann aber auch in der Zeit bis zum 3. Geburtstag des Kindes

63 Zeitlich gesonderte (hintereinander geschaltete) Elternzeiten für jeden Zwilling sind auch europarechtlich nicht geboten: EuGH v. 16. 9. 2010 – C-149/10 (Rn. 58), BeckRS 2010, 91101 – Chatzi.

64 Art. 1 Nr. 17 a) dd) des Gesetzes zur Einführung des Elterngeld Plus mit Partnerschaftsbonus und einer flexibleren Elternzeit im BEEG v. 8. 12. 2014, BGBl. I S. 2325.

aufgebraucht werden (arg. § 16 Abs. 1 Satz 7 BEEG: „wenn dieser Abschnitt…“). Überdies machte die ebenfalls neu eingeführte Regelung zum Partnerschaftsbonus eine Erhöhung auf drei Zeitabschnitte nötig, um den Bonus in möglichst vielen Fällen zur Anwendung kommen zu lassen.[65]

Diese Aufteilungsmöglichkeit hat der Elternzeitberechtigte auch dann, wenn er den Arbeitsplatz wechselt. Hat er beim alten Arbeitgeber einen Abschnitt verbraucht, behält er zwei Abschnitte für den neuen Arbeitgeber. Nach der zum 1.1.2015 eingefügten Vorschrift des § 16 Abs. 1 Satz 9 BEEG[66] muss der Elternzeiter nach einem Arbeitgeberwechsel bei der Anmeldung der Elternzeit auf Verlangen des neuen Arbeitgebers eine **Bescheinigung** des früheren Arbeitgebers über bereits genommene Elternzeit vorlegen. So kann der neue Arbeitgeber nachvollziehen, wieviel Elternzeit noch beansprucht werden kann. Auch diese Regelung gilt für Kinder, die ab dem 1. 7. 2015 geboren oder mit dem Ziel der Adoption aufgenommen wurden (§ 27 Abs. 1 Satz 2 BEEG).

Nehmen beide Elternteile Elternzeit, haben beide das Recht zur **Aufteilung** (z. B. abwechselnd im Rhythmus von sechs Monaten bis zur Vollendung des 3. Lebensjahrs des Kindes).

Die Wahlmöglichkeiten dürfen nicht rechtsmissbräuchlich genutzt werden.[67] So darf etwa die Elternzeit nicht für die Zeit der Betriebsferien unterbrochen werden. Bei lang andauernder Elternzeit dürfte es allerdings zulässig sein, die Elternzeit mit den Ferien enden oder nach den Ferien beginnen zu lassen.[68] Ansonsten hat der Elternzeitberechtigte aber die volle Freiheit, wie er sich die Elternzeit zurechtlegt.

1.3 Anmeldung der Elternzeit

Die Anmeldung der Elternzeit hat durch schriftliche Willenserklärung zu erfolgen.[69] Der Elternzeitberechtigte darf sich dabei vertreten lassen.[70] Anzugeben sind die Daten für Beginn und Ende der Elternzeit.[71]

---

65 BR-Ds. 355/14, S. 39 = BT-Drs. 18/2583, S. 32.

66 Gem. Art. 1 Nr. 17 a) ee) des Gesetzes zur Einführung des Elterngeld Plus mit Partnerschaftsbonus und einer flexibleren Elternzeit im BEEG v. 8. 12. 2014, BGBl. I S. 2325.

67 Buchner/Becker, Rn. 19 zu § 16 BEEG.

68 LAG Düsseldorf v. 11. 10. 2001 – 5 Sa 965/01, ZTR 2002, 39 f.; a. A. für die Elternzeit eines Beamten VG Hannover v. 27. 11. 2007 – 2 A 5216/06 (Juris Rn. 12 ff.).

69 BAG v. 10. 5. 2016 – 9 AZR 145/15 (Rn. 18), NJW 2016, 2906, 2909.

70 ErfK/Gallner, Rn. 2 zu § 16 BEEG.

71 BAG v. 17. 2. 1994 – 2 AZR 616/93, NZA 1994, 656, 658.

Beispiel: „Hiermit melde ich zur Betreuung meines am 13.10.2018 geborenen Sohnes Daniel Elternzeit für die Zeit vom 17.12.2018 bis zum 12.10.2021 an."

Die Angabe der Eckdaten erklärt sich aus dem Recht des Elternzeitberechtigten, die Elternzeit auf mehrere Zeitabschnitte zu verteilen (§ 16 Abs. 1 Satz 6 Hs. 1 BEEG); europarechtlich ist sie durch Art. 1 RiLi 2010/18/EU i. V. mit § 3 Nr. 2 Hs. 2 der (neuen) Rahmenvereinbarung über den Elternurlaub vorgegeben. Eine Zeitspanne ist auch anzugeben, wenn es darum geht, Elternzeit für die Zeit nach dem 3. Geburtstag des Kindes zu nehmen.[72]

Bei (erstmaliger) Anmeldung der Elternzeit sind gem. § 16 Abs. 1 Satz 2 BEEG die ersten beiden Jahre festzulegen (nicht unbedingt auszuschöpfen); der Arbeitnehmer **muss den Zweijahreszeitraum somit abdecken.**[73] Deshalb muss er ankündigen, für welche Zeiten innerhalb von zwei Jahren er die Elternzeit wahrnimmt, wenn sie sich auf die Betreuung eines Kindes zwischen der Geburt und dem vollendeten 3. Lebensjahr bezieht (§ 16 Abs. 1 Satz 2 BEEG). Die Angabe der Eckdaten erübrigt sich nur dann, wenn sich der Zeitraum aus der Erklärung oder den äußeren Umständen unzweifelhaft ergibt. So reicht es aus, wenn die aufgrund ihres 1. Kindes in Elternzeit befindliche Mutter kurz nach Geburt ihres während der Elternzeit geborenen 2. Kindes dem Arbeitgeber mitteilt, sie nehme für das 2. Kind die Höchstfrist in Anspruch.[74]

Die Erklärung wird wirksam, sobald sie dem Arbeitgeber zugeht (§ 130 BGB). Empfangsberechtigt sind neben dem Arbeitgeber seine Vertreter, also mit Personalkompetenz ausgestattete Vorgesetzte.[75]

Wird keine Elternzeit beantragt, verfällt das Recht. **Minderjährige** dürfen keine Elternzeit nehmen (vgl. § 111 Satz 1 BGB), sofern keine Einwilligung im Einzelfall oder eine Ermächtigung des gesetzlichen Vertreters nach § 113 BGB vorliegt, die dann auch zur Abgabe einer Erklärung nach § 16 Abs. 1 BEEG berechtigt.[76] Ausbildungsverhältnisse sind keine Dienst- oder Arbeitsverhältnisse i. S. des § 113 BGB.[77]Minderjährige Auszubildende müssen also immer ihre Eltern fragen, wenn sie Elternzeit nehmen wollen.

Schriftlich bedeutet unter Wahrung der Voraussetzungen der §§ 126, 126a BGB, also eigenhändig unterschrieben oder online mit qualifizierter

72 I. Erg. Fecker/Scheffzek, NZA 2015, 778, 782.
73 BAG v. 19.4.2005 – 9 AZR 233/04, NJW 2006, 1832, 1834 – Diätassistentin.
74 Vgl. LAG München v. 25.3.2008 – 7 Sa 1115/07 (Juris Rn. 26), BeckRS 2009, 67731.
75 Küttner/Poeche, Stichwort Elternzeit Rn. 12.
76 Buchner/Becker, Rn. 1 zu § 16 BEEG.
77 Palandt/Ellenberger, BGB, Rn. 2 zu § 113; MüKo-BGB/Schmitt, 5. Aufl. 2006, Rn. 14 zu § 113; vgl. BAG v. 20.8.2003 – 5 AZR 436/02, NJW 2004, 1405 zur Entgeltfortzahlung.

elektronischer Signatur; eine Anmeldung per Fax oder E-Mail reicht nicht aus; eine solche Erklärung wäre formnichtig (§ 125 Satz 1 BGB).[78] Beizufügen sind Belege zum Nachweis der Elternzeitberechtigung, also etwa die Geburtsbescheinigung oder der Adoptionsantrag. Geschieht das nicht, mag dies eine Abmahnung begründen; die Schriftform wird dadurch aber nicht verletzt.

Geht der Elternzeitberechtigte einfach nur mit Wissen des Arbeitgebers in Elternzeit, ist er zunächst für zwei Jahre beurlaubt (vgl. § 16 Abs. 1 Satz 1 BEEG). Die Krankenkasse darf ihn nicht nach acht Wochen abmelden. Eine frühere Rückkehr ist dem Beschäftigten nur unter den gesetzlichen Voraussetzungen möglich. Nach Treu und Glauben darf er nicht uneingeschränkt in Elternzeit gehen und sich den Rückkehrzeitpunkt vorbehalten.

Hat der Arbeitgeber über längere Zeit geduldet, dass der Elternzeitberechtigte ohne Anmeldung Elternzeit nimmt, und dessen Krankenkasse die Elternzeit mitgeteilt, kann er sich nicht auf die Nichteinhaltung der Form berufen (§ 242 BGB, Fallgruppe des venire contra factum proprium).[79] In jedem Fall ist die Wahrung der Schriftform anzuraten. Ferner sollte sich der Elternzeitberechtigte den Zeitpunkt der Anmeldung durch den Arbeitgeber bestätigen lassen. Hierzu ist der Arbeitgeber nach § 16 Abs. 1 Satz 6 BEEG auch verpflichtet.

Die Geltendmachung der Elternzeit bindet den Arbeitnehmer und ist **unwiderruflich.**[80] Die Bindungswirkung greift auch dann, wenn der/die Beschäftigte vor Antritt der Elternzeit arbeitsunfähig erkrankt.[81]

Dem Elternzeitverlangen liegt trotz der missverständlichen amtlichen Überschrift zu § 15 BEEG („Anspruch auf Elternzeit") kein Anspruch i. S. des § 194 BGB zugrunde, sondern ein **Gestaltungsrecht**, dessen Ausübung der Arbeitgeber nicht verhindern kann (§ 15 Abs. 2 Satz 6 BEEG).[82] Der Elternzeitberechtigte hat also – untechnisch gesprochen – ein Selbstbeurlaubungsrecht.[83] Damit unterscheidet sich das Recht vom Anspruch des Arbeitnehmers auf Erholungsurlaub und auf unbezahlte Freistellung von der Arbeit aus Anlass der Betreuung eines Kindes (Sonderurlaub, z. B. nach

---

78 BAG v. 10. 5. 2016 – 9 AZR 145/15 (Rn. 15), NJW 2016, 2906, 2907; ebenso bereits BAG v. 26. 6. 2008 – 2 AZR 23/07 (Rn. 24), NZA 2008, 1241, 1243 f.

79 BAG v. 26. 6. 2008 – 2 AZR 23/07 (Rn. 27), NZA 2008, 1241, 1243 f.

80 BT-Drs. 10/3792, S. 19; BAG v. 19. 4. 2005 – 9 AZR 233/04, NJW 2006, 1832, 1834 – Diätassistentin.

81 BAG v. 22. 6. 1988 – 5 AZR 526/87, NZA 1989, 13, 15.

82 BAG v. 19. 4. 2005 – 9 AZR 233/04, NJW 2006, 1832, 1834 – Diätassistentin; BAG v. 9. 5. 2006 – 9 AZR 278/05 (Rn. 18), NJW 2006, 3595, 3596.

83 Reinecke, FS Leinemann, 2006, 191, 195.

§ 616 BGB), die der Arbeitgeber erst gewähren muss. Weigert sich der Arbeitgeber, den Elternzeiter freizustellen, muss sich dieser nicht fügen. Tut er das dennoch, hat er keinen Schadensersatzanspruch. Das ist Folge des Selbstvollzugs, der ihm gem. § 254 Abs. 1 BGB aufgibt, die Elternzeit trotz der Widerworte des Arbeitgebers anzutreten.

Aufgrund eines Gestaltungsrechts erfolgt auch die Wahl eines Elternzeitabschnitts für das 3. Lebensjahr des Kindes, unabhängig davon, ob der Anschluss nahtlos erfolgt oder nicht.[84] Da das Recht zur Wahrnehmung von Elternzeit nicht auf den 2-jährigen Bindungszeitraum beschränkt ist, stellt sich die Weiterführung der Elternzeit bis zum 3. Geburtstag des (leiblichen oder angenommenen) Kindes nicht als Verlängerung der Elternzeit i.S. des § 16 Abs. 3 Satz 1 BEEG dar, die nur mit Zustimmung des Arbeitgebers erfolgen dürfte. § 16 Abs. 3 Satz 1 BEEG betrifft nur Konstellationen, in denen Eltern von den im Elternzeitverlangen verbindlich angegebenen Zeiträumen nachträglich abrücken wollen.[85]

Anders verhält es sich mit der nach § 15 Abs. 2 Satz 2 BEEG bestehenden Möglichkeit, einen **Abschnitt** der Elternzeit von bis zu 24 Monaten zwischen dem 3. und 8. Geburtstag des Kindes zu nehmen. Da der Arbeitgeber einer solchen Wahl dringende betriebliche Gründe entgegensetzen darf (§ 16 Abs. 1 Satz 7 BEEG), kann die Festlegung dieses Abschnitts nicht über ein Gestaltungsrecht wie nach § 16 Abs. 1 Satz 1 BEEG erfolgen; dies gilt auch dann, wenn dieser Abschnitt als 1. Abschnitt, mithin isoliert, genommen wird, da der Gesetzgeber ihn in § 16 Abs. 1 Satz 7 BEEG gesondert regelt. Letztlich ist dieser Abschnitt damit **zustimmungspflichtig**, auch wenn es dazu (im Gegensatz zur Elternteilzeit nach § 15 Abs. 6 und Abs. 7 BEEG, dazu u. 2.2) keiner Vereinbarung bedarf, Zustimmung hier also nicht i.S. der §§ 145 ff. BGB zu verstehen ist. Der Wortlaut des Gesetzes ist an diesem Punkt missverständlich, weil er für das Gestaltungsrecht in § 16 Abs. 1 Satz 1 BEEG, die Wahlmöglichkeit in § 15 Abs. 2 Satz 2 BEEG und den Anspruch auf Elternteilzeit in § 15 Abs. 6 und 7 BEEG gleichlautend den Begriff der Beanspruchung bzw. Inanspruchnahme gebraucht. Es ist aber nicht anzunehmen, dass der Gesetzgeber den Elternzeitberechtigten bei

---

84 LAG Düsseldorf v. 24. 1. 2011 – 14 Sa 1399/10 (Juris Rn. 19), BeckRS 2011, 70516; LAG Sachsen v. 17. 5. 2011 – 7 Sa 137/10 (Juris Rn. 54 ff.), BeckRS 2011, 74685; anders wohl LAG Berlin-Brandenburg v. 20. 9. 2018 – 21 Sa 390/18 (Rn. 50), NZA-RR 2019, 75, 78: nur bei nahtlosem Anschluss, ansonsten besteht Zustimmungspflicht; ebenso Aschmoneit, NZA 2012, 247, 248; weitergehend (2. Abschnitt immer zustimmungspflichtig) Niklas, BB 2013, 951, 953; Buschbaum/Rosak, NZA-RR 2014, 337, 340.

85 LAG Sachsen v. 17. 5. 2011 – 7 Sa 137/10 (zu II 3.3 c bb), BeckRS 2011, 74685; LAG Berlin-Brandenburg v. 20. 9. 2018 – 21 Sa 390/18 (Rn. 53), NZA-RR 2019, 75, 78; aA ErfK/Gallner, Rn. 4 zu § 16 BEEG.

Ablehnung durch den Arbeitgeber vor die Notwendigkeit stellen wollte, die Zustimmung im Wege einer (erst mit Rechtskraft vollstreckbaren) Klage nach § 894 ZPO zu verfolgen; andernfalls hätte er für die Geltendmachung dieses Anteils der Elternzeit die Durchführung eines Konsensverfahrens wie nach § 15 Abs. 5 Satz 2 BEEG für die Elternteilzeit bestimmt. Sofern die Inanspruchnahme der Elternzeit zwischen dem 3. und 8. Geburtstag des Kindes auch nach der Gesetzesbegründung[86] nicht der Zustimmung des Arbeitgebers bedarf, wird damit nur die Abkehr von der alten Regelung erklärt, die eine Vereinbarung bzw. eine (rechtsgeschäftliche) Zustimmung verlangte.

Bei einem **nahtlosen Übergang** eines (1., 2. oder 3.) Elternzeitabschnitts in die Zeit nach Vollendung des 3. Lebensjahrs des Kindes gelten die Sonderregelungen für diesen Abschnitt, also die 13-wöchige Ankündigungszeit aus § 16 Abs. 1 Satz 1 Nr. 2 BEEG und § 16 Abs. 1 Satz 7 BEEG (Recht zur Ablehnung aus dringenden betrieblichen Gründen) mit dem daraus abgeleiteten Zustimmungserfordernis, da der Gesetzgeber als Kompromisslösung für die Verlängerung der Elternzeit über den 3. Geburtstag des Kindes hinaus die Interessen des Arbeitgebers nicht außen vor lassen wollte.[87] Notfalls ist die Anmeldung und Beurteilung zu splitten.[88]

Gestaltungsrechte sind **bedingungsfeindlich**. Die Anmeldung der Elternzeit muss daher unbedingt erfolgen. Die Mitteilung des Elternzeitberechtigten, er werde Elternzeit antreten, sobald sein Arzt ihn für arbeitsfähig hält, reicht hierfür nicht aus.[89]

Möglich und häufig anzutreffen sind **Potestativbedingungen** (unechte Bedingungen). Zulässig ist etwa, das Elternzeitverlangen unter die Bedingung zu stellen, dass der Arbeitgeber einer Reduzierung der Arbeitszeit und der gewünschten Elternteilzeit zustimmt.[90]

Beispiel: Arbeitnehmerin A kann sich keine finanziellen Einbußen erlauben und macht eine 2-jährige Elternzeit für den Fall geltend, dass sie nach Ablauf der Mutterschaftsfrist statt 32 nur 20 Wochenstunden, und zwar montags bis freitags jeweils von 8–12 Uhr, arbeiten darf. Lehnt der Arbeit-

86 BT-Drs. 18/2583, S. 36.

87 A.A. Forst, DB 2015, 68, 72; Schaub/Linck, § 172 Rn. 14; s. auch Fecker/Scheffzek, NZA 2015, 778, 782, wonach der Elternzeiter für diesen Zeitraum ohne Zustimmung des Arbeitgebers zwei Elternzeitabschnitte für insgesamt 24 Monate nehmen darf, wenn er zuvor noch keine Elternzeit angemeldet hat; diese Auffassung findet im Gesetz indes keine Stütze.

88 BT-Drs. 18/2583, S. 36.

89 Vgl. BAG v. 17. 10. 1990 – 5 AZR 10/90, NZA 1991, 320, 321 f.

90 BAG v. 5. 6. 2007 – 9 AZR 82/07 (Rn. 40), NZA 2007, 1352, 1355; BAG v. 15. 4. 2008 – 9 AZR 380/07 (Rn. 35), NJW 2008, 2937, 2939.

geber zu Recht ab (dazu 2.2), gelten die ursprünglichen Bedingungen; A ist an ihr Elternzeitverlangen nicht gebunden und kann jederzeit ein neues stellen.

Der Elternzeitberechtigte trifft damit eine einheitliche Erklärung, die der Arbeitgeber wegen § 150 Abs. 2 BGB nur einheitlich annehmen oder ablehnen kann. Ändert der Arbeitnehmer den Verteilungswunsch zu einem späteren Zeitpunkt, ist dies zwecklos, aber auch unschädlich, da die Erklärung das Arbeitsverhältnis schon mit Zugang umgestaltet. Hat sich der Arbeitnehmer hinsichtlich Verringerung und Verteilung der Arbeitszeit festgelegt, kann er sich vor Gericht nicht mehr darauf beschränken, nur die Reduzierung seiner Arbeitszeit zu verfolgen.[91]

Die Bindungswirkung tritt allerdings nicht ein, wenn der Arbeitgeber die Gestaltungsberechtigung des Arbeitnehmers bestreitet; dem Arbeitnehmer steht es dann frei, seine Erklärung zurückzunehmen.[92] Zudem ist ein Widerruf möglich, wenn dieser noch vor Beginn der 7-wöchigen Ankündigungsfrist nach § 16 Abs. 1 Satz 1 BEEG erfolgt, da die Dispositionsinteressen des Arbeitgebers erst ab diesem Zeitpunkt geschützt sind.[93]

Wird der Bindungszeitraum von zwei Jahren nicht ausgeschöpft, ist die restliche Zeit bis zum Ablauf der zwei Jahre verbraucht. Der Elternzeiter ist an seine Erklärung auch insoweit gebunden[94] und muss seine Arbeit im Anschluss daran wieder antreten.[95] Häufig wird verkannt, dass dann erst für das 3. Jahr wieder Elternzeit genommen werden darf.

Beispiel: Arbeitnehmerin A nimmt Elternzeit für die ersten zwölf Monate nach der Geburt ihres Kindes. In diesem Fall ist sie für die ersten zwei Jahre in doppeltem Sinne gebunden; sie muss für zwölf Monate in Elternzeit und das gesamte Folgejahr über zur Arbeit.

In der Praxis wird ggf. nach einer Urlaubslösung gesucht. Ausnahmen bestehen nur unter den Voraussetzungen des § 16 Abs. 3 Satz 1 und Satz 4 BEEG.

Beispiel: Arbeitnehmerin A nimmt Elternzeit bis zur Vollendung des 1. Lebensjahrs ihres Kindes. Aufgrund Trennung von ihrem Lebenspartner, der das Kind im 2. Lebensjahr betreuen wollte, muss sie sich nun allein um das Kind kümmern. Weitere Angehörige stehen für die Betreuung nicht

91 BAG v. 24.9.2019 – 9 AZR 435/18 (Rn. 25), NZA 2020, 340, 342.

92 Sowka, FS 50 Jahre BAG, 2004, 229, 230.

93 Ebener, S. 152; a. A. Buchner/Becker, Rn. 4 zu § 16 BEEG; Küttner/Poeche, Stichwort Elternzeit Rn. 12; Sowka, S. 28.

94 LAG Baden-Württemberg v. 14.4.2010 – 10 Sa 59/09 (Juris Rn. 40), BeckRS 2010, 70690 (Vorinstanz zu BAG v. 18.10.2011 – 9 AZR 315/10, NJW 2012, 1308).

95 Sowka, NZA 2000, 1185, 1187; Küttner/Poeche, Stichwort Elternzeit Rn. 12.

bereit. In diesem Fall greift die 2-Jahres-Sperre des § 16 Abs. 1 Satz 1 BEEG nicht (§ 16 Abs. 3 Satz 4 BEEG).

Wie den Ausnahmevorschriften zu ersehen ist, reicht allein der Umstand, dass für den Elternzeiter zwischenzeitlich eine Härte eingetreten ist (z. B. das Kind wird krank), nicht aus, den Arbeitgeber für verpflichtet zu halten, den Elternzeiter aus seiner Erklärung, Elternzeit für weniger als zwei Jahre zu nehmen, zu entlassen.

Hat der Elternzeitberechtigte noch keine Elternzeit angemeldet, greift der 2-jährige Bindungszeitraum nicht ein. Die Nichtmeldung gilt also nicht als Festlegung. Der Arbeitnehmer kann damit auch nach der Geburt oder Annahme des Kindes Elternzeit anmelden und muss nur die Ankündigungsfrist beachten.

Wählt der Elternzeitberechtigte einen weiter gehenden Zeitraum als die geforderten zwei Jahre (bis zu drei Jahren), ist er hieran ebenfalls gebunden (zu den Ausnahmen s. § 16 Abs. 3 BEEG, dazu 1.6.1).[96] Der in § 16 Abs. 1 Satz 2 BEEG genannte 2-Jahres-Zeitraum bildet demnach nur eine Mindestfrist. Daher sollte von der in § 16 Abs. 1 Satz 6 Hs. 1 BEEG gegebenen Möglichkeit zur Aufteilung in drei Zeitabschnitte immer Gebrauch gemacht werden.

Wie bei jedem Recht steht auch die Ausübung des Rechts auf Elternzeit unter dem Gebot von Treu und Glauben (§ 242 BGB), darf also nicht rechtsmissbräuchlich sein (s. bereits 1.2). Allerdings besteht ein Missbrauch nicht schon darin, dass die Elternzeit kurz vor einer erwarteten Arbeitgeberkündigung beantragt wird.[97]

1.4 Anmeldefrist

Die Anmeldung muss für den Zeitraum bis zum vollendeten 3. Lebensjahr des Kindes **spätestens sieben Wochen vor Beginn** der Elternzeit erfolgen (§ 16 Abs. 1 Satz 1 Nr. 1 BEEG). Damit soll dem Arbeitgeber Gestaltungsspielraum für eine Ersatzlösung gegeben werden. Freilich wird dies erheblich durch die – nur bei Vorliegen eines dringenden betrieblichen Grundes abwehrbare – Möglichkeit des Arbeitnehmers beschränkt, auch während der Elternzeit beim eigenen Arbeitgeber Teilzeitarbeit bis zu 32 Wochenstunden zu leisten (s. § 15 Abs. 7 Satz 1 Nr. 4 BEEG und unten 2.2).

Die Ankündigungsfrist bedeutet für die Mutter zweierlei: Zum einen kann sie mit der Anmeldung der Elternzeit zuwarten, bis das Kind geboren

96 BAG v. 19.4.2005 – 9 AZR 233/04, NJW 2006, 1832, 1834 – Diätassistentin.
97 LAG Niedersachsen v. 2.7.2004 – 16 Sa 440/04, NZA-RR 2005, 250, 251.

ist. Auf der anderen Seite hat sie für die Anmeldung nur etwa eine Woche nach Geburt ihres Kindes, bei Früh- und Mehrlingsgeburten fünf Wochen nach der Entbindung Zeit, wenn sie unmittelbar nach Ablauf der Mutterschutzfrist (§ 3 Abs. 2 MuSchG) in Elternzeit gehen will, ohne auf die Zustimmung des Arbeitgebers angewiesen zu sein (Ausnahme: § 16 Abs. 2 BEEG, z. B. wegen eines unvorhergesehenen Krankenhausaufenthalts, s. u.).

Beispiel: Entbindung 1.5. – Ende der Schutzfrist 27.6., Beginn der Elternzeit: 28.6., Zugang der Mitteilung spätestens am 9.5.

Im Regelfall wird die Schwangere schon bei Kenntnis des veranschlagten Geburtstermins auf eine mögliche Elternzeit hinweisen und den Arbeitgeber damit auch nicht überraschen, da die meisten Mütter in Elternzeit gehen.

Die Ankündigungsfrist gilt auch für weitere Elternzeiträume.

Beispiel: Elternzeit ist zunächst nur für zweieinhalb Jahre genommen. Will der Elternzeitberechtigte im Anschluss daran einen 2. Block Elternzeit nehmen, muss er dies sieben Wochen vor Ablauf der zweieinhalb Jahre ankündigen.

Im Hinblick darauf, dass Elternzeit nunmehr allgemein bis zur Vollendung des 8. Lebensjahrs des Kindes gefordert werden kann, hat der Gesetzgeber eine eigene Ankündigungsfrist für den **Zeitraum** bestimmt, der **nach dem 3. Lebensjahr** des Kindes liegt; diese beträgt **13 Wochen** (§ 16 Abs. 1 Satz 1 Nr. 2 BEEG).[98] Diese Regelung gilt für Kinder, die ab dem 1. 7. 2015 geboren oder mit dem Ziel der Adoption aufgenommen wurden (§ 27 Abs. 1 Satz 2 BEEG). Nach der Gesetzesbegründung ist dies in Anlehnung an das TzBfG (wohl dessen § 8 Abs. 2 Satz 1: 3 Monate) erfolgt und dient dazu, die Interessen der Arbeitgeber angemessen zu berücksichtigen. Das verschaffe den Arbeitgebern Planungssicherheit und mehr Zeit, um eine Ersatzkraft einzustellen. Anders als bei Säuglingen und Kleinkindern sei es den Eltern von älteren Kindern zumutbar, eine längere Anmeldefrist einzuhalten, da bei Kindern zwischen dem 3. und 8. Lebensjahr die weitere Entwicklung und die zeitlichen Bedürfnisse für die Betreuung des Kindes besser vorhersehbar seien. Für den Fall, dass eine Elternzeit vor dem 3. Geburtstag begonnen wird und ohne Unterbrechung über den 3. Geburtstag hinaus andauert, müsse für den Elternzeitanteil vor dem 3. Geburtstag die 7-wöchige Anmeldefrist und für den Elternzeitanteil ab dem 3. Geburtstag die Anmeldefrist von 13 Wochen eingehalten werden. Anders als für die Elternzeit, die für die Betreuung von Kindern bis zum 3. Lebensjahr genommen wird, erschien dem Gesetzgeber eine Festlegung für zwei Jahre für den Zeitraum zwischen

98 Art. 1 Nr. 17 a) aa) des Gesetzes zur Einführung des Elterngeld Plus mit Partnerschaftsbonus und einer flexibleren Elternzeit im BEEG v. 8. 12. 2014, BGBl. I S. 2325.

dem 3. und 8. Geburtstag des Kindes nicht notwendig. Es sei, so die Regierungsbegründung, davon auszugehen, dass meistens weniger als 24 Monate Elternzeit im Zeitraum nach dem 3. Geburtstag genommen werden, da in den meisten Fällen auch eine Teilzeiterwerbstätigkeit nach der Geburt eines Kindes im Rahmen der Elternteilzeit erfolge. Außerdem werde die Inanspruchnahme von Elternzeit nach dem 3. Lebensjahr dadurch begrenzt, dass die Elternzeit in drei Zeitabschnitte – außer der Arbeitgeber stimmt weiteren Zeitabschnitten zu – aufgeteilt werden könne.[99]

Für die Berechnung der 7-Wochen-Frist gelten die §§ 187 Abs. 1, 188 Abs. 2 BGB (Elternzeitbeginn Mittwoch, Zugangsfrist Dienstag sieben Wochen zuvor). § 193 BGB (Ausschluss von Sonn- und Feiertagen aus der Fristberechnung) findet weder unmittelbare noch entsprechende Anwendung.[100] Eine unmittelbare Anwendung des § 193 BGB scheitert daran, dass die Erklärung gem. § 16 Abs. 1 Satz 1 BEEG weder an einem bestimmten Tag, noch innerhalb einer Frist abzugeben ist. Eine analoge Anwendung ist deshalb nicht möglich, weil § 193 BGB nur denjenigen schützt, der die Willenserklärung abzugeben hat.[101] Demgegenüber dient § 16 Abs. 1 Satz 1 BEEG dem Schutz des Arbeitgebers. Daher wird die analoge Anwendung des § 193 BGB z. B. auch für Kündigungen abgelehnt.[102]

Der/die Beschäftigte ist nicht verpflichtet, die Elternzeit so zu legen, dass sie zum Anfang eines Kalendermonats beginnt, auch wenn dies die Einstellung einer Ersatzkraft erleichtern würde.

Wird Elternzeit zwar angemeldet, aber nicht rechtzeitig, und ist die Höchstfrist noch nicht ausgeschöpft, bewirkt dies nur eine Verschiebung des Elternzeitbeginns.[103] Die Elternzeit reicht jedoch auch dann nicht weiter als bis zum Ende des 3-Jahres-Zeitraums.[104] Ausnahmsweise wird der Elternzeitbeginn nicht durch die Ankündigung bestimmt, vor allem dann, wenn der Arbeitgeber auf die Einhaltung der Frist verzichtet oder dringende Gründe i. S. des § 16 Abs. 1 Satz 2 BEEG vorliegen. So bleibt dem Vater, der in Elternzeit gehen will, das Risiko erspart, erst zum geplanten Geburtster-

99 BT-Drs. 18/2583 S. 32.

100 Buchner/Becker, Rn. 7 zu § 16 BEEG.

101 BAG v. 24. 10. 2013 – 2 AZR 1057/12 (Rn. 48), NZA 2014, 725, 729.

102 BGH v. 17. 2. 2005 – III ZR 172/04, BGHZ 162, 175 = NJW 2005, 1354, 1355. Sofern das BAG seine im Urteil v. 5. 3. 1970 (2 AZR 112/69, NJW 1970, 1470, 1471) für die Kündigung von Arbeitsverträgen geäußerte Gegenansicht aufrechterhalten wollte, müsste es den gemeinsamen Senat der obersten Gerichtshöfe anrufen, um gem. § 2 Abs. 1 des Gesetzes v. 19. 6. 1968 (BGBl. I S. 661) eine Klärung herbeizuführen.

103 BAG v. 17. 10. 1990 – 5 AZR 10/90, NZA 1991, 320, 321; BAG v. 17. 2. 1994 – 2 AZR 616/93, NZA 1994, 656, 658.

104 Vgl. BAG v. 18. 5. 2006 – 2 AZR 230/05, NJW 2006, 3373, 3374.

min in Elternzeit gehen zu dürfen, wenn das Kind als Frühgeburt zur Welt kommt.[105] Zu denken ist auch an den Fall, dass ein Kind zur Vorbereitung der Adoption in Adoptionspflege genommen werden soll. Hier erfahren die Adoptiveltern oft erst in letzter Minute, dass und wann ein Kind in ihre Obhut gegeben wird.[106] Die Änderung geht aber auch dann nicht von heute auf morgen. Diskutiert wird eine 2-Wochen-Frist, um den Planungsinteressen des Arbeitgebers Rechnung zu tragen.[107] § 16 Abs. 2 BEEG ergänzt § 16 Abs. 1 Satz 2 BEEG dahingehend, dass bei unverschuldeten Schwierigkeiten, die Ankündigungsfrist nach der Geburt einzuhalten, eine Verkürzung der Anmeldefrist erfolgen kann. Wird die Anmeldung binnen einer Woche nach Wegfall des Hinderungsgrundes nachgeholt, muss die Mutter bis zum Antritt der ansonsten verschobenen Elternzeit nicht in den Betrieb zurück bzw. ist für die Zwischenzeit nicht auf eine Freistellungs- oder Urlaubslösung angewiesen. Der Hinderungsgrund darf nur die rechtzeitige Anmeldung betreffen, nicht den rechtzeitigen, durch einen nahtlosen Übergang aus der Mutterschaft gekennzeichneten Antritt der Elternzeit.[108]

Beispiel: Die Arbeitnehmerin erkrankt nach der Geburt und kann die Elternzeit deshalb trotz ordnungsgemäßer Ankündigung nicht rechtzeitig antreten. Hier reicht es aus, wenn sie dem Arbeitgeber binnen einer Woche nach ihrer Genesung mitteilt, dass sie die Elternzeit sofort antritt. Bis dahin erhält sie Lohnfortzahlung bzw. Krankengeld.

Zu Fragen der Elternzeit (z. B. Form und Frist der Anmeldung) haben die Elterngeldstellen zu beraten (§ 12 Abs. 1 Satz 2 BEEG).

1.5 Auswirkungen der Elternzeit

1.5.1 Leistungen des Arbeitgebers

Die Elternzeit löst das Arbeitsverhältnis nicht auf. Andernfalls wären auch die Kündigungsrechte in den §§ 18, 19 BEEG nicht verständlich. Vielmehr **ruhen** in dieser Zeit die Hauptpflichten aus dem Arbeitsverhältnis, also die Arbeitspflicht auf der einen, die Entgeltpflicht auf der anderen Seite (gem. § 15 Abs. 4 Satz 3 BEEG auch im Fall der ausschließlichen Beschäftigung bei einem anderen Arbeitgeber, nicht hingegen bei einer Elternteilzeit beim eige-

105 Othmer, Rn. 6 zu § 21 BEEG, mit allerdings verfehltem Hinweis auf LAG Köln v. 29. 8. 1996 – 10 Sa 382/96.

106 Rancke, Rn. 8 zu § 16 BEEG; vgl. BAG v. 17. 2. 1994 – 2 AZR 616/93, NZA 1996, 656, 657.

107 Rancke, Rn. 8 zu § 16 BEEG.

108 Vgl. BAG v. 17. 10. 1990 – 5 AZR 10/90, NZA 1991, 320, 322.

nen Arbeitgeber), und zwar kraft Gesetzes.[109] Dies spielt etwa auch dann eine Rolle, wenn die Gewährung einer Jahreszuwendung davon abhängt, ob das Arbeitsverhältnis zum Beschäftigten, der nicht (durchgehend) seiner Arbeit nachgeht, aufgrund gesetzlicher Vorschriften ruht oder nicht. Außerdem wird im Krankheitsfall keine Entgeltfortzahlung gewährt.[110] Ob der Beschäftigte die angemeldete Elternzeit tatsächlich antreten kann, ist sein eigenes Risiko. Erkrankt der Beschäftigte vor Ablauf der Elternzeit, beginnt die Entgeltfortzahlung bei Fortdauer der Krankheit erst mit dem Ende der Elternzeit.[111] Die 4-wöchige Wartezeit des § 3 Abs. 3 EFZG muss hierfür nicht erneut zurückgelegt werden.[112]

Gewährt der Arbeitgeber **Zuwendungen**, stellt sich die Frage, ob er sie weiterzahlen muss, wenn der Arbeitnehmer sich in Elternzeit befindet.

Grds. gilt, dass Zuwendungen nur dann während der Elternzeit weiterzugewähren sind, wenn sie keinen **Bezug zur Arbeitsleistung** aufweisen, sondern allein im Hinblick auf die Betriebszugehörigkeit erbracht werden.[113] Allein das Ruhen des Arbeitsverhältnisses führt dann noch nicht zum Wegfall der Leistungen.[114] Indizien für den fehlenden Leistungsbezug sind etwa das Erfordernis der Zurücklegung einer Wartezeit, das Bestehen eines ungekündigten Arbeitsverhältnisses am Ende des Bezugszeitraums oder die Pflicht zur Rückzahlung für den Fall des Ausscheidens bis zu einem bestimmten Stichtag des Folgejahres.[115]Sonderleistungen für Betriebstreue (z. B. Jubiläumsgelder) sind demnach ungekürzt weiter zu zahlen. Hierzu zählen auch Deputate bzw. Firmenleistungen mit Personalrabatt (z. B. Energielieferungen), Beiträge des Arbeitgebers für Vereins- oder Verbandsmitgliedschaften oder Beihilfen im Krankheitsfall,[116]Zuschüsse zu Arbeitnehmerdarlehen,[117]vermögenswirksame Leistungen und sonstige Anlageformen

109 BT-Drs. 10/3792 S. 19; st. Rspr. seit BAG v. 10. 2. 1993 – 10 AZR 450/91, NZA 1993, 801, 802; s. nur BAG v. 15. 4. 2008 – 9 AZR 380/07 (Rn. 31), NJW 2008, 2937, 2939; BAG v. 22. 8. 2012 – 5 AZR 652/11 (Rn. 15), NZA 2012, 1277, 1278.

110 BAG v. 22. 6. 1988 – 5 AZR 526/87, NZA 1989, 13. Zu den Auswirkungen auf den Erholungsurlaub s. § 17 BEEG und unten 4.

111 BAG v. 29. 9. 2004 – 5 AZR 558/03, NZA 2005, 225, 226.

112 Sowka, S. 67.

113 BAG v. 10. 2. 1993 – 10 AZR 207/91, NZA 1993, 803, 804; BAG v. 8. 12. 1993 – 10 AZR 66/93, NZA 1994, 421, 422; BAG v. 21. 5. 2008 – 5 AZR 187/07 (Rn. 25), NZA 2008, 955, 957; s. auch EuGH v. 21. 10. 1999 – C-333/97 (Rn. 40), NZA 1999, 1325, 1328 – Lewen; EuGH v. 3. 10. 2006 – C-17/05 (Rn. 34 ff.), NJW 2007, 47, 48 – Cadman.

114 St. Rspr. seit BAG v. 5. 8. 1992 – 10 AZR 88/90, NZA 1993, 130, 131 f.

115 S. etwa LAG Saarland v. 22. 4. 2015 – 2 Sa 103/14 (Rn. 45), BeckRS 2015, 71672.

116 Gaul, Rn. 5 vor §§ 15–21 BEEG.

117 Gaul, Rn. 5 vor §§ 15–21 BEEG; vgl. BAG v. 16. 10. 1991 – 5 AZR 35/91, NZA 1992, 793, 794 f.

(z. B. Sparbeiträge, Vorzugsaktien, Aktienoptionen), Zuschüsse zur betrieblichen Altersversorgung sowie Besitzstandszulagen. Tarifverträge, die Elternzeitern solche Leistungen nicht gewähren, verstoßen gegen Art. 3 GG i. V. mit Art. 6 Abs. 1 GG.[118]

Bezug zur Arbeitsleistung weisen hingegen Sonderleistungen (z. B. ein 13. Monatsgehalt) auf, die im Arbeits- bzw. Tarifvertrag mit der Hauptvergütung gleichgesetzt sind. Auf solche Sonderleistungen besteht nur dann Anspruch, wenn der Arbeitnehmer während oder statt der Elternzeit im Betrieb tätig ist.[119] Nicht zu zahlen, weil allein leistungsbezogen, sind ferner Ergebnis- bzw. Gewinnbeteiligungen, vermögenswirksame Leistungen und aufwendungsbezogene Leistungen wie z. B. Jobtickets für öffentliche Verkehrsmittel oder Vergünstigungen für den Firmenparkplatz.[120] Hierzu gehören auch Prämien für unfallfreies Fahren.[121] War der Elternzeitberechtigte nicht das gesamte Jahr über in Elternzeit, ist nur eine **anteilige Kürzung** gerechtfertigt.[122]

Sonderleistungen mit **Mischcharakter**, die wie das Weihnachtsgeld sowohl aufgrund der Betriebszugehörigkeit als auch im Hinblick auf die Arbeitsleistung erbracht werden,[123] sind zu zahlen, wenn wenigstens eine der Funktionen erfüllt wird.[124] Dies ist in der Praxis zwar immer der Fall, da die Anteile nicht gesondert ausgewiesen werden. Der Zahlungsanspruch lässt sich jedoch bei solchen Vergütungsbestandteilen durch einen **Freiwilligkeitsvorbehalt** verhindern.[125] Fraglich ist, ob die Parteien es in der Hand haben, weitergehende Ausschlüsse zu vereinbaren. Nach hier vertretener Auffassung steht dem § 15 Abs. 2 Satz 6 BEEG entgegen, da das (zwingende) Recht auf Elternzeit durch eine derartige Vereinbarung (mittelbar) beschränkt wird. Der Elternzeitberechtigte muss nur hinnehmen, dass das Arbeitsverhältnis während der Elternzeit ruht, er also keine tätigkeitsbezogene Vergütung erhält, wenn er während der Elternzeit nicht im Betrieb tätig

---

118 BAG v. 18.12.2008 – 6 AZR 287/07, NZA 2009, 391, 393.

119 BAG v. 19.4.1995 – 10 AZR 49/94, NJW 1996, 278 f.; BAG v. 25.11.1998 – 10 AZR 595/97, NJW 1999, 3431 f.

120 Gaul, Rn. 6 vor §§ 15–21 BEEG.

121 BAG v. 10.1.1991 – 6 AZR 205/89, NZA 1991, 689, 690.

122 BAG v. 12.1.2000 – 10 AZR 930/98, NZA 2000, 1060, 1061; BAG v. 22.10.2008 – 10 AZR 360/08 (Rn. 41), NJW 2009, 2395, 2398 f.; vgl. EuGH v. 21.10.1999 – C-333/97 (Rn. 49), NZA 1999, 1325, 1328 – Lewen.

123 Anders im Schadensrecht, wo das Weihnachtsgeld als reines Entgelt für geleistete Arbeit betrachtet wird: BGH v. 7.5.1996 – VI ZR 102/95, NJW 1996, 2296, 2297.

124 A. A. LAG Köln v. 22.7.2010 – 7 Sa 1283/09 (zu II 2c), BeckRS 2010, 74416; Heenen, § 308 Rn. 23: kein Anspruch des Elternzeiters auf Leistungen mit Mischcharakter.

125 BAG v. 12.1.2000 – 10 AZR 840/98, NZA 2000, 944, 945; BAG v. 10.12.2008 – 10 AZR 35/08 (Rn. 20 ff.), NJW 2009, 1370, 1372, jeweils betr. Weihnachtsgratifikation.

ist.[126] Andernfalls besteht zudem eine mittelbare Diskriminierung aufgrund des Geschlechts, da es in erster Linie Frauen sind, die in Elternzeit gehen.[127] Wird während der Elternzeit ein weiteres Kind geboren, hat die Mutter, die keine Elternteilzeit leistet, gem. § 22 Satz 1 MuSchG keinen Anspruch auf den vom Arbeitgeber zu zahlenden **Zuschuss zum Mutterschaftsgeld** für das weitere Kind (das folgt schon aus der Lohnersatzfunktion des Arbeitgeberzuschusses); Umgehungsversuchen des Inhalts, durch vorzeitigen Abbruch der Elternzeit für die Zeit zwischen dem Beginn des Beschäftigungsverbots nach § 3 Abs. 1 MuSchG und dem Ende der Schutzfrist des § 3 Abs. 2 MuSchG in den Genuss des Zuschusses nach § 20 Abs. 1 MuSchG zu gelangen, hatte der Gesetzgeber dem durch die Regelung des § 16 Abs. 3 Satz 3 BEEG a. F. zunächst einen Riegel vorgeschoben, wobei für den Fall der Elternteilzeit eine Rückausnahme galt (§ 16 Abs. 3 Satz 3 Hs. 2 BEEG a. F.). Da diese Vorschrift gegen Europarecht verstieß,[128] hat der Gesetzgeber mit Wirkung zum 18.9.2012 ein anderes bestimmt.[129] Nunmehr kann die Elternzeit auch zur Inanspruchnahme der Schutzfristen aus § 3 MuSchG und ohne Zustimmung des Arbeitgebers beendet werden (§ 16 Abs. 3 Satz 3 Hs. 1 BEEG). Dies setzt allerdings voraus, dass das weitere Kind zum Zeitpunkt der Inanspruchnahme bereits entbunden ist, damit überhaupt ein Recht auf vorzeitige Beendigung der Elternzeit bestehen kann.[130] In diesen Fällen soll die Elternzeiterin dem Arbeitgeber die Beendigung der Elternzeit nur rechtzeitig mitteilen (§ 16 Abs. 3 Satz 3 Hs. 2 BEEG). Dem Arbeitgeber soll so ermöglicht werden, die erforderlichen Maßnahmen (beispielsweise die Auszahlung des Arbeitgeberzuschusses nach § 20 Abs. 1 MuSchG) zu veranlassen. I. Ü. entfällt der Anspruch auf Mutterschaftsgeld nicht für den gesamten Zeitraum der Schutzfristen, wenn das Arbeitsverhältnis bei Beginn

---

126 Ebenso wohl BAG v. 4.12.2002 – 10 AZR 138/02 (Rn. 50), AP Nr. 245 zu § 611 BGB – Gratifikation; BAG v. 21.5.2008 – 5 AZR 187/07 (Rn. 25), NZA 2008, 955, 957; beides im Anschluss an EuGH v. 21.10.1999 – C-333/97 (Rn. 40), NZA 1999, 1325, 1328 – Lewen.

127 Vgl. BAG v. 21.5.2008 – 5 AZR 187/07 (Rn. 25), NZA 2008, 955, 957. Zu diesem Verbot EuGH v. 31.3.1981 – C-96/80, NJW 1981, 2639; EuGH v. 13.5.1986 – C-170/84, NZA 1986, 599; EuGH v. 6.12.2007 – C-300/06, NJW 2008, 499 ff. (Voß). Bei einem Verstoß können sich beide Geschlechter darauf berufen: BAG v. 21.11.2013 – 6 AZR 89/12 (Rn. 25), NZA 2014, 672, 674.

128 So jedenfalls die Interpretation des EuGH-Urteils v. 20.9.2007 – C-116/06, NZA 2007, 1274 – Kiiski durch Göhle-Sander, jurisPR-ArbR 17/2008 Anm. 1; a. A. Joussen, EuZA 2008, 375 ff. Nach der Gesetzesbegründung (BT-Drs. 17/9841 S. 31) soll durch die Neuregelung auch den Vorgaben im Urt. des EuGH v. 19.1.2010 – C-555/07 – Kücükdevici entsprochen werden.

129 Gem. Art. 1 des Gesetzes zur Vereinfachung des Elterngeldvollzugs vom 10.9.2012, BGBl. I S. 1878, ber. 2013 S. 69.

130 BAG v. 8.5.2018 – 9 AZR 8/18 (Rn. 18), NZA 2018, 1195, 1196.

der Schutzfrist des § 3 Abs. 1 MuSchG wegen Elternzeit geruht hat. Der Anspruch auf Mutterschaftsgeld ist nur bis zum Ende der Elternzeit ausgeschlossen.[131]

Der Elternzeitberechtigte muss seinen **Dienstwagen** zurückgeben. Dies gilt selbst dann, wenn er ihn privat nutzen darf.[132] Dies ist deshalb zu rechtfertigen, weil es sich bei der Nutzungsbefugnis unabhängig davon, wie weit sie reicht, um eine zusätzliche Gegenleistung (Hauptleistung) für die geschuldete Arbeitsleistung handelt.[133]

Eine **Dienstwohnung** muss der/die Beschäftigte für die Dauer der Elternzeit hingegen nicht räumen.[134]

Statt der Vergütung erhält der Beschäftigte (gem. § 3 Nr. 67 EStG steuerfrei) vom Staat auf Antrag **Elterngeld** in Höhe von 67 % des in den zwölf Kalendermonaten vor der Geburt bzw. Aufnahme des Kindes durchschnittlich erzielten monatlichen Netto-Einkommens aus Erwerbstätigkeit bis zu einem Höchstbetrag von 1800,– € monatlich (§§ 2 Abs. 1, 2b Abs. 1 Satz 1 BEEG).

Bei alledem ist zu beachten, dass der Zweck der Elternzeit durch die andersartige Vergütung nicht gefährdet werden darf.[135] Daher ist Erwerbseinkommen, das aus einer Teilzeiterwerbstätigkeit von nicht mehr als 32 Wochenstunden stammt, für den Anspruch auf Elterngeld gem. § 1 Abs. 1 Satz 1 Nr. 4, Abs. 6 BEEG irrelevant und wird auch nicht gem. § 2 Abs. 3 BEEG (anteilig) angerechnet.[136]

Da während der Elternzeit nur die Hauptleistungspflichten ruhen, bleiben grds. alle **Nebenpflichten** aus dem Arbeitsvertrag (§ 241 Abs. 2 BGB) bestehen. Das Gesetz führt in §§ 15 Abs. 4 Satz 3, 16 Abs. 1 Satz 8 und 16 Abs. 5 BEEG einzelne Nebenpflichten auf, die auch während der Elternzeit bestehen. Das BAG nennt allgemein beispielhaft die Fürsorge- und die Treuepflicht, die Verschwiegenheitspflichten, die Unterlassungspflichten, das Wettbewerbsverbot, die Auskunfts-, Rechnungs- und Herausgabepflichten, die Pflichten zum Schutz der Persönlichkeit des Arbeitnehmers und seines

131 BAG v. 22. 8. 2012 – 5 AZR 652/11 (Rn. 21 ff.), NZA 2012, 1277, 1278 f.

132 LAG Köln v. 22. 6. 2001 – 11 (6) Sa 391/01, NZA-RR 2001, 523; Sowka, S. 67; HK-ArbR/Velikova, Rn. 52 zu § 15 BEEG; anders innerhalb der Mutterschutzfristen gem. § 3 Abs. 1 und 2 MuSchG: BAG v. 11. 10. 2000 – 5 AZR 240/99, NZA 2001, 445, 447.

133 BAG v. 23. 6. 1994 – 8 AZR 537/92, NJW 1995, 348; BAG v. 5. 2. 2004 – 8 AZR 91/03, NJW 2004, 2469, 2470; BAG v. 14. 12. 2010 – 9 AZR 631/09 (Rn. 14), NJW 2011, 1469, 1470.

134 Küttner/Poeche, Stichwort Elternzeit Rn. 78.

135 EuGH v. 13. 2. 1996 – C-342/93 (Rn. 20), AP Nr. 74 zu § 119 EWG-Vertrag – Gillespie.

136 Rancke, Rn. 4 zu § 15 BEEG.

Eigentums.[137] Genannt werden muss in diesem Zusammenhang auch die Unterrichtungspflicht nach § 613a Abs. 5 BGB. Die Fürsorgepflicht des Arbeitgebers kann über § 106 Satz 1 GewO dahin gehen, Mitarbeiter, die bei ihm eine Teilzeittätigkeit während der Elternzeit verrichten, nicht an einen weit gelegenen Arbeitsort zu versetzen.[138] Nur Nebenpflichten, die die Hauptleistungspflichten unmittelbar **begleiten**, teilen das Schicksal der Hauptleistungspflichten, ruhen also ebenfalls. So ist der Arbeitgeber ggü. dem Elternzeiter, der keine Elternteilzeit bei ihm verrichtet, nicht verpflichtet, bestimmte Hygienemaßnahmen durchzuführen. Umgekehrt muss dieser Elternzeiter für den Arbeitgeber nicht erreichbar sein und ist z. B. auch nicht verpflichtet, einen GPS-Tracker an seinem Fahrzeug zu belassen.[139]

Der Elternzeiter behält bei den Wahlen zur **Arbeitnehmervertretung**, auch wenn er keine Elternteilzeit leistet, das aktive und passive Wahlrecht. Er darf an Betriebsversammlungen teilnehmen und erhält hierfür gem. § 44 Abs. 1 Satz 2 BetrVG die Kosten ersetzt.[140]

Der Elternzeiter bleibt Mitglied im Betriebsrat. Soweit er sein aktives Mitwirken anzeigt, ist er auch nicht zeitweilig verhindert i. S. des § 25 Abs. 1 Satz 2 BetrVG.[141] Er hat dann Anspruch auf Fahrtkostenerstattung (§ 40 BetrVG)[142] und Übernahme der Kosten für die Kinderbetreuung.[143]Vergütung für den Besuch von Schulungsveranstaltungen erhält er indes nur dann, wenn er Elternteilzeit leistet, also auch sonst vergütet wird (vgl. § 37 Abs. 6 Satz 1 BetrVG).[144]

137 BAG v. 10. 5. 1989 – 6 AZR 660/87, NZA 1989, 759, 760.

138 Vgl. LAG Hessen v. 15. 2. 2011 – 13 SaGa 1934/10, BB 2011, 832; allg. zur Pflicht, familiäre Bedürfnisse bei der Zuweisung von Arbeit zu berücksichtigen: BAG v. 23. 9. 2004 – 6 AZR 567/03, NZA 2005, 359, 361; LAG Rheinland-Pfalz v. 19. 1. 2005 – 10 Sa 820/04, DB 2005, 522.

139 Joussen, NZA 2022, 889, 893.

140 BAG v. 31. 5. 1989 – 7 AZR 574/88, NZA 1990, 449 f. Gleiches gilt für den Bereich des Personalvertretungsrechts, so VGH Mannheim v. 26. 9. 1995 – PB 15 S 1138/95, NZA-RR 1996, 158, 159; s. auch OVG Münster v. 10. 11. 2014 – 20 A 679/14 PVL, NZA-RR 2015, 334, 336.

141 LAG München v. 22. 7. 2004 – 2 TaBV 5/04, NZA-RR 2005, 29; LAG Berlin v. 1. 3. 2005 – 7 TaBV 2220/04, NZA-RR 2006, 32, 33; LAG Hamm v. 15. 10. 2010 – 10 TaBV 37/10, BeckRS 2011, 67992; vgl. auch BAG v. 25. 5. 2005 – 7 ABR 45/04, NZA 2005, 1002.

142 BAG v. 25. 5. 2005 – 7 ABR 45/04, NZA 2005, 1002. Gleiches gilt für den Bereich des Personalvertretungsrechts, dazu § 31 Abs. 1 Satz 2 BPersVG und VGH Mannheim v. 26. 9. 1995 – PB 15 S 1138/95, NZA-RR 1996, 158, 159 f.

143 BAG v. 23. 6. 2010 – 7 ABR 103/08 (Rn. 16), NZA 2010, 1298, 1300.

144 Schrader, in: BeckOK BEEG, Rn. 29 zu § 15.

Während der Elternzeit besteht ein Feststellungsinteresse für Eingruppierungsklagen oder Bestandsangelegenheiten, etwa zur Klärung eines Betriebsübergangs.[145]

1.5.2 Worauf werden Elternzeiten angerechnet?

- Elternzeiten sind auf eine Laufzeit zur tariflichen Höhergruppierung anzurechnen, wenn die Höherstufung nicht allein den Zuwachs an beruflicher Erfahrung ausgleichen soll. Hierzu muss der Tarifvertrag ausgelegt werden.[146]
- Gleiches gilt für tarifliche Sonderzahlungen und Zulagen. Sind diese dienstzeitabhängig, werden sie aufgrund des höheren Erfahrungswissens gezahlt, was die Nichtanrechnung von Elternzeiten rechtfertigt. Tarifverträge verstoßen daher nicht gegen Art. 141 EGV, Art. 3 Abs. 2, Art. 3 Abs. 3, Art. 6 Abs. 4 GG, § 15 Abs. 2 Satz 6 BEEG oder das Verbot der mittelbaren Geschlechterdiskriminierung, wenn sie Elternzeiten wegen ihres Bezugs zur Arbeitsleistung bzw. der damit verbundenen Berufserfahrung aus der Anrechnung herausnehmen.[147] Ein ausdrücklicher Ausschluss im Tarifvertrag soll sogar entbehrlich sein, weil die (widerlegliche) Vermutung besteht, dass mit der Anknüpfung an tatsächliche Beschäftigungszeiten auf die Arbeitsleistung (Beschäftigungszeit = Zuwachs an Erfahrungswissen = Mehrwert der Arbeitsleistung) Bezug genommen ist.[148] In diesem Fall verstößt die Anrechnung weder gegen das Verbot mittelbarer Diskriminierung aufgrund des Geschlechts, noch gegen die RiLi 2010/18/EU zum Elternurlaub.[149]
- Angerechnet werden Elternzeiten im Rahmen des § 1 Abs. 1 KSchG für die Frage der Dauer der Betriebszugehörigkeit.[150] Damit kann sich ein

---

145 Für den Betriebsübergang s. BAG v. 2.12.1999 – 8 AZR 796/98, NJW 2000, 3226.

146 BAG v. 21.10.1992 – 4 AZR 73/92, AP Nr. 1 zu § 1 TVG Tarifverträge: Milch-Käseindustrie; a. A. BAG v. 18.6.1997 – 4 AZR 647/95, NZA 1998, 267, 268 f.

147 BAG v. 10.2.1993 – 10 AZR 450/91, NZA 1993, 801, 802 f.; BAG v. 24.5.1995 – 10 AZR 619/94, NZA 1996, 31, 32; BAG v. 26.11.2003 – 4 AZR 693/02 (zu I 4), AP Nr. 30 zu § 1 TVG – Tarifverträge: Lufthansa; BAG v. 21.5.2008 – 5 AZR 187/07 (Rn. 22 ff.), NZA 2008, 955, 957; ebenso EuGH v. 3.10.2006 – C-17/05 (Rn. 34 ff.), NJW 2007, 47, 48 – Cadman. Zur Begrenzung der richterlichen Kontrolle bei Tarifverträgen allgemein BAG v. 26.11.2003 – 4 AZR 693/02 (zu I 3 c aa), AP Nr. 30 zu § 1 TVG – Tarifverträge: Lufthansa; BAG v. 13.2.2007 – 9 AZR 729/05 (Rn. 15), NZA 2007, 860, 861.

148 EuGH v. 3.10.2006 – C-17/05 (Rn. 40), NJW 2007, 47, 49 – Cadman; ebenso wohl BAG v. 21.5.2008 – 5 AZR 187/07 (Rn. 25), NZA 2008, 955, 957.

149 BAG v. 21.5.2008 – 5 AZR 187/07 (Rn. 25, 28), NZA 2008, 955, 957.

150 Wiegand, BEEG, § 15 Rn. 7.

Arbeitnehmer durch die Elternzeitberechtigung in den allgemeinen Kündigungsschutz retten. Zudem fällt er nicht in die nach § 1 Abs. 3 KSchG vorzunehmende Sozialauswahl, da dem Elternzeiter Sonderkündigungsschutz nach § 18 BEEG zukommt (dazu 5.) und Arbeitnehmer mit und ohne Sonderkündigungsschutz nicht miteinander vergleichbar sind.

- Angerechnet werden Elternzeiter auf die Beschäftigtenzahl nach § 23 Abs. 1 KSchG.[151]
- Angerechnet werden Elternzeiten bei den Kündigungsfristen des § 622 Abs. 2 BGB, da es dabei nur auf den Bestand des Arbeitsverhältnisses ankommt.
- Angerechnet werden Elternzeiten im Rahmen der betrieblichen Altersversorgung als Zeiten der Betriebszugehörigkeit bei den Unverfallbarkeitsfristen (§ 1b Abs. 1 Satz 1 BetrAVG) und den Wartezeiten (§ 6 Satz 1 BetrAVG).[152] Eine Versorgungsordnung darf jedoch vorsehen, dass Zeiten, in denen das Arbeitsverhältnis wegen Elternzeit ruht, zu keiner Anwartschaftssteigerung führen.[153]
- Angerechnet werden Elternzeiten auf Bleibefristen, die zur Meidung eines Anspruchs auf Rückzahlung von Ausbildungskosten einzuhalten sind; anderslautende AGB sind unangemessen i. S. des § 307 Abs. 1 Satz 1 BGB und damit unwirksam.[154]
- Dagegen werden Elternzeiten auf Berufsausbildungszeiten nicht (mehr) angerechnet (§ 20 Abs. 1 Satz 2 BEEG), sodass sich diese Zeiten entsprechend verlängern. Die Verlängerung der Ausbildung soll sogar dann eintreten, wenn der/die Auszubildende während der Elternzeit Teilzeitarbeit leistet.[155] Allerdings ist eine Kürzung der Berufsausbildung möglich, wenn die Abschlussprüfung aufgrund entsprechender Leistungen vorzeitig angetreten werden kann (§ 45 Abs. 1 BBiG).[156] Eine weitere Ausnahme hat der Gesetzgeber durch Ergänzung des § 20 Abs. 1 Satz 2 BEEG mit Wirkung zum 1. 9. 2021 geschaffen: Hiernach wird die Elternzeit auf die Dauer einer Berufsausbildung angerechnet, wenn während

151 BAG v. 31. 1. 1991 – 2 AZR 356/90, NZA 1991, 562, 563.

152 BAG v. 15. 2. 1994 – 3 AZR 708/93, NZA 1994, 794, 795.

153 BAG v. 15. 2. 1994 – 3 AZR 708/93, NZA 1994, 794, 795 f.; BAG v. 20. 4. 2010 – 3 AZR 370/08 (Rn. 23 ff.), NZA 2010, 1188, 1190 f.; vgl. OLG Karlsruhe v. 19. 7. 2011 – 12 U 44/11 (Juris Rn. 21).

154 LAG Niedersachsen v. 11. 5. 2004 – 13 Sa 1765/03, BeckRS 2005, 41636; HK-ArbR/Velikova, Rn. 51 zu § 15 BEEG.

155 Ebener, S. 140; Gaul, Rn. 2 zu § 20 BEEG; Theiss, Rn. 37 zu § 15 BEEG; differenzierend (Anrechenbarkeit bei entsprechender Abrede) Buchner/Becker, Rn. 5 zu § 20 BEEG.

156 Gaul, Rn. 2 zu § 20 BEEG; Wiegand, BEEG, § 20 Rn. 5.

der Elternzeit die Berufsausbildung nach § 7a BBiG oder § 27b HandwO in Teilzeit durchgeführt wird. Das ist eine Folge der Novellierung des BBiG bzw. der HandwO zum Jahr 2020. Mit der Novelle wurde die Möglichkeit einer Teilzeitberufsausbildung deutlich ausgeweitet und flexibilisiert. Die Notwendigkeit eines „berechtigten Interesses" für eine Teilzeitberufsausbildung ist damit entfallen. Teilzeitberufsausbildung ist damit von einer Ausnahmelösung für besondere Lebenslagen zu einer Gestaltungsoption für die Durchführung von Berufsausbildungen geworden. Durch die Ergänzung des § 20 Abs. 1 Satz 2 BEEG kann sich die Dauer einer Berufsausbildung für Auszubildende, die Elternzeit in Anspruch nehmen, deutlich verringern, und die Ausbildung muss nicht unterbrochen werden. Die Vereinbarkeit von Beruf und Familie wird für Auszubildende damit noch stärker gefördert. Für die Betriebe entsteht bei Nutzung der Neuregelung durch die frühere Verfügbarkeit einer vollausgebildeten Fachkraft eine strukturelle Rendite. Die Betriebe vermeiden dadurch auch Vorhaltekosten.[157]

- Nicht angerechnet werden Elternzeiten auf die Stufenlaufzeit des TVöD, da der Stufenaufstieg im Entgeltsystem des TVöD die durch größere Erfahrung eintretende Verbesserung der Arbeitsleistung honorieren soll; durch die Nichtanrechnung wird eine Arbeitnehmerin, die Elternzeit genommen hat, auch nicht wegen ihres Geschlechts diskriminiert.[158]
- Für wissenschaftliche Mitarbeiter an Hochschulen gilt nach § 2 Abs. 5 Nr. 3 WissZeitVG, dass die Nichtanrechnung vereinbart werden muss. Bei Nichtanrechnung besteht Anspruch auf Abschluss eines entsprechenden Verlängerungsvertrags.[159] Beides muss gesondert erfolgen.

1.5.3 Sonderproblem: Sozialplanabfindungen

Sozialpläne, die für die Bestimmung der Abfindungshöhe an die Dauer der Betriebszugehörigkeit anknüpfen, müssen Elternzeiten mit einbeziehen.[160] Dies liegt daran, dass tarifvertragliche Ansprüche auf Sozialplanabfindungen nicht zu einer Schlechterstellung der Beschäftigten führen dürfen (vgl.

157 Gesetzentwurf BT-Drs. 19/24438, S. 36.

158 BAG v. 27.1.2011 – 6 AZR 526/09 (Rn. 25 ff.), NZA 2011, 1361, 1363 f.; BAG v. 12.4.2016 – 6 AZR 731/13 (Rn. 27), NZA 2016, 833, 836.

159 Vgl. BAG v. 24.4.1996 – 7 AZR 428/95, NZA 1997, 256, 258 (zur inhaltsgleichen Vorgängerfassung des § 57b Abs. 4 Satz 1 Nr. 3 HRG).

160 BAG v. 12.11.2002 – 1 AZR 58/02 (zu III 3 b), NZA 2003, 1287, 1289; BAG v. 21.10.2003 – 1 AZR 407/02 (zu I 3 a), NZA 2004, 559, 560; BAG v. 6.11.2007 – 1 AZR 960/06 (Rn. 27), NZA 2008, 232, 235; BAG v. 20.4.2010 – 3 AZR 370/08 (Rn. 33), NZA 2010, 1188, 1191.

§ 75 Abs. 1 Satz 1 BetrVG).[161] Durch die Nichtberücksichtigung solcher Zeiten würden Arbeitnehmer, welche Elternzeit wahrnehmen, in einer mit den Wertungen des Art. 6 GG nicht zu vereinbarenden Weise benachteiligt.[162] Da Tarifverträge wie Gesetze auszulegen sind, kann damit sogar eine Auslegung gegen den Wortlaut des Tarifvertrags erforderlich werden.[163] Sozialplanabfindungen werden damit nicht anders behandelt als Sonderzahlungen. Problematisch ist, ob bei einer Beschäftigung in Elternteilzeit die in dieser Zeit verdiente Vergütung zugrunde zu legen ist oder die vor Antritt der Elternzeit verdiente Vollvergütung. Das BAG hat dies in ersterem Sinne entschieden.[164] Ob daran im Hinblick auf die EuGH-Rspr., die eine Berechnung auf Teilzeitbasis bei Abfindungszahlungen während der Elternzeit nach belgischem Recht für unrechtmäßig erachtet hat,[165] festzuhalten ist, muss jedoch bezweifelt werden.[166]

Nach Auffassung des BAG werden überdies weder der betriebsverfassungsrechtliche Gleichbehandlungsgrundsatz aus § 75 Abs. 1 BetrVG, noch das Diskriminierungsverbot aus § 4 Abs. 1 TzBfG verletzt, wenn die Sozialplanabfindung für Teilzeiter anders berechnet wird als für Elternteilzeiter. Die besonderen Schutz- und Fördervorschriften in § 15 BEEG mögen eine Gleichbehandlung von Teilzeitbeschäftigten und Elternteilzeitbeschäftigten bei der Bemessung der Höhe der Sozialplanabfindung nicht verbieten, gebieten sie aber auch nicht.[167]

1.5.4 Was wird auf die Elternzeiten angerechnet?

Nimmt die Mutter Elternzeit im Anschluss an den Mutterschutz, wird die (nachgeburtliche) Mutterschutzfrist von acht Wochen (§ 3 Abs. 2 Satz 1 MuSchG), bei Früh- und Mehrlingsgeburten zwölf Wochen (§ 3 Abs. 2

161 BAG v. 24.2.1999 – 10 AZR 5/98, NZA 1999, 830, 831 (auch allgemein zu den Auslegungsgrundsätzen Wortlaut, Systematik, Entstehungsgeschichte, Tarifübung und Praktikabilität); BAG v. 12.1.2000 – 10 AZR 930/98, NZA 2000, 1060, 1061. Anders für den Fall des Versprechens von Abfindungen aufgrund einer Gesamtzusage: LAG Berlin v. 19.3.2003 – 9 Sa 45/03 (Juris Rn. 29 ff.); HK-ArbR/Velikova, Rn. 54 zu § 15 BEEG.

162 BAG v. 6.11.2007 – 1 AZR 960/06 (Rn. 27), NZA 2008, 232, 235.

163 BAG v. 12.2.2003 – 10 AZR 375/02 (zu II 2 c), AP Nr. 37 zu § 15 BErzGG.

164 BAG v. 22.9.2009 – 1 AZR 316/08 (Rn. 20), BB 2010, 640; vs. auch BAG v. 13.2.2007 – 9 AZR 729/05 (Rn. 15), NZA 2007, 860, 861.

165 EuGH v. 22.10.2009 – C-116/08, NJW 2010, 1582 – Meerts.

166 Lingemann, NJW 2010, 1585; s. auch BAG v. 26.9.2017 – 1 AZR 717/15 (Rn. 56), NZA 2018, 803, 808, wonach eine Differenzierung sachlich gerechtfertigt sein muss; ferner BAG v. 15.5.2018 – 1 AZR 20/17 (Rn. 21), NZA 2018, 1198, 1200.

167 BAG v. 5.5.2015 – 1 AZR 826/13 (Rn. 25), BeckRS 2015, 71662.

Satz 2 MuSchG, bei Frühgeburten in bestimmten Fällen gem. § 3 Abs. 2 Satz 3 MuSchG noch länger), auf die Zeit bis zur Vollendung des 3. Lebensjahrs des Kindes „angerechnet" (§ 15 Abs. 2 Satz 3 BEEG). Dies ist untechnisch gemeint, da die Elternzeit nicht für eine bestimmte Dauer garantiert wird (§ 15 Abs. 2 Satz 1 BEEG: „bis zur Vollendung des 3. Lebensjahrs des Kindes"); die Elternzeit wird durch die Anrechnung daher nicht zwingend verkürzt.[168] Sie ist auch nicht kürzer als die Elternzeit, die der Vater nehmen darf, da die Mutter schon aufgrund des Mutterschutzes von der Arbeitsleistung freigestellt ist. Die Anrechnungsvorschrift stellt nur klar, dass die Elternzeit auch für Mütter nicht über die Zeit der Vollendung des 3. Lebensjahrs des Kindes hinausreicht, wenn kein Übertragungstatbestand greift. Dadurch wird die Mutter nicht diskriminiert.

§ 16 Abs. 1 Satz 4 BEEG bestimmt, dass die Mutterschutzfrist nach § 3 Abs. 2 und 3 MuSchG auch auf die 7-wöchige Ankündigungsfrist (§ 16 Abs. 1 Satz 1 BEEG) angerechnet wird. Die Mutter hat nach der Geburt damit nur eine Woche Zeit für die Anmeldung, wenn sie im Anschluss an die Mutterschutzfrist in Elternzeit gehen will (s. 1.4).

Ein im Anschluss an die Mutterschutzfrist gewährter Erholungsurlaub wird ebenfalls angerechnet, aber nicht auf die 7-wöchige Ankündigungsfrist, sondern nur auf den 2-jährigen Bindungszeitraum (§ 16 Abs. 1 Satz 5 BEEG). Dies kommt also nicht dem Arbeitgeber, sondern allein der Mutter zugute.

1.6 Änderungen der Elternzeit

Die Elternzeit kann durch Vereinbarung oder nach Maßgabe des Gesetzes vorzeitig beendet oder verlängert werden.

1.6.1 Vorzeitige Beendigung

Die Elternzeit endet nicht schon dadurch, dass die gesetzlichen Voraussetzungen der Elternzeit wegfallen (z. B. Verlust des Sorgerechts); insoweit geht das Dispositionsinteresse des Arbeitgebers vor (arg. § 16 Abs. 5 BEEG).[169] Sie endet auch nicht automatisch mit Beginn der Mutterschutzfristen vor der Geburt eines weiteren Kindes (§ 16 Abs. 3 Satz 3 Hs. 1 BEEG).[170] Der Arbeitnehmer hat dem Arbeitgeber die zum Wegfall der Anspruchsberechtigung führenden Umstände unverzüglich mitzuteilen

168 Buchner/Becker, Rn. 13 zu § 15 BEEG.

169 Vgl. Buchner/Becker, Rn. 22 zu § 16 BEEG; Rancke, Rn. 19 zu § 16 BEEG.

170 Vgl. auch BAG v. 4.12.2002 – 10 AZR 138/02 (Rn. 49), AP Nr. 245 zu § 611 BGB – Gratifikation.

(§ 16 Abs. 5 BEEG). Hieraus folgt, dass der Arbeitgeber nicht verpflichtet, aber doch berechtigt ist, den Elternzeiter zur unverzüglichen Wiederaufnahme der Arbeit hereinzuholen.[171]

Anders verhält es sich in den gesetzlich zugelassenen (engen) Fällen der vorzeitigen Beendigung der Elternzeit:

- Die Elternzeit endet vorzeitig, wenn das Kind, für dessen Betreuung Elternzeit genommen ist, verstirbt (§ 16 Abs. 4 BEEG). Die Elternzeit dauert dann (höchstens) noch drei Wochen, beginnend mit dem Todestag und endend gem. §§ 187 Abs. 1, 188 Abs. 2 Alt. 1 BGB mit Ablauf des Wochentags, der drei Wochen später der Benennung des Todestags entspricht (§ 16 Abs. 4 BEEG).

Beispiel: Stirbt das Kind am Mittwoch, den 3.7., endet die Elternzeit (spätestens) mit Ablauf des 24.7., wieder einem Mittwoch.

  Stirbt das Kind vor Antritt der Elternzeit, findet die Ausnahmeregelung keine (direkte oder entsprechende) Anwendung, da die (noch fehlende) Suspendierung der Arbeitspflicht nicht beendet werden kann;[172] die Elternzeit lässt sich dann einfach nicht antreten. In beiden Fällen hat der Arbeitnehmer den Arbeitgeber davon unverzüglich zu unterrichten (§ 16 Abs. 5 BEEG). Zudem muss er seine Arbeit anbieten, um die synallagmatischen Pflichten wieder in Gang zu bringen. Dies gilt entsprechend, wenn ein in Adoptionspflege gegebenes Kind während der Elternzeit von seiner leiblichen Mutter zurückgeholt wird.[173]

- Die Elternzeit endet vorzeitig, wenn der/die Beschäftigte dies wegen der (erwarteten) Geburt eines weiteren Kindes verlangt und der Arbeitgeber dies nicht binnen vier Wochen wegen dringender betrieblicher Gründe ablehnt (§ 16 Abs. 3 Satz 2 Alt. 1 BEEG). Diese Möglichkeit ist auch europarechtlich vorgegeben.[174]

171 Sowka, NZA 1994, 102, 104; einschränkend Rancke, Rn. 19 zu § 16 BEEG der mit einer Analogie zu § 16 Abs. 3 Sätze 1 und 2 BEEG helfen will (Beschäftigungspflicht folgt der Zustimmungspflicht); einschränkend auch HK-ArbR/Velikova, Rn. 23 zu § 16 BEEG: Beschäftigungspflicht, sofern keine betrieblichen Gründe entgegenstehen; ähnlich Buchner/Becker, Rn. 23 zu § 16 BEEG unter Rückgriff auf die Fürsorgepflicht; für eine uneingeschränkte Beschäftigungspflicht Theiss, Rn. 19 zu § 16 BEEG.

172 Buchner/Becker, Rn. 32 zu § 16 BEEG; Gaul, Rn. 12 zu § 16 BEEG; ErfK/Gallner, Rn. 10 zu § 16 BEEG; HK-ArbR/Velikova, § 16 Rn. 22.

173 LAG Nürnberg v. 10. 4. 2002 – 4 Sa 344/01, BeckRS 2002, 30795; Buchner/Becker, § 16 Rn. 32; HK-ArbR/Velikova, Rn. 21 zu § 16 BEEG.

174 EuGH v. 20. 9. 2007 – C-116/06, NZA 2007, 1274 – Kiiski.

Beispiel: Die Arbeitnehmerin ist seit einem Jahr in Elternzeit und will, als sie von ihrer nächsten Schwangerschaft erfährt, die Elternzeit neu verplanen.

Das Verlangen ist weder an die Schriftform noch an eine Frist geknüpft.[175] Der Begriff des dringenden betrieblichen Grundes deckt sich mit dem des § 15 Abs. 7 Satz 1 Nr. 4 BEEG.[176] Dringender betrieblicher Grund ist etwa die fehlende Beschäftigungsmöglichkeit. Bei befristeter Vertretung verfängt dieser Grund wegen der Kündigungsmöglichkeit des § 21 Abs. 4 Satz 2 BEEG nicht, sofern das Vertretungsverhältnis keinen Kündigungsausschluss aufweist.

Lehnt der Arbeitgeber nicht fristgerecht ab, wird seine Zustimmung zur Verkürzung fingiert.[177] Der Arbeitgeber sollte diese Folge kennen.

Beispiel: Die aufgrund ihres 1. Kindes in Elternzeit befindliche M teilt dem Arbeitgeber kurz nach Geburt ihres während der Elternzeit geborenen 2. Kindes mit, sie nehme für dieses Kind die vollen drei Jahre Elternzeit in Anspruch und wolle die verbleibende Elternzeit für das 1. Kind daran anhängen. In diesem Fall stellt sie nicht nur Antrag auf Übertragung der Elternzeit nach § 15 Abs. 2 Satz 4 BEEG, sondern beantragt auch die Verkürzung der verbliebenen und Gegenstand der Übertragung bildenden Elternzeit.[178] Widersprechen muss der Arbeitgeber binnen vier Wochen.

- Die Elternzeit endet vorzeitig, wenn der Beschäftigte seine Rückkehr an den Arbeitsplatz wegen eines besonderen Härtefalls, insbes. bei Eintritt einer schweren Krankheit, Schwerbehinderung oder Tod eines Elternteils oder eines Kindes der berechtigten Person oder bei erheblich gefährdeter wirtschaftlicher Existenz der Eltern nach Inanspruchnahme der Elternzeit verlangt und der Arbeitgeber dies nicht binnen vier Wochen wegen dringender betrieblicher Gründe schriftlich ablehnt (§ 16 Abs. 3 Satz 2 Alt. 2 BEEG). Das Verlangen ist auch hier nicht an die Schriftform gebunden.[179] Der Begriff des dringenden betrieblichen Grundes stimmt hier ebenfalls mit dem des § 15 Abs. 7 Satz 1 Nr. 4 BEEG überein.[180] Dringender betrieblicher Grund ist etwa die fehlende Beschäftigungsmöglichkeit. Daneben ist eine vorzeitige Beendigung der Elternzeit nach § 16 Abs. 3 Satz 2 Alt. 1 BEEG auch wegen der Geburt eines weiteren Kindes möglich. Das dient vor allem dazu, mit der wieder verfügbaren Restelternzeit die Elternzeit für das weitere Kind (nach Neubean-

175 APS/Backhaus, Rn. 36 zu § 21 BEEG.
176 Buchner/Becker, Rn. 25 zu § 16 BEEG; hierzu unten 2.
177 LAG München v. 25. 3. 2008 – 7 Sa 1115/07 (Juris Rn. 28), BeckRS 2009, 67731.
178 LAG München v. 25. 3. 2008 – 7 Sa 1115/07 (Juris Rn. 31), BeckRS 2009, 67731.
179 Rancke, Rn. 17 zu § 16 BEEG.
180 Vgl. Buchner/Becker, Rn. 25 zu § 16 BEEG.

tragung) zu verschieben und dadurch die Gesamtelternzeit zu verlängern. Voraussetzung ist die Geburt des weiteren Kindes (Entbindung); während der Schwangerschaft darf dieses Gestaltungsrecht also noch nicht ausgeübt werden.[181] Lehnt der Arbeitgeber nicht fristgerecht ab, wird seine Zustimmung zur Verkürzung auch hier fingiert.[182]

– Die Elternzeit endet vorzeitig, wenn die Parteien sich darauf verständigen (§ 16 Abs. 3 Satz 1 BEEG). Dies ist auch dann der Fall, wenn sich der Elternzeitberechtigte mit seinem Arbeitgeber auf eine dauerhafte Teilzeitarbeit von über 32 Wochenstunden einigt.[183] Geht der Elternzeiter einer Teilzeittätigkeit von über 32 Wochenstunden außerhalb seines Stammbetriebs nach, entfallen zwar die Voraussetzungen für die Inanspruchnahme von Elternzeit, die Elternzeit wird dadurch aber noch nicht beendet. Der Elternzeiter muss dem Arbeitgeber die zum Wegfall der Anspruchsberechtigung führenden Umstände nur unverzüglich mitteilen (§ 16 Abs. 5 BEEG).
  Über die vier Fälle des § 16 Abs. 3 BEEG hinaus darf der Arbeitgeber die Forderung nach vorzeitiger Rückkehr und damit vorzeitiger Beendigung der Elternzeit nicht einfach ablehnen, sondern bedarf hierfür ebenfalls eines dringenden betrieblichen Grunds, wenn der Rückkehrgrund diesen vier Fällen wertungsmäßig gleichkommt.[184]

1.6.2 Verlängerung

Das Gesetz regelt drei Verlängerungsfälle:

– Den Arbeitsvertragsparteien steht es frei, Verlängerungen der Elternzeit herbeizuführen. Dies wird in § 16 Abs. 3 Satz 1 BEEG auf den zeitlichen Rahmen des § 15 Abs. 2 BEEG, mithin auf die Zeit bis zur Vollendung des 8. Lebensjahrs des Kindes, beschränkt. Verlängerungen, die diesen Rahmen sprengen, betreffen nicht die Elternzeit mit ihrer sozialrechtlichen Besitzstandswahrung und dem Kündigungsschutz nach § 18 BEEG, sondern führen zur Gewährung von Sonderurlaub. Die Elternzeit wird durch eine solche Vereinbarung also nur untechnisch verlängert. Voraussetzung ist die Zustimmung des Arbeitgebers. Dabei muss er billiges

181 BAG v. 8. 5. 2018 – 9 AZR 8/18 (Rn. 18 ff.), NJW 2018, 3053, 3054.

182 BAG v. 21. 4. 2009 – 9 AZR 391/08 (Rn. 35), NJW 2010, 695, 697: Ausschlussfrist.

183 Buchner/Becker, Rn. 22 zu § 16 BEEG.

184 LAG Nürnberg v. 10. 4. 2002 – 4 Sa 344/01 (Juris Rn. 51, 56): vorzeitiges Rückkehrrecht bei Beendigung der Adoptionspflege mit 3-wöchiger Ankündigungsfrist; differenzierend Küttner/Poeche, Stichwort Elternzeit Rn. 16: Rückkehrrecht (allgemein) bei besonderer Härte; ebenso Rancke, Rn. 19 zu § 16 BEEG; a. A. Sowka, FS 50 Jahre BAG, 2004, 229, 230.

Ermessen wahren. Der Gesetzgeber wollte mit dem Zustimmungserfordernis einen Interessenausgleich zwischen Arbeitnehmer und Arbeitgeber schaffen. Ein solcher wird nur durch die entsprechende Anwendung des § 315 Abs. 1 BGB ermöglicht. Damit haben die betrieblichen Belange des Arbeitgebers nur dann Vorrang, wenn und soweit die besonderen Interessen von Kind und Eltern an der Verlängerung nicht überwiegen.[185] Ob die Entscheidung des Arbeitgebers billigem Ermessen entspricht, unterliegt der gerichtlichen Kontrolle nach § 315 Abs. 3 Satz 1 BGB. Hierfür gilt ein objektiver Maßstab. Der Arbeitgeber hat alle Umstände zu berücksichtigen, die im Zeitpunkt seiner Ermessensentscheidung vorliegen. Soweit die Entscheidung ermessensfehlerhaft ist, tritt entsprechend § 315 Abs. 3 Satz 2 BGB an ihre Stelle die Entscheidung des Gerichts.[186]

- Verlängert wird die Elternzeit sodann, indem der Elternzeiter nach Ablauf des 2-jährigen Bindungszeitraums gem. § 16 Abs. 1 Satz 6 BEEG einen 2. und 3. Zeitabschnitt bis längstens zur Vollendung des 8. Lebensjahres des Kindes wählt. Für die Wahl hat der Elternzeiter ein Gestaltungsrecht; der Arbeitgeber darf ihm diesbezüglich keine Vorgaben machen.
- Schließlich kann die Elternzeit verlängert werden, wenn ein vorgesehener Wechsel der Anspruchsberechtigten aus wichtigem Grund nicht erfolgen kann (§ 16 Abs. 3 Satz 4 BEEG). Damit ist vor allem der Fall gemeint, dass sich der Plan der Ablösung eines Elternteils durch den anderen als Betreuungsperson zerschlagen hat. An den geforderten wichtigen Grund stellen die Gerichte zu Recht hohe Anforderungen, da es sich hierbei um eine Ausnahmevorschrift handelt.[187] Die Betreuung des Kindes darf andernfalls nicht mehr sichergestellt sein.[188] Dies kann auch am Kind liegen (z. B. bei Entwicklungsstörungen).[189] Die Dauer der Verlängerung richtet sich nach den Umständen. Die Elternzeit endet, sobald die Betreuung des Kindes wieder möglich ist.[190] Dabei handelt es sich in aller Regel um einen überschaubaren Zeitraum.

Liegen die Voraussetzungen des § 16 Abs. 3 Satz 4 BEEG vor, gibt die Rspr. dem Elternzeitberechtigten die Verlängerungsmöglichkeit in Form eines

185 BAG v. 18. 10. 2011 – 9 AZR 315/10 (Rn. 29 ff.), NJW 2012, 1308, 1310.
186 BAG v. 18. 10. 2011 – 9 AZR 315/10 (Rn. 35), NJW 2012, 1308, 1310.
187 BAG v. 18. 10. 2011 – 9 AZR 315/10 (Rn. 24), NJW 2012, 1308, 1309.
188 Buchner/Becker, Rn. 31 zu § 16 BEEG.
189 LAG Berlin v. 7. 6. 2001 – 10 Sa 2770/00, NZA-RR 2001, 625, 626.
190 Anders HK-ArbR/Velikova, Rn. 16 zu § 16 BEEG: Verlängerung um die Zeitspanne, die für die Betreuung durch den Partner vorgesehen war.

Gestaltungsrechts.[191] Das Gesetz ist an dieser Stelle unklar („kann verlangt werden"). Nach dieser Rspr. gilt somit das zur Beantragung der Elternzeit Gesagte mit dem Unterschied, dass die Verlängerung nicht nach § 16 Abs. 1 Satz 1 BEEG fristgebunden und schriftlich anzukündigen ist.[192] Allerdings dürfte der Arbeitnehmer in entsprechender Anwendung des § 16 Abs. 5 BEEG verpflichtet sein, den Verlängerungsfall unverzüglich anzuzeigen.[193]

Für diese Verlängerungszeiträume gilt die sozialversicherungsrechtliche Besitzstandswahrung.

1.7 Wiederaufnahme der Erwerbsarbeit nach Beendigung der Elternzeit

Mit Beendigung der Elternzeit lebt das ursprüngliche Arbeitsverhältnis von selbst wieder auf (vgl. § 15 Abs. 5 Satz 4 Alt. 2 BEEG). Der Elternzeitberechtigte muss daher seine Arbeitskraft unaufgefordert in einer den Annahmeverzug begründenden Weise anbieten, falls er nicht arbeitsunfähig ist.[194] Hierzu muss er gem. § 294 BGB die Arbeitskraft tatsächlich, mithin persönlich (§ 613 Satz 1 BGB) so anbieten, wie sie zu bewirken ist; er muss also am Erfüllungsort (Arbeitsplatz) erscheinen. Ein wörtliches Angebot i. S. des § 295 Satz 1 BGB genügt nur, wenn eine Mitwirkungshandlung des Arbeitgebers unterbleibt, was allerdings kommuniziert sein muss. Im Regelfall kann der Arbeitnehmer davon ausgehen, dass sein Arbeitsplatz wieder zur Verfügung steht, auch wenn er z. B. weiß, dass für ihn eine Vertretungskraft eingesetzt wurde. Zweckmäßigerweise wird ein telefonischer Vorkontakt stattfinden, in dem die Modalitäten des Wiedereintritts besprochen werden, erst recht bei mehrjähriger Trennung vom Betrieb.

Setzt der Arbeitnehmer nach Beendigung der Elternzeit seine Beschäftigung fort, hat er Anspruch auf den alten Arbeitsplatz und seine bisherige Arbeitszeit (§ 15 Abs. 5 Satz 4 Alt. 2 BEEG). Dieser Schutz wird europarechtlich durch Art. 1 RiLi 2010/18/EU i. V. mit § 5 Nr. 1 der (neuen) Rahmenvereinbarung über den Elternurlaub flankiert. Der Arbeitgeber darf dem Arbeitnehmer im Rahmen seines Weisungsrechts jedoch andere Arbeiten oder Arbeitszeiten zuweisen.[195] Allerdings muss er hinsichtlich der Lage der Arbeitszeit für gewisse Zeit den Interessen des/der zurückkehrenden

191 BAG v. 18. 10. 2011 – 9 AZR 315/10 (Rn. 24), NJW 2012, 1308, 1309; so auch Schneider in Brose/Weth/Volk, § 16 BEEG Rn. 42.

192 BAG v. 18. 10. 2011 – 9 AZR 315/10 (Rn. 27), NJW 2012, 1308, 1309 f.

193 I. Erg. Rancke, Rn. 12 zu § 16 BEEG.

194 Sowka, S. 62.

195 LAG Schleswig-Holstein v. 5. 4. 2001 – 4 Sa 497/00, BeckRS 2001, 30790680.

Beschäftigten Vorrang einräumen.[196] Dies sieht die neue Rahmenvereinbarung in § 6 Nr. 1 nunmehr ausdrücklich vor.

Stellt ein Beschäftigter für die Zeit nach seiner Rückkehr aus der Elternzeit gem. § 8 TzBfG (mit 3-monatiger Ankündigungsfrist) Antrag auf Teilzeitbeschäftigung, um sich weiter intensiv seinem Kind widmen zu können, kann mit der Klage auf Erteilung der Zustimmung zu einer bestimmten Arbeitszeitverteilung ein Antrag auf **Unterlassung** einer Beschäftigung zu anderen Zeiten verbunden werden. Unter Berücksichtigung der Wertungen des Art. 6 I GG ist auch unterhalb der Schwelle des einstweiligen Rechtsschutzes das verfassungsrechtlich geschützte Interesse eines Elternteils an der Betreuung des Kindes wirksam zu gewährleisten. Der Unterlassungstitel ist nach § 62 Abs. 1 Satz 1 ArbGG vorläufig vollstreckbar.[197] Die Verringerung der Arbeitszeit kann und muss während der Elternzeit verlangt werden. Denn die vertraglich vereinbarte Arbeitszeit bleibt von der Inanspruchnahme der Elternzeit unberührt. Der Arbeitnehmer wird nur von der Pflicht befreit, während der Elternzeit Erwerbsarbeit zu leisten.[198] Der Elternzeiter muss diese Zeit auch nutzen. Ansonsten hat er zu gewärtigen, dass sein Teilzeitantrag erst später greift oder ein Antrag auf einstweilige Verfügung mit dem Ziel vorübergehender verminderter Beschäftigung wegen selbst herbeigeführter Eilbedürftigkeit erfolglos bleibt.[199]

Muss der Elternzeitberechtigte nach seiner Rückkehr wieder qualifiziert werden, ist dies vom Arbeitgeber zu finanzieren. Dieser hat den Arbeitnehmer für die entsprechenden Lehrgänge somit freizustellen und schuldet für diese Zeit Lohnfortzahlung.

Nimmt der Elternzeitberechtigte mit Einverständnis des Arbeitgebers seine Arbeit (noch) nicht wieder auf, ohne dass die Elternzeit nach § 16 Abs. 3 Satz 4 BEEG verlängert wird und ohne Erholungsurlaub in Anspruch zu nehmen, erhält er Sonderurlaub, für den keine sozialversicherungsrechtliche Besitzstandswahrung und kein Sonderkündigungsschutz nach § 18 BEEG besteht.[200] Insbes. ist das kein Fall der Verlängerung der Elternzeit i.S. des § 16 Abs. 3 Satz 1 BEEG, die nur „im Rahmen des § 15 Abs. 2 BEEG", also unter Inanspruchnahme von Elternzeit, möglich ist.

196 LAG Nürnberg v. 8.3.1999 – 6 Sa 259/97, NZA 2000, 263; LAG Hamm v. 15.4.2008 – 11 Sa 1374/07, BeckRS 2008, 56138.

197 LAG Hamm v. 15.4.2008 – 11 Sa 1374/07, BeckRS 2008, 56138.

198 BAG v. 8.5.2007 – 9 AZR 1112/06 (Rn. 19), NJW 2007, 3661, 3662 – Hauswirtschaftsleiterin.

199 LAG Hamburg v. 19.6.2008 – 17 Ga 12/08, BeckRS 2008, 57796.

200 Buchner/Becker, Rn. 30 zu § 15 BEEG.

2. Elternteilzeit (§ 15 Abs. 5–7, Abs. 4 Satz 3 BEEG)

Das Gesetz gibt dem Elternzeitberechtigten unter bestimmten Voraussetzungen die Möglichkeit, während der Elternzeit einer Erwerbsarbeit nachzugehen. Elternzeit und Erwerbsarbeit schließen sich also nicht aus. Voraussetzung ist, dass die Elternzeit angemeldet wurde und die Erwerbsarbeit nicht mehr als 32 Wochenstunden beträgt (vgl. § 15 Abs. 4 Satz 1, Abs. 5 Satz 4 Alt. 1 BEEG und die Gegenüberstellung des Kündigungsschutzes in § 18 Abs. 2 Nr. 1 und Nr. 2 BEEG). Hierbei sind **vier Fälle** zu unterscheiden:

- Fortführung der Teilzeitarbeit (§ 15 Abs. 5 Satz 4 Alt. 1 BEEG), sofern die Arbeitszeit nicht mehr als 32 Wochenstunden beträgt (§ 15 Abs. 5 Satz 4 i.V. mit Abs. 4 Sätze 1 und 2 BEEG, unten 2.1); meldet der Arbeitnehmer Elternzeit unter Auflösung seines Langzeitguthabens an, mag dies als Elternzeit vereinbart werden können,[201] ist aber im Zweifel kein Fall von Elternzeit.
- Reduzierung der Arbeitszeit (§ 15 Abs. 5 bis 7 BEEG, unten 2.2)
- abhängige Beschäftigung außerhalb des Stammbetriebs (§ 15 Abs. 4 Satz 3 BEEG, unten 2.3)
- selbstständige Tätigkeit (§ 15 Abs. 4 Satz 3 BEEG, unten 2.4).

2.1 Fortführung der Teilzeitarbeit während der Elternzeit (§ 15 Abs. 5 Satz 4 Alt. 1 BEEG)

Geht der Elternzeitberechtigte aus einer Teilzeittätigkeit bis zu durchschnittlich 32 Wochenstunden heraus in Elternzeit, darf er währenddessen Teilzeitarbeit im bisher vereinbarten Umfang als Elternteilzeitarbeit leisten (§ 15 Abs. 5 Satz 4 Alt. 1 BEEG). Das Gesetz sagt nur („unberührt"), dass dieses Recht nicht wie ein Teilzeitanspruch zu behandeln ist. Nach Auffassung des BAG ist das Recht auf Weiterarbeit wie das Recht auf Elternzeit auszuüben, also gem. § 16 Abs. 1 BEEG schriftlich unter Wahrung der Ankündigungsfrist, obwohl der Arbeitnehmer damit nur seine angestammte Tätigkeit wieder aufnimmt.[202] Damit trägt das BAG den Planungsinteressen des Arbeitgebers Rechnung. Auf der anderen Seite soll der Elternzeiter die Weiterarbeit auch dann (kraft Gestaltungsrechts nach ordnungsgemäßer Anmeldung) selbst bestimmen dürfen, wenn er die Arbeit nicht sofort, sondern erst nach einer Pause wiederaufnehmen will, und sich währenddessen in Eltern-

201 So im Fall BAG v. 11. 12. 2014 – 6 AZR 562/13, NZA-RR 2015, 199.
202 BAG v. 27. 4. 2004 – 9 AZR 21/04, NZA 2004, 1039, 1041.

zeit befindet.[203] Diese Ansicht ist gerade im Hinblick auf die Planungssicherheit des Arbeitgebers abzulehnen, da dieser den zwischenzeitlichen Ausfall organisieren können muss. Selbst dann, wenn der Arbeitnehmer zugleich mit Ankündigung der Elternzeit mitteilt, wie lange die Pause sein soll, muss der Arbeitgeber noch nicht in der Lage sein, eine Lösung zu finden. Dies gilt umso mehr, als der Arbeitgeber nicht davor geschützt ist, dass der Arbeitnehmer sich (ggf. mehrmals) umentscheidet, indem er etwa mitteilt, dass er nicht, wie angekündigt, nach drei Monaten, sondern erst nach sechs Monaten in den Betrieb zurückkehrt. Dieses Problem lässt sich nur wie ein Begehren auf Elternteilzeit behandeln.[204] Voraussetzung für das Gestaltungsrecht aus § 15 Abs. 5 Satz 4 Alt. 1 BEEG ist richtigerweise daher der nahtlose Übergang in die Elternteilzeit.

Der Elternzeitberechtigte muss dieses Recht aber nicht ausüben, um als Elternzeiter geschützt zu sein;[205] er kann also einfach weiterarbeiten, ohne den Arbeitgeber in Kenntnis zu setzen, dass er nun Sonderkündigungsschutz hat. Den Fall der Fortführung einer Teilzeittätigkeit von bis zu 32 Wochenstunden nach § 15 Abs. 5 Satz 4 Alt. 1 BEEG sollte der Arbeitnehmer gleichwohl immer anzeigen, da ansonsten nur der (auf höchstens 14 Monate) beschränkte Kündigungsschutz des § 18 Abs. 2 Nr. 2 BEEG greift. Zweckmäßigerweise sollte er in diesem Fall Elternzeit und Weiterarbeit zusammen anmelden.

2.2 Reduzierung der Arbeitszeit beim eigenen Arbeitgeber (§ 15 Abs. 5–7 BEEG)

Der Elternzeitberechtigte hat unter bestimmten Voraussetzungen Anspruch darauf, die Arbeitszeit beim eigenen Arbeitgeber während der Elternzeit zu reduzieren (§ 15 Abs. 6 BEEG). Maßstab hierfür ist die Vertragsarbeitszeit. Da diese die gesamte Elternzeit über vermindert werden darf, ist auch ein nach § 15 Abs. 2 Satz 4 BEEG übertragener Anteil erfasst.[206] Der Arbeitsplatz bleibt mit all seinen arbeitsrechtlichen Konsequenzen[207] erhalten. Die Elternteilzeit begründet kein neues, rechtlich gesondert zu beurteilendes

---

203 BAG v. 27. 4. 2004 – 9 AZR 21/04, NZA 2004, 1039, 1041; missverständlich indes BAG v. 19. 4. 2005 – 9 AZR 233/04 (zu II 2 b dd), NJW 2006, 1832, 1835 – Diätassistentin; unklar auch BT-Drs. 14/3553 S. 21 a. E.: „ab Beginn des Erziehungsurlaubs“.

204 I. Erg. BAG v. 19. 4. 2005 – 9 AZR 233/04 (zu II 2 b dd), NJW 2006, 1832, 1835 – Diätassistentin.

205 Laux, Anh. 1 B. Rn. 9.

206 Heenen, § 308 Rn. 6.

207 Zum Beispiel der Möglichkeit zur Versetzung, dazu BAG v. 23. 2. 2010 – 9 AZR 3/09, AfP 2010, 514 ff.

Arbeitsverhältnis.[208] Der Arbeitgeber darf also keinen anderen, vielleicht besser passenden Arbeitsplatz zuweisen.

Die Verringerung seiner Arbeitszeit kann der Arbeitnehmer insgesamt **zweimal** beanspruchen (§ 15 Abs. 6 BEEG). § 15 Abs. 6 BEEG schafft damit eine Parallele zu § 16 Abs. 1 Satz 5 BEEG a. F., wonach die Elternzeit in zwei Zeitabschnitten genommen werden durfte (für Kinder, die ab dem 1. 7. 2015 geboren oder mit dem Ziel der Adoption aufgenommen wurden, hat der Gesetzgeber dieses Recht auf drei Abschnitte aufgestockt, ohne dies für den Bereich des § 15 Abs. 6 BEEG ebenso zu regeln).

Mit der Bezugnahme auf „seine" Arbeitszeit stellt § 15 Abs. 6 BEEG klar, dass die vor Antritt der Elternzeit maßgebliche Arbeitszeit des Elternzeitberechtigten gemeint ist. Obwohl in § 15 Abs. 5–7 BEEG nur von einer Verringerung der Arbeitszeit die Rede ist, kann Elternteilzeit daher noch nach Eintritt in die Elternzeit und damit zur Erhöhung der (zunächst auf null reduzierten) Arbeitszeit gefordert werden.[209] Verringert werden darf die Arbeitszeit auch dann, wenn sie beim 2. Mal genauso hoch oder sogar höher liegt als die erstmals geltend gemachte verringerte Arbeitszeit, sofern sie nur hinter der ursprünglichen, vor Antritt der Elternzeit geltenden Arbeitszeit zurückbleibt.[210]

Für den Fall der Elternteilzeit bei demselben Arbeitgeber (nicht hingegen in den anderen Fällen der Elternteilzeit) sieht das Gesetz – wie gem. § 8 Abs. 3 TzBfG nach allgemeinem Teilzeitrecht – die Durchführung eines **Konsensverfahrens** vor (§ 15 Abs. 5 Satz 2 BEEG, sog. **Vertragslösung**). Hierfür muss der Elternzeitberechtigte dem Arbeitgeber seinen Teilzeitwunsch antragen.[211]Frist- oder Formerfordernisse bestehen dafür nicht.[212]

Die Durchsetzung der Elternteilzeit ist **zweistufig** ausgestaltet. Die 1. Stufe ist eine reine Verhandlungslösung, in der 2. Stufe wird die Elternteilzeit eingefordert und notfalls gerichtlich erzwungen. Beide Stufen sind nach Auffassung des BAG **selbstständige Verfahren**, die nicht in Wechselwirkung ste-

208 BAG v. 22. 10. 2008 – 10 AZR 360/08 (Rn. 22), NJW 2009, 2395, 2396.

209 BAG v. 27. 4. 2004 – 9 AZR 21/04, NZA 2004, 1039, 1041; BAG v. 19. 4. 2005 – 9 AZR 233/04, NJW 2006, 1832, 1835 – Diätassistentin; BAG v. 9. 5. 2006 – 9 AZR 278/05 (Rn. 20), NJW 2006, 3595, 3596.

210 LAG Hamburg v. 18. 5. 2011 – 5 Sa 93/10 (Rn. 50), NZA-RR 2011, 454, 457; Rancke, Rn. 68 zu § 15 BEEG; a. A. Sowka, SAE 2006, 125, 126.

211 BAG v. 19. 2. 2013 – 9 AZR 461/11 (Rn. 15), NZA 2013, 907, 908 f.: Arbeitnehmer beantragt bei seinem Arbeitgeber die Verringerung der Arbeitszeit, ohne ein annahmefähiges Angebot zu unterbreiten, das auf Verringerung und ggf. Verteilung der verringerten Arbeitszeit gerichtet ist und deutlich macht, hierdurch die Verringerung der Arbeitszeit i. S. von § 15 Abs. 6 BEEG zu beanspruchen.

212 Buchner/Becker, Rn. 45 zu § 15 BEEG; a. A. Barth, BB 2007, 2567.

hen. Insbes. hat das Konsensverfahren nicht die Funktion eines (fakultativen) Schlichtungsverfahrens, in dem einer der gesetzlichen Elternzeitabschnitte geregelt würde.

Beispiel (nach BAG v. 19.2.2013 – 9 AZR 461/11):

> Personalreferentin A leitet mit Schreiben v. 4.9.2009 Verhandlungen über eine Elternteilzeit für sich in der Zeit vom 1.1. bis 31.5.2010 mit 15 Stunden pro Woche ein. Mit dem Arbeitgeber wird sie sich auch einig über einen Teilzeitabschnitt für die Zeit vom 1.6.2010 bis 4.6.2011 mit 20 Stunden pro Woche. Später beansprucht sie ab dem 5.6.2011 bis zum Ende der Elternzeit am 4.6.2012 die Beibehaltung ihrer Elternteilzeit mit 20 Stunden pro Woche, wogegen der Arbeitgeber widerspricht. Die Ablehnung erfolgte zu Recht, wenn die vereinbarten Reduzierungen mitzählen. Nach Auffassung des BAG zählt nicht nur der 2. Zeitabschnitt mit der Erhöhung um fünf Wochenstunden nicht mit (sodass der Klage schon von daher hätte stattgegeben werden können), sondern auch schon der 1. Teil, da es zu einer Beanspruchung der Elternteilzeit damals nicht gekommen ist.

Diese Auffassung wertet das Konsensverfahren zwar auf und wird vordergründig der Systematik des Gesetzes in Abs. 5 einerseits, Abs. 6 andererseits gerecht, übersieht aber, dass beide Verfahren nach § 15 Abs. 5 Satz 3 BEEG verbunden werden können, sich also gerade nicht ausschließen. Vor allem aber lässt sich in der Praxis oft nicht genau trennen, ob der Arbeitnehmer über eine Reduzierung (zunächst) nur verhandeln wollte (= Antrag nach § 15 Abs. 5 Satz 1 BEEG im Konsensverfahren, regelmäßig ohne konkretes Angebot), oder ob er durch Abgabe eines Verringerungsangebots seinen Verringerungsanspruch gem. § 15 Abs. 6 i.V. mit Abs. 7 BEEG im Anspruchsverfahren geltend gemacht hat.[213] Ist das Angebot nicht klar, weil der Arbeitnehmer z.B. noch das Problem geregelt wissen will, ob bzw. in welchem Umfang er zu Hause arbeiten darf, oder er mitteilt, sich auf ein vorgesehenes Gespräch über die Verringerung der Arbeitszeit zu freuen, liegt darin kein verbindliches und damit gerichtlich durchsetzbares Verringerungsverlangen i.S. des § 15 Abs. 6 i.V. mit Abs. 7 BEEG, sondern nur ein Verhandlungswunsch.[214] Nimmt der Arbeitnehmer Elternzeit unter der Bedingung, dass er Elternteilzeit verrichten darf (Bsp. s. u.), leitet er dadurch ebenfalls nur das Konsensverfahren ein. Hat der Arbeitnehmer ein nach § 145 BGB annahmefähiges Verringerungsangebot abgegeben, zählt dieses immer dann zu den beiden Abschnitten nach § 15 Abs. 6 BEEG, wenn er nicht darlegen und not-

213 Ablehnend auch ErfK/Gallner, Rn. 14 zu § 15 BEEG, die selbst für einige Monate dem für Fragen der Elternzeit zuständigen 9. Senat des BAG angehörte.

214 BAG v. 19.2.2013 – 9 AZR 461/11 (Rn. 18, 30), NZA 2013, 907, 910 – Personalreferentin: „Verringerungsantrag".

falls beweisen kann, dass es nur ein Verhandlungsvorschlag war und in diesem Rahmen zu einer Einigung geführt hat. Damit nach einer solchen Einigung nicht noch beide Abschnitte übrig bleiben, sollte der Arbeitgeber mit diesem vereinbaren, dass der ausgehandelte Abschnitt auf die gesetzliche Elternteilzeit **angerechnet** wird. Eine solche Einigung verstößt nicht gegen § 15 Abs. 2 Satz 6 BEEG. Nach den Gesetzesmaterialien soll der Arbeitnehmer damit nur sicher sein, über die Elternzeit frei entscheiden zu können.[215] Insofern ist schon unklar, ob das Recht auf Elternteilzeit überhaupt einseitig zwingend ausgestaltet ist. Jedenfalls hat er seine Entscheidungsgewalt schon dadurch ausgeübt, dass er sich auf das Konsensverfahren eingelassen hat, so dass er auf den entsprechenden gesetzlichen Elternzeitanteil ‚verzichten' darf. Auch das BAG geht von einer Anrechenbarkeit aus, bejaht eine Anrechnung aber nur für den Fall, dass die Vertragsteile nach erfolgloser Beendigung des Konsensverfahrens, mithin als Reaktion auf die Beanspruchung der Elternteilzeit, doch noch eine Einigung erzielen.[216] Diese Lösung erscheint gekünstelt. In der Praxis geht das Konsens- mit dem Anspruchsverfahren fast immer Hand in Hand (s. auch § 15 Abs. 5 Satz 3 BEEG). Verhandlungswunsch und Beanspruchung mögen noch unterscheidbar sein. Worauf sich die Einigung letztlich bezieht, bleibt aber offen. Im Zweifel ist eine Anrechnung bei jeder Einigung gewollt, da der Arbeitgeber dies immer miterledigt haben will und der Arbeitnehmer dies auch weiß; zweckmäßigerweise sollte die Anrechnung aber dokumentiert werden.

§ 15 Abs. 5 Satz 2 BEEG setzt der Verhandlungslösung einen zeitlichen Rahmen (vier Wochen). Daraus könnte abgeleitet werden, dass die 1. Stufe ohne Erfolg durchlaufen werden muss, bevor in die 2. Stufe eingetreten werden darf. Hierfür spricht auch, dass § 15 Abs. 7 Satz 4 BEEG eine eigene 4-Wochen-Frist für die Beantwortung des Teilzeitantrags vorsieht. Dafür spricht ferner, dass § 15 Abs. 6 BEEG den Anspruch nach seinem Wortlaut nur gibt, „soweit eine Einigung nach Absatz 5 nicht möglich ist". Überdies gehen die Gesetzesmaterialien vom Vorrang der Verhandlungslösung aus.[217] Inzwischen ist ein solcher Vorrang auch für die Verteilung der Elternteilzeit gesetzlich geregelt (§ 15 Abs. 7 Satz 6 BEEG: „Haben Arbeitgeber und Arbeitnehmerin oder Arbeitnehmer über die Verteilung der Arbeitszeit kein Einvernehmen nach Abs. 5 Satz 2 erzielt,.."). Auf der anderen Seite regelt § 15 Abs. 5 Satz 2 BEEG, dass die Parteien eine Einigung nur versuchen „sollen". Zudem bestimmt § 15 Abs. 5 Satz 3 BEEG, dass sich beide Verfahrensschritte kombinieren lassen, die in § 15 Abs. 5 Satz 2 BEEG

215 BT-Drs. 10/3792 S. 19: „Der Erziehungsurlaubsberechtigte soll frei entscheiden können."
216 BAG v. 19.2.2013 – 9 AZR 461/11 (Rn. 24), NZA 2013, 910 – Personalreferentin.
217 BT-Drs. 14/3553 S. 21: „Priorität", S. 22: „vorrangiges Ziel"; in diese Richtung auch BAG v. 15.4.2008 – 9 AZR 380/07 (Rn. 32), NJW 2008, 2937, 2939.

genannte 4-Wochen-Frist vor der schriftlichen Geltendmachung nach § 15 Abs. 6 BEEG also noch nicht abgelaufen sein muss. Nach bisheriger Auffassung des BAG ist das **Abwarten der 4-wöchigen Beantwortungsfrist keine Prozessvoraussetzung**, da die Klage auf Zustimmungserklärung die Mitteilung nach § 15 Abs. 7 Satz 1 Nr. 5 BEEG ersetzt.[218] Damit darf das Teilzeitverlangen (ohne Verteilungsantrag) auch noch in der Klageschrift geltend gemacht werden.[219] Konstruktiv ergibt sich dies aus der Überlegung, dass das Einfordern der Elternteilzeit eine Verweigerung der Verhandlungslösung beinhaltet, die eine Durchführung dieser Stufe i. S. des § 15 Abs. 6 BEEG (subjektiv, vgl. § 275 Abs. 1 BGB) unmöglich macht. Im Ergebnis läuft damit aber nicht nur die 4-Wochen-Frist des § 15 Abs. 7 Satz 4 BEEG leer, sondern auch die Verhandlungslösung an sich. Nimmt man hinzu, dass der BGH in Fällen, die einer außergerichtlichen Schlichtung unterliegen, die Zulässigkeit der Klage und sogar die Möglichkeit verneint, das Verfahren gem. § 251 ZPO ruhend zu stellen, wenn das Schlichtungsverfahren nicht durchgeführt wurde,[220] sprechen die überwiegenden Gründe dafür, den Ablauf der 4-Wochen-Frist des § 15 Abs. 5 Satz 2 BEEG als Prozessvoraussetzung für eine Klage auf Zustimmungserklärung zu sehen, sofern der Arbeitgeber rechtzeitig ablehnt.

Unabhängig davon sollte der Elternzeitberechtigte alles daran setzen, die 1. Stufe zu nutzen, da vor Gericht statistisch gesehen über die Hälfte der Reduzierungsverfahren nach § 15 Abs. 7 BEEG in einen Beendigungsvergleich münden.[221]

Im Gegensatz zum Freistellungsrecht und auch zum Fortführungsrecht aus § 15 Abs. 5 Satz 5 Alt. 1 BEEG (dazu 2.1) beruht die Möglichkeit, in Elternteilzeit zu arbeiten, nicht auf einem Gestaltungsrecht, sondern auf einem **Anspruch** (§ 194 Abs. 1 BGB). Damit besteht die Notwendigkeit, diesen Anspruch vom Anspruch auf Absenkung der Arbeitszeit nach allgemeinem Teilzeitrecht (§ 8 Abs. 1 TzBfG) abzugrenzen. Insofern bestimmt § 23

---

218 BAG v. 19. 4. 2005 – 9 AZR 184/04 (Rn. 36), NJOZ 2005, 4263, 4266 f.; BAG v. 19. 4. 2005 – 9 AZR 233/04, NJW 2006, 1832, 1836 – Diätassistentin: Antrag „spätestens nach erfolglosem Einigungsversuch"; offen gelassen nunmehr in BAG v. 19. 2. 2013 – 9 AZR 461/11 (Rn. 25), NZA 2013, 909 f. – Personalreferentin, was als Hinweis auf eine mögliche Änderung der Rspr. zu verstehen ist. Der sicherste Weg geht am Konsensverfahren somit nicht mehr vorbei.

219 BAG v. 19. 4. 2005 – 9 AZR 184/04 (Rn. 34), NJOZ 2005, 4263, 4266; LAG Rheinland-Pfalz v. 13. 9. 2007 – 11 Sa 244/07 (Juris Rn. 61).

220 BGH v. 23. 11. 2004 – VI ZR 336/03, BGHZ 161, 145 = NJW 2005, 437, 438 f.; BGH v. 7. 7. 2009 – VI ZR 278/08 (Rn. 7), NJW-RR 2009, 1239; BGH v. 13. 7. 2010 – VI ZR 111/09 (Rn. 9), NJW-RR 2010, 1725.

221 Auswertung der Rechtstatsachen in BT-Drs. 15/3400 S. 86 f.

TzBfG, dass vom allgemeinen Teilzeitanspruch – und seit 2019 auch vom Anspruch auf Brückenteilzeit nach § 9a TzBfG – besondere Regelungen über Teilzeitarbeit unberührt bleiben. Hierzu zählt § 15 Abs. 7 BEEG. Alle Teilzeitmodelle stehen nebeneinander. So kann ein Arbeitnehmer, der nicht für immer in Teilzeit arbeiten will, nach Erschöpfung seines Elternzeitkontingents in Brückenteilzeit gehen, wenn die Voraussetzungen dazu vorliegen. Dies kann er auch nahtlos, indem er die gem. § 9a Abs. 3 Satz 1 i.V. mit § 8 Abs. 2 Satz 1 TzBfG 3-monatige Ankündigungsfrist noch in der Elternzeit wahrt. Die Ansicht, der Arbeitnehmer müsse erst in den Betrieb zurück, um die Brückenteilzeit anmelden zu können,[222] findet im Gesetz keine Stütze. Der Umfang der Spezialität, mithin das **Verhältnis zu §§ 8 Abs. 1, 9a TzBfG,** ist damit aber noch nicht geklärt. Die Voraussetzungen des § 15 Abs. 7 BEEG decken sich teilweise mit dem Anspruch aus § 8 Abs. 1 TzBfG (nämlich hinsichtlich der geforderten Betriebsgröße und der Wartezeit), unterscheiden sich aber in acht Punkten:

- Die Arbeitszeitreduzierung muss nach dem BEEG mindestens 7 bzw. 13 Wochen vor ihrem Beginn schriftlich geltend gemacht werden (§ 15 Abs. 7 Satz 1 Nr. 5 BEEG), nach dem TzBfG mindestens drei Monate vorher formlos (§ 8 Abs. 2 Satz 1 TzBfG).
- Der Elternzeitberechtigte muss eine Arbeitszeit zwischen 15 und 32 Wochenstunden wählen (§ 15 Abs. 7 Satz 1 Nr. 3 BEEG); eine Reduzierung nach dem TzBfG unterliegt dieser Beschränkung nicht.
- Während die Arbeitszeitreduzierung nach TzBfG in seiner Grundform auf Dauer angelegt ist, also eine befristete Verringerung der Arbeitszeit nicht zulässt (Stichwort: Teilzeitfalle),[223] ist die Elternteilzeit darauf ausgelegt, dass der Arbeitnehmer nach Beendigung der Elternzeit zur ursprünglich vereinbarten Arbeitszeit zurückkehrt (§ 15 Abs. 5 Satz 4 Alt. 2 BEEG). In Unternehmen mit regelmäßig mehr als 45 Arbeitnehmern besteht seit 2019 die Möglichkeit, im Wege der **Brückenteilzeit**, die zwischen einem und fünf Jahren dauern muss (§ 9a Abs. 1 Satz 1 TzBfG), in den Betrieb zurückzukehren (§ 9a Abs. 1 Satz 2 TzBfG).
- Während der Gesamtdauer der Elternzeit kann der Arbeitnehmer zweimal eine Reduzierung seiner Arbeitszeit beanspruchen (§ 15 Abs. 6 BEEG); nach § 8 Abs. 6 TzBfG muss der Arbeitnehmer mit einem erneuten Verringerungsverlangen zwei Jahre zuwarten, bei Brückenteilzeit ein Jahr (§ 9a Abs. 5 Satz 1 TzBfG).

---

222 BeckOK ArbR/Bayreuther (Stand 1. 1. 2019), Rn. 23 zu § 9a TzBfG.

223 BAG v. 18. 3. 2003 – 9 AZR 126/02 (zu B I 1 a), AP Nr. 3 zu § 8 TzBfG; BAG v. 12. 9. 2006 – 9 AZR 686/05 (Rn. 20), NJW 2007, 1613, 1614; BAG v. 8. 5. 2007 – 9 AZR 1112/06 (Rn. 20), NJW 2007, 3661, 3662 – Hauswirtschaftsleiterin.

- Die Elternteilzeit bleibt auch hinsichtlich ihrer Verteilung bis zum Ende der Elternzeit festgelegt, während der Arbeitgeber die nach § 8 Abs. 3 Satz 2 bzw. Abs. 5 Satz 3 TzBfG bestimmte Verteilung der Arbeitszeit ändern darf, wenn ein die Interessen des Arbeitnehmers an der Beibehaltung der Verteilung überwiegendes betriebliches Interesse vorliegt (§ 8 Abs. 5 Satz 4 TzBfG).
- Auf den Verringerungsantrag muss der Arbeitgeber nach § 15 Abs. 7 Sätze 4 und 5 BEEG innerhalb von vier bzw. acht Wochen reagieren, während er nach allgemeinem Teilzeitrecht zuwarten darf und sich erst spätestens einen Monat vor dem gewünschten Beginn der Arbeitszeitreduzierung melden muss, wenn er den Antrag ablehnen will (§ 8 Abs. 5 Satz 1 TzBfG).
- Will der Arbeitgeber die Arbeitszeitreduzierung ablehnen, genügen hierfür nach § 8 Abs. 4 TzBfG entgegenstehende betriebliche Gründe, während die betrieblichen Gründe nach § 15 Abs. 7 Satz 1 Nr. 4 BEEG dringend sein müssen.
- Die entgegenstehenden Gründe muss der Arbeitgeber im Ablehnungsschreiben nach § 15 Abs. 7 Satz 4 BEEG benennen, nach § 8 Abs. 5 Satz 1 TzBfG nicht.

Diese Unterschiede[224] sind gewollt und lassen sich nicht mit Hinweis auf die unterschiedliche Ressortzuständigkeit in den für die Gesetzesvorlagen zuständigen Ministerien relativieren,[225] zumal das TzBfG zum 1. 1. 2001 zeitgleich mit § 15 Abs. 7 BErzGG (jetzt: BEEG) in Kraft getreten ist. § 15 Abs. 7 BEEG ist zwar im Verhältnis zu § 8 Abs. 1 TzBfG speziell, da er die konkrete Situation des Elternzeitberechtigten erfasst, verdrängt ihn aber nicht, da Art. 6 GG keine Benachteiligung erlaubt. Der Arbeitnehmer hat insoweit also ein **Wahlrecht**.[226]

Konkurrenz besteht auch zu § 164 Abs. 5 SGB IX und zu tarifrechtlichen Vorschriften (z. B. § 11 TVöD).[227]

---

224 Als weiteren Unterschied hat die Rspr. die Erstreckung des Anspruchs auf die Verteilung der Elternteilzeit entwickelt: BAG v. 19. 2. 2013 – 9 AZR 461/11 (Rn. 32 ff.), NZA 2013, 907, 911 – Personalreferentin; für den allg. Teilzeitanspruch gilt hingegen § 8 Abs. 5 Satz 4 TzBfG.

225 So aber Laux, Anh. 1 B. Rn. 5.

226 BAG v. 8. 5. 2007 – 9 AZR 1112/06 (Rn. 20), NJW 2007, 3661, 3662 – Hauswirtschaftsleiterin; vgl. auch BAG v. 19. 4. 2005 – 9 AZR 233/04, NJW 2006, 1832, 1836 – Diätassistentin.

227 Schrader, in: BeckOK BEEG, Rn. 60 zu § 15; vgl. BAG v. 18. 3. 2003 – 9 AZR 126/02, AP Nr. 3 zu § 8 TzBfG; BAG v. 8. 5. 2007 – 9 AZR 1112/06 (Rn. 20), NJW 2007, 3661, 3662 – Hauswirtschaftsleiterin.

Der Anspruch aus § 15 Abs. 7 BEEG ist für den Arbeitnehmer günstiger aufgrund der Möglichkeit zur befristeten zweimaligen Inanspruchnahme ohne Veränderungsoption für den Arbeitgeber, der höheren Anforderungen an die Ablehnung des Arbeitgebers und in Unternehmen mit regelmäßig 16 bis 45 Arbeitnehmern (vgl. § 9a Abs. 1 Satz 2 TzBfG) und der Möglichkeit zur Rückkehr zur vormaligen Arbeitszeit günstiger. Daher wird ein Rückgriff auf §§ 8 Abs. 1, 9a TzBfG erst dann in Frage kommen, wlockenn dem Arbeitnehmer § 15 Abs. 7 BEEG nicht weiterhilft, z. B. bei der Wahl einer Wochenstundenzahl, die außerhalb des zeitlichen Rahmens des § 15 Abs. 7 Satz 1 Nr. 3 BEEG (15 bis 32 Wochenstunden) liegt.[228]

Im Einzelnen besteht der Anspruch auf Elternteilzeit gem. § 15 Abs. 7 Satz 1 BEEG unter folgenden **zwölf Voraussetzungen**, die zusammen (kumulativ) vorliegen müssen:

- Mindestunternehmensgröße: regelmäßig 16 Arbeitnehmer (§§ 15 Abs. 7 Satz 1 Nr. 1 BEEG)
- Mindestdauer des Arbeitsverhältnisses: 6 Monate (§ 15 Abs. 7 Satz 1 Nr. 2 BEEG)
- Mindestumfang der Teilzeittätigkeit: 15 Wochenstunden (§ 15 Abs. 7 Satz 1 Nr. 3 BEEG)
- Höchstumfang der Teilzeittätigkeit: 32 Wochenstunden (§ 15 Abs. 7 Satz 1 Nr. 3 BEEG)
- Soll: Mindestdauer der Elternteilzeit: 2 Monate (§ 15 Abs. 7 Satz 1 Nr. 3 BEEG)
- Verringerung der Vertragsarbeitszeit (§ 15 Abs. 7 Satz 1 Nr. 3 BEEG)
- höchstens zweimalige Verringerung (§ 15 Abs. 6 BEEG)
- Festlegung Beginn und Umfang der Elternteilzeit (§ 15 Abs. 7 Satz 2 BEEG), Verteilung als Sollangabe (§ 15 Abs. 7 Satz 3 BEEG)
- Frühester Anmeldezeitpunkt: Inanspruchnahme der Elternzeit
- Schriftform (§ 15 Abs. 7 Satz 1 Nr. 5 BEEG)
- Vorlauffrist: 7 bzw. 13 Wochen (§ 15 Abs. 7 Satz 1 Nr. 5 BEEG)
- keine entgegenstehenden dringenden betrieblichen Gründe (§ 15 Abs. 7 Satz 1 Nr. 4 BEEG); Widerspruchsfrist: 4 Wochen (§ 15 Abs. 7 Satz 4 BEEG), ebenfalls schriftlich.

---

228 Rolfs, RdA 2001, 129, 138.

Die Vielzahl von Anspruchsvoraussetzungen führt zu erheblichen Anwendungsproblemen in der Praxis und ist nicht zuletzt der Grund dafür, dass das BAG oft über diesen Anspruch befindet.

Zu den Anspruchsvoraussetzungen im Einzelnen:

- Der Arbeitgeber beschäftigt in seinem Unternehmen (nicht: Betrieb) in der Regel **mindestens 16 Arbeitnehmer** (§ 15 Abs. 7 Satz 1 Nr. 1 BEEG; Zählung nach Köpfen = mit Teilzeitkräften und Beschäftigten im Ausland, auch ruhende Arbeitsverhältnisse, ohne Personen in Berufsbildung i. S. der §§ 1 Abs. 1, 26 BBiG); erfasst sind damit auch (konzernabhängige) Kleinstbetriebe, insgesamt 12 % aller Betriebe in Deutschland mit rund 70 % aller Beschäftigten.[229] Führen mehrere Unternehmen mit jeweils weniger als 16 Arbeitnehmern gemeinsam einen Betrieb, in dem der Arbeitnehmer beschäftigt ist, der den Teilzeitanspruch geltend macht, sind die Mitarbeiter der beteiligten Unternehmen zusammenzuzählen, da der Sinn des Kleinunternehmerschutzes dann nicht greift.[230] Entscheidend für die Zählung ist der Zeitpunkt des angestrebten Teilzeitbeginns, weil das Gesetz auf den Anspruch abstellt, nicht auf die Vorfrage der Geltendmachung des Teilzeitverlangens.[231] Leiharbeitnehmer zählen nicht dazu, auch wenn mit ihnen ein regelmäßiger Beschäftigungsbedarf abgedeckt wird; i. G. zu § 23 Abs. 1 Satz 3 KSchG, wo die Rspr. das anders sieht,[232] ist der Wortlaut der Norm hier klar, weil er nur von Beschäftigten des Arbeitgebers spricht.
- Das **Arbeitsverhältnis besteht** länger als **sechs Monate** (§ 15 Abs. 7 Satz 1 Nr. 2 BEEG). Dabei bleiben kurzfristige Unterbrechungen wie im Rahmen der Entgeltfortzahlung im Krankheitsfall (vgl. § 3 Abs. 3 EFZG)[233]

229 Laux, Anh. 1 B. Rn. 13.

230 Buschbaum/Rosak, NZA-RR 2014, 337, 338; ebenso (zu § 99 BetrVG) BAG v. 29. 9. 2004 – 1 ABR 39/03, NZA 2005, 420, 422 ff.; ebenso (zu § 8 VII TzBfG) Bruns, Rn. 31; s. ferner EuGH v. 19. 6. 2014 – C-507/12, NZA 2014, 765 – Jessy Saint Prix.

231 Rancke, Rn. 67 zu § 15 BEEG; Buschbaum/Rosak, NZA-RR 2014, 337, 339; ebenso (zu § 8 TzBfG) ErfK/Preis, Rn. 10 zu § 8 TzBfG; a. A. (Zeitpunkt des Verlangens) MüKo-BGB/Müller-Glöge, 6. Aufl. 2012, Rn. 7 zu § 8 TzBfG; Boecken, in: Boecken/Joussen, TzBfG, 5. Aufl. 2018, § 8 Rn. 33; a. A. auch Pelzner/Scheddler/Widlak, Flexibilität im Arbeitsverhältnis, 2001, Rn. 31 zu § 8 TzBfG: Zeitpunkt der Mitteilung der Entscheidung durch den Arbeitgeber; Diller, NZA 2001, 589, 590 f.: Zeitpunkt der letzten mdl. Verhandlung in der Tatsacheninstanz, falls dazu ein Rechtsstreit geführt wird.

232 BAG v. 24. 1. 2013 – 2 AZR 140/12 (Rn. 11), NZA 2013, 726, 727.

233 Dazu BAG v. 22. 8. 2001 – 5 AZR 699/99, NZA 2002, 610, 611.

oder beim allgemeinen Kündigungsschutz (vgl. § 1 Abs. 1 KSchG)[234] außer Betracht.[235]

Hinsichtlich des 6-Monats-Zeitraums ist nicht nur unklar, wann er beginnt, sondern auch, wann er endet. Als Anknüpfungspunkte für den **Fristbeginn** kommen der Tag des Vertragsschlusses, der Tag der vertraglich bestimmten Arbeitsaufnahme oder der des tatsächlichen Arbeitsbeginns in Frage.[236] Antwort geben die Gesetzesmaterialien, die zur Begründung auf die Regelung des § 1 Abs. 1 KSchG Bezug nehmen.[237] Für die Wartefrist zur Erlangung des allgemeinen Kündigungsschutzes (vgl. § 1 Abs. 1 KSchG) wird nach wohl allgemeiner Ansicht auf den Zeitpunkt der vertraglich bestimmten Arbeitsaufnahme abgestellt.[238] Gründe, für den Anspruch auf Elternteilzeit davon abzuweichen, sind nicht ersichtlich. Daher verzögern weder eine (anfängliche) Erkrankung des Elternzeitberechtigten, noch der Annahmeverzug des Arbeitgebers den Beginn der Wartefrist. Wegen der Bezugnahme auf § 1 Abs. 1 KSchG in der Gesetzesbegründung sind Arbeitsverhältnisse, die in einem engen sachlichen Zusammenhang zum selben Arbeitgeber stehen, zusammenzurechnen.[239] Für das **Fristende** maßgebend ist entweder der Zugang des Anspruchsschreibens[240] oder der vorgesehene Zeitpunkt der Arbeitsreduzierung.[241] Zutreffend ist Letzteres, da Inhalt des Anspruchs die Freistellung ist und diese durch die Ankündigung nur vorbereitet wird. Größere Bedeutung hat diese Frage nicht, zumal in beiden Fällen die sechs Monate bei Geburt bzw. Aufnahme des Kindes bei der berechtigten Person i. S. des § 1 Abs. 3 Satz 2 BEEG noch nicht erreicht sein müssen.

---

234 Dazu BAG v. 7.7.2011 – 2 AZR 12/10 (Rn. 22), NJW 2012, 475, 476: Unterbrechung durch Wochenende unschädlich; BAG v. 20.6.2013 – 2 AZR 790/11 (Rn. 13), BeckRS 2013, 71024: Gesamtbetrachtung erforderlich.

235 Schrader, in: BeckOK BEEG, Rn. 52 zu § 15; Rancke, Rn. 67 zu § 15 BEEG; ErfK/Gallner, Rn. 14 zu § 15 BEEG.

236 Beginn des rechtlichen Bestands des Arbeitsverhältnisses: Rancke, Rn. 67 zu § 15 BEEG; Laux, Anh. 1 B. Rn. 11; ErfK/Gallner, Rn. 14 zu § 15 BEEG; Tag der Arbeitsaufnahme: Schrader, in: BeckOK BEEG, Rn. 52 zu § 15.

237 BT-Drs. 14/3553, S. 22.

238 Etwa Fiebig/Mestwerdt, Rn. 67 zu § 1 KSchG.

239 St. Rspr. zu § 1 Abs. 1 KSchG seit BAG v. 23.9.1976 – 2 AZR 309/75, NJW 1977, 1311, 1312, die wiederum an § 4 BUrlG anknüpft; s. nur BAG v. 10.5.1989 – 7 AZR 455/88 (Juris Rn. 29); BAG v. 7.7.2011 – 2 AZR 12/10 (Rn. 21, 22), NJW 2012, 475, 476.

240 So Lindemann/Simon, NJW 2001, 258, 261; Gaul, Rn. 14 zu § 15 BEEG; Schrader, in: BeckOK BEEG, Rn. 52 zu § 15; Schaub/Linck, § 172 Rn. 43.

241 So Buchner/Becker, Rn. 50 zu § 15 BEEG; Ebener, S. 165; Feldhoff, ZTR 2006, 58, 61; Rancke, Rn. 67 zu § 15 BEEG; Laux, Anh. 1 B. Rn. 11.

– Der Umfang der Elternteilzeit darf (anders als nach § 8 Abs. 1 TzBfG) **15 Wochenstunden nicht unterschreiten** (§ 15 Abs. 7 Satz 1 Nr. 3 BEEG). Der Elternzeiter kann also nicht verlangen, für nur wenige Wochenstunden eingesetzt zu werden. Sachlich geht es dabei um die Grenze der Sozialversicherungspflicht, die inzwischen (seit 2003) jedoch nicht mehr auf die Untergrenze von 15 Wochenstunden abstellt (vgl. § 8 SGB IV).[242] Diese Grenze ist **im Monatsdurchschnitt** zu bemessen.[243] Die Regelung gilt für Kinder, die ab dem 1. 7. 2015 geboren oder mit dem Ziel der Adoption aufgenommen wurden (§ 27 Abs. 1 Satz 2 BEEG). Damit bleiben nicht mehr nur gelegentliche Abweichungen von geringer Dauer wie im Arbeitsförderungsrecht unberücksichtigt (vgl. § 138 Abs. 3 Satz 1 Hs. 2 SGB III, das insoweit einen allgemeinen Grundsatz wiedergibt). Nach der Gesetzesbegründung erfolgte die Änderung nur als sprachliche Anpassung an die Regelung zur Arbeitszeit für den Partnerschaftsbonus.[244] Da diese wiederum an die Änderung des § 15 Abs. 4 Satz 1 BEEG und die damit eingeführte Durchschnittsbetrachtung anknüpft, gilt auch hier das in 1.1.5 zur Durchschnittsbetrachtung Gesagte. Soweit die Norm als Sollvorschrift ausgestaltet ist (§ 15 Abs. 7 Satz 1 Nr. 3 BEEG: „Arbeitszeit soll für mindestens zwei Monate auf einen Umfang von nicht weniger als 15 und nicht mehr als 32 Wochenstunden verringert werden“), bezieht sich dies auf den Mindestzeitraum der Elternteilzeit (zwei Monate), nicht auf den Rahmenumfang der Beschäftigung.[245] Dennoch ist die Mindestarbeitszeit nur als Sollvorschrift zu behandeln, da sie als Grenzwert in § 15 Abs. 4 Satz 1 BEEG nicht genannt ist. Damit gelten die Rechtswirkungen einer Elternteilzeit auch dann, wenn sich die Arbeitsvertragsparteien für die Zeit der Elternzeit auf eine Wochenarbeitszeit von unter 15 Wochenstunden verständigen.[246] Im Hinblick darauf, dass die Freistellung umfassend sein könnte, steht eine solche

242 Die 15-Stunden-Grenze hat heute nur noch für den Bereich des Arbeitsförderungsrechts Bedeutung, vgl. § 138 Abs. 3 Satz 1 SGB III.

243 Art. 1 Nr. 16 c) aa) des Gesetzes zur Einführung des Elterngeld Plus mit Partnerschaftsbonus und einer flexibleren Elternzeit im BEEG v. 8. 12. 2014, BGBl. I S. 2325.

244 BT-Drs. 18/2583, S. 31.

245 ErfK/Gallner, Rn. 15 zu § 15 BEEG; Rancke, Rn. 67 zu § 15 BEEG; ebenso HK-ArbR/Velikova, Rn. 33 zu § 15 BEEG, die die Regelung im Hinblick auf Art. 3 Abs. 1 und Art. 6 Abs. 2 GG für verfassungsrechtlich bedenklich hält; a. A.Seier/Seier, ZFE 2005, 18, 19.

246 LAG Schleswig-Holstein v. 18. 6. 2008 – 6 Sa 43/08, BeckRS 2008, 56511; Schrader, in: BeckOK BEEG, Rn. 47 zu § 15; Hanau, FS Buchner, 2009, 281, 289.

(weitergehende) Reduzierung dem durch die arbeits- und sozialversicherungsrechtlichen Vorschriften vermittelten Elternzeitschutz nicht entgegen.[247]

- Der Umfang darf **32 Wochenstunden nicht überschreiten** (§ 15 Abs. 7 Satz 1 Nr. 3 BEEG). Gehen beide Elternteile gemeinsam in Elternzeit, dürfen sie zusammen daher 64 Stunden pro Woche erwerbstätig sein. Die Beschränkung auf 32 Wochenstunden knüpft an die allgemeine Obergrenze des § 1 Abs. 6 BEEG an. Auch diese Grenze ist **im Monatsdurchschnitt** zu bemessen.[248] Die Regelung gilt für Kinder, die ab dem 1. 7. 2015 geboren oder mit dem Ziel der Adoption aufgenommen wurden (§ 27 Abs. 1 Satz 2 BEEG). Insoweit gelten dieselben Erwägungen wie zur Untergrenze von 15 Wochenstunden (s. o.). **Ausnahme**: Im Sinne des § 23 Abs. 3 SGB VIII geeignete Tagespflegepersonen (**Tagesmütter**) mit bis zu fünf in Tagespflege gegebenen Kindern dürfen die Höchstgrenze von 32 Wochenstunden überschreiten (§ 15 Abs. 4 Satz 2 BEEG).[249] Wegen der Bezugnahme auf die „vertraglich vereinbarte regelmäßige Arbeitszeit" in § 15 Abs. 7 Satz 1 Nr. 3 BEEG zählen Beschäftigungszeiten aus weiteren Arbeitsverhältnissen an sich nicht mit. Da die 32-Stunden-Grenze jedoch schon Voraussetzung dafür ist, überhaupt in Elternzeit zu gehen, muss diese Grenze auch für die Elternteilzeit eine absolute Grenze sein.[250] Allerdings dürfte die Betrachtung im Monatsdurchschnitt auch für diese Ausnahme gelten. Der Umstand, dass die Anpassung nur in § 15 Abs. 4 Satz 1 BEEG (und hernach in § 15 Abs. 7 Satz 1 Nr. 3 BEEG) vorgenommen wurde und nicht auch in § 15 Abs. 4 Satz 2 BEEG, beruht daher auf einem Versehen des Gesetzgebers, wenn der Gesetzgeber nicht ohnehin davon ausgegangen ist, dass die Arbeitszeiten einer Tagesmutter nicht sehr volatil sind.
- Der **Mindestzeitraum** der Elternteilzeit soll **zwei Monate** betragen (§ 15 Abs. 7 Satz 1 Nr. 3 BEEG). Diese Regelung trägt der Verlängerungsmöglichkeit des § 4 Abs. 3 BEEG (erweiterter Elterngeldbezug um zwei Partnerschaftsmonate bei Teilzeitarbeit) Rechnung.[251]
- Die Arbeitszeit muss **verringert** werden (§ 15 Abs. 7 Satz 1 Nr. 3 BEEG). Maßstab hierfür ist die Vertragsarbeitszeit, und zwar, obwohl nicht wie

247 A. A. (kein Anspruch) LAG Schleswig-Holstein v. 18. 6. 2008 – 6 Sa 43/08, BeckRS 2008, 56511; Laux, Anh. 1 B. Rn. 22.

248 Art. 1 Nr. 16 c) aa) des Gesetzes zur Einführung des Elterngeld Plus mit Partnerschaftsbonus und einer flexibleren Elternzeit im BEEG v. 8. 12. 2014, BGBl. I S. 2325.

249 S. dazu OVG Lüneburg v. 4. 3. 2015 – 4 LA 177/14, NJW 2015, 2987 f.; zur Geeignetheit von Tagespflegepersonen s. 1.1.5.

250 I. Erg. Buchner/Becker, Rn. 5 zu § 15 BEEG.

251 BT-Drs. 16/1889, S. 27.

in § 1 Abs. 6 BEEG formuliert, die durchschnittliche Arbeitszeit.[252] Der Anspruch geht nur auf Absenkung der Arbeitszeit, nicht auf Befreiung von Überstunden, schon gar nicht auf Änderung weiterer Vertragsbedingungen (z. B. Umverteilung der Arbeitszeit).[253] Ein Mindestumfang für die Reduzierung besteht nicht. Auch eine Verringerung der Arbeitszeit um nur 5 oder 10 % ist nicht ohne Weiteres rechtsmissbräuchlich.[254] Allerdings wird der Arbeitgeber kaum eine Ersatzkraft finden können, wenn die Arbeitszeit so geringfügig reduziert werden soll. Der Arbeitnehmer ist dann auf die Darlegung angewiesen, seine Arbeit lasse sich komprimieren.[255]

- Elternteilzeit darf höchstens **zweimal** beansprucht werden (§ 15 Abs. 6 BEEG).
- Der Arbeitnehmer muss **Beginn und Umfang der Elternteilzeit festgelegt** haben (§ 15 Abs. 7 Satz 2 BEEG), ggf. mit Angabe der Verteilung der Arbeitszeit (§ 15 Abs. 7 Satz 3 BEEG). Der Gesetzgeber unterscheidet in § 15 Abs. 5 Satz 3 BEEG zwischen dem Verhandlungswunsch nach § 15 Abs. 5 Satz 1 BEEG und der Beanspruchung nach § 15 Abs. 6 und Abs. 7 BEEG (in § 15 Abs. 7 Satz 2 BEEG Antrag genannt). Im Hinblick auf das vorgeschaltete Konsensverfahren muss deshalb erkennbar sein, ob der Elternzeitberechtigte nur verhandeln will (durch Unterbreiten eines Vorschlags bzw. Einigungsversuchs), oder ob er den Anspruch tatsächlich geltend macht.[256] Die Beanspruchung muss als Angebot auf Abschluss eines Änderungsvertrags so formuliert sein, dass der Arbeitgeber dieses nur noch annehmen, also „ja" sagen muss.[257] Der Arbeitnehmer hat dazu mindestens anzugeben, in welchem zeitlichen Umfang er bei welchem Arbeitgeber welcher Tätigkeit nachgehen will (§ 15 Abs. 7 Satz 2 BEEG). Dabei darf er die Festlegung der Einzelheiten (vor

252 Seier/Seier, ZFE 2004, 371, 373; a. A.Sowka, S. 34.

253 Gaul, Rn. 18 zu § 15 BEEG.

254 Vgl. BAG v. 18. 8. 2009 – 9 AZR 517/08 (Rn. 37), NZA 2009, 1207, 1210.

255 Dieses Argument ist ihm ab einem Reduzierungsumfang von über 20 % aus der Hand geschlagen, vgl. BAG v. 21. 6. 2005 – 9 AZR 409/04 (Rn. 50), NZA 2006, 316, 319 – Pharmareferent: Kundenbetreuung sei bei einer Reduzierung von 37,5 auf 30 Wochenstunden „zwangsläufig weniger intensiv".

256 LAG Düsseldorf v. 3. 3. 2003 – 12 Sa 1765/03 (Rn. 31), LAGReport 2004, 196, 197; Laux, Anh. 1 B. Rn. 18; ebenso (zu § 8 TzBfG) BAG v. 16. 10. 2007 – 9 AZR 239/07 (Rn. 24), NJW 2008, 936, 937 – Hauptkassiererin.

257 BAG v. 19. 4. 2005 – 9 AZR 233/04, NJW 2006, 1832, 1833 – Diätassistentin; BAG v. 15. 4. 2008 – 9 AZR 380/07 (Rn. 23), NJW 2008, 2937, 2938; BAG v. 19. 2. 2013 – 9 AZR 461/11 (Rn. 29), NZA 2013, 907, 910 – Personalreferentin.

allem die Lage der Arbeitszeiten) dem Antragsempfänger überlassen.[258] Formuliert der Arbeitnehmer widersprüchlich, indem er z. B. verschiedene Zeiträume angibt, verstößt er gegen diese Bestimmtheitsanforderungen.[259] Dies kann durchaus passieren, da sich Elternzeiter in der Prognose oft unsicher sind und dann ggf. mehrere Antragsschreiben einreichen, die widersprüchliche Angaben enthalten. Allerdings muss dabei ausgeschlossen werden können, dass zunächst nur im Rahmen des Konsensverfahrens gehandelt wurde, der erste Antrag also nur angedacht war.

Beantragt der Elternzeitberechtigte eine Teilzeitbeschäftigung ohne Begrenzung auf die Dauer der Elternzeit, stellt er keinen Antrag nach § 15 Abs. 6 BEEG, sondern einen nach § 8 TzBfG; eine Verringerung der Arbeitszeit nach § 8 TzBfG kann auch während der Elternzeit verlangt werden.[260] Dies ist tückisch, weil der Arbeitnehmer dadurch auch nach Ablauf der Elternzeit an die Reduzierung seiner Arbeitszeit gebunden ist.

Bei der Beanspruchung hat die Festlegung des Rahmens der Elternteilzeit unbedingt zu erfolgen. Zulässig sind jedoch Potestativbedingungen.[261] Gerade im Bereich der Elternteilzeit sind solche unechten Bedingungen ein wichtiges Gestaltungsmittel.

Beispiel: Arbeitnehmerin A kann die Elternteilzeit nur nutzen, wenn dies mit den Kindergartenzeiten in Einklang zu bringen ist. Sie macht daher Elternteilzeit von 20 Wochenstunden für den Fall geltend, dass sie montags bis freitags jeweils von 8–12 Uhr arbeiten darf. Lehnt der Arbeitgeber ab, gilt der Anspruch als nicht erhoben; A bleibt dann z. B. weiterhin ganz zu Hause.

Die Entscheidung des Arbeitgebers ist hier zwar in sein Ermessen gestellt. Im Grunde ist er dabei aber sehr frei. Lehnt der Arbeitgeber das zur Bedingung gemachte Teilzeitverlangen zu Recht ab, steht dem Arbeitnehmer kein Sonderkündigungsschutz nach § 18 BEEG zu, auch nicht für die Zeit bis zur Ablehnung.[262] Letztlich ist das der Preis, wenn der Arbeitnehmer sich nicht traut, Elternzeit oder Elternteilzeit bedingungslos gel-

---

258 BAG v. 19.4.2005 – 9 AZR 233/04, NJW 2006, 1832, 1833 – Diätassistentin; BAG v. 15.4.2008 – 9 AZR 380/07 (Rn. 23), NJW 2008, 2937, 2938.

259 BAG v. 16.4.2013 – 9 AZR 535/11 (Rn. 15), BeckRS 2013, 71116.

260 BAG v. 8.5.2007 – 9 AZR 1112/06 (Rn. 19), NJW 2007, 3661, 3662 – Hauswirtschaftsleiterin.

261 BAG v. 5.6.2007 – 9 AZR 82/07 (Rn. 40), NZA 2007, 1352, 1355; vgl. (zu § 8 TzBfG) BAG v. 18.2.2003 – 9 AZR 356/02, NJW 2003, 2771, 2772; BAG v. 23.11.2004 – 9 AZR 644/03, NZA 2005, 769, 772.

262 BAG v. 12.5.2011 – 2 AZR 384/10 (Rn. 36), NZA 2012, 208, 210.

tend zu machen, selbst wenn er dafür gute Gründe haben mag. Ggf. helfen Alternativvorgaben, z. B. Zeiten wie folgt, ansonsten wie folgt, ansonsten wie folgt u. s. w.
Wie bei anderen Vertragsangeboten auch, ist der Elternzeiter an sein Reduzierungsverlangen gebunden (§ 145 BGB).[263]
Der Elternzeitberechtigte muss festgelegt haben, für welchen Zeitraum bzw. welche beiden Zeiträume er Elternteilzeit begehrt; anzugeben sind Beginn und Umfang der verringerten Arbeitszeit (§ 15 Abs. 7 Satz 2 BEEG); lässt sich der Beginn nicht durch andere Umstände ermitteln, ist der Verringerungsantrag ansonsten unwirksam; insbes. wird mit einem solchen Antrag auch nicht der frühestmögliche Beginn beantragt.[264] Nach Auffassung des BAG ist auch die Dauer der verlangten Elternteilzeit mitzuteilen.[265]
Oft ist nicht die Frage des „Ob" der Elternteilzeit problematisch, sondern die (zeitliche) **Verteilung** dieser Tätigkeit. § 15 Abs. 7 Satz 3 BEEG gibt nach seinem Wortlaut i. G. zu § 8 Abs. 4 Satz 1 TzBfG nur Anspruch auf Verringerung der Arbeitszeit, nicht auch auf eine bestimmte Verteilung. Daher war es lange Zeit ganz herrschende Ansicht, dass die Verteilung der verringerten Arbeitszeit vom Elternzeiter nicht erzwungen werden kann.[266] Das BAG ist dem entgegengetreten. Hiernach ist der Verringerungsanspruch aus § 15 Abs. 6 BEEG auf die Verteilung der verringerten Arbeitszeit schon deshalb zu erstrecken, weil die Verringerung eine Umverteilung der Arbeitszeit zwangsläufig zur Folge hat.[267] Dies ist anders als nach allgemeinem Teilzeitrecht, wonach dem Arbeitgeber in § 8 Abs. 5 Satz 4 TzBfG eingeräumt wird, die Verteilung der Arbeitszeit zu ändern, sofern ein betriebliches Interesse das Interesse des Arbeitnehmers an der Beibehaltung erheblich überwiegt. Diese Vorschrift gilt für die Verteilung der Elternteilzeit weder direkt noch entsprechend. Die Verteilung bestimmt der Arbeitgeber also nicht gem. § 106 Satz 1 GewO nach billigem Ermessen, sondern kann auch gegen seinen Willen durchgesetzt werden. Daher soll der Beschäftigte auch die angestrebte Verteilung der verringerten Arbeitszeit im Antrag angeben (§ 15 Abs. 7 Satz 3 BEEG). Tut er das, ist er daran genauso gebunden wie an das Reduzie-

---

263 BAG v. 9. 5. 2006 – 9 AZR 278/05 (Rn. 25), NJW 2006, 3595, 3597.
264 LAG Köln v. 15. 4. 2010 – 13 Sa 1423/09 (Juris Rn. 16), BeckRS 2010, 71401.
265 BAG v. 9. 5. 2006 – 9 AZR 278/05 (Rn. 25), NJW 2006, 3595, 3597.
266 Nachweise bei BAG v. 19. 2. 2013 – 9 AZR 461/11 (Rn. 32), NZA 2013, 907, 911 – Personalreferentin.
267 BAG v. 19. 2. 2013 – 9 AZR 461/11 (Rn. 32 ff.), NZA 2013, 907, 911 – Personalreferentin. Ein Anspruch auf isolierte Umverteilung der Arbeitszeit wird dadurch ebenso wenig ermöglicht wie im Rahmen des § 8 TzBfG, s. BAG v. 16. 12. 2008 – 9 AZR 893/07 (Rn. 29), NZA 2009, 565, 567.

rungsverlangen an sich, da es sich dabei um ein **einheitliches Angebot** handelt.[268] Die Beanspruchung kann aber auch so aussehen, dass der Arbeitnehmer die Verteilung der Arbeitszeit den (vertragskonformen) Weisungen des Arbeitgebers überlässt und das Direktionsrecht des Arbeitgebers so erweitert.[269] In diesem Fall macht er die Verteilung der Arbeitszeit gerade nicht zum Bestandteil seines Verringerungsverlangens, sondern vertraut darauf, dass der Arbeitgeber es gem. § 106 Satz 1 GewO nach billigem Ermessen ausübt.

Die Bindungswirkung tritt erst ein, wenn der Antrag verbindlich gestellt wird. Solange der Elternzeitberechtigte nur einen Wunsch auf Elternteilzeit äußert und das Einigungsverfahren nach § 15 Abs. 5 Satz 2 BEEG durchläuft, sind auch Änderungen der Verteilung der Arbeitszeit möglich.[270] Auf der anderen Seite kann der Arbeitgeber das Teilzeitverlangen gem. § 150 Abs. 2 BGB nur einheitlich annehmen oder ablehnen.[271]

Der Elternzeiter kann den Inhalt des Teilzeitanspruchs im **Gerichtsverfahren**, das ggf. zu führen ist, nicht mehr ändern. Anders verhält es sich, wenn er dem Arbeitgeber im Anspruchsschreiben Alternativen eröffnet und sich der Klageantrag in diesem Rahmen hält.[272] Das kann so aussehen, dass der zeitliche Umfang zur Disposition des Arbeitgebers gestellt wird.[273] Damit das Verringerungsverlangen nicht als zu unbestimmt und damit unwirksam erachtet wird, muss es im Vertragsangebot aus Sicht eines objektiven Dritten aber klar zum Ausdruck kommen.[274]

Beispiel: „Meine Wochenarbeitszeit soll ab dem frühestmöglichen Zeitpunkt bis zum Ende der Elternzeit 16 Stunden betragen. Meine Arbeitsleistung will ich für jeweils acht Stunden an zwei Wochentagen in der Zeit von 8.00 Uhr bis 17.00 Uhr erbringen. Vorrangig will ich am Montag und Mitt-

268 Ebenso (zu § 8 TzBfG) BAG v. 18. 2. 2003 – 9 AZR 164/02, NJW 2004, 386, 387; BAG v. 16. 12. 2008 – 9 AZR 893/07 (Rn. 26), NJW 2009, 1527, 1528; BAG v. 18. 8. 2009 – 9 AZR 517/08 (Rn. 19), NZA 2009, 1207, 1208.

269 BAG v. 9. 5. 2006 – 9 AZR 278/05 (Rn. 41), NJW 2006, 3595, 3598; BAG v. 19. 2. 2013 – 9 AZR 461/11 (Rn. 30), NZA 2013, 907, 910 – Personalreferentin.

270 BAG v. 24. 6. 2008 – 9 AZR 514/07 (Rn. 23), NZA 2008, 1289, 1291.

271 BAG v. 9. 5. 2006 – 9 AZR 278/05 (Rn. 39), NJW 2006, 3595, 3598; BAG v. 18. 8. 2009 – 9 AZR 517/08 (Rn. 19), NZA 2009, 1207, 1208.

272 Vgl. (zu § 8 TzBfG) BAG v. 16. 10. 2007 – 9 AZR 239/07 (Rn. 16), NJW 2008, 936 – Hauptkassiererin; enger LAG Köln v. 14. 10. 2009 – 9 Sa 824/09 (zu II 2 a bb), BeckRS 2010, 66833: Reduzierungsumfang muss schon im Anspruchsschreiben feststehen.

273 BAG v. 15. 12. 2009 – 9 AZR 72/09 (Rn. 24), NZA 2010, 447, 449 – Prokuristin.

274 BAG v. 19. 2. 2013 – 9 AZR 461/11 (Rn. 29 f.), NZA 2013, 907, 910 – Personalreferentin; ebenso (zu § 8 TzBfG) BAG v. 16. 10. 2007 – 9 AZR 239/07 (Rn. 23), NJW 2008, 936, 937 – Hauptkassiererin.

woch arbeiten. Ich bin aber auch zu einer Beschäftigung an zwei anderen Wochentagen nach Ihrer Wahl bereit."

Mit dieser Formulierung beantragt der Elternzeiter verbindlich, wenngleich wahlweise, eine bestimmte Verteilung der Arbeitszeit und stellt sein Teilzeitverlangen so nicht nur unter eine (Potestativ-)Bedingung.

Bei alledem ist zu berücksichtigen, dass die Verteilung der Arbeitszeit vom **Mitbestimmungsrecht** des Betriebsrats nach § 87 Abs. 1 Nr. 2 BetrVG umfasst ist. Das vom Elternzeitberechtigten gewünschte Arbeitszeitmodell muss sich daher in das mitbestimmte Arbeitszeitmodell einfügen.[275] Der gesetzliche Anspruch auf Verringerung der Arbeitszeit aus § 15 Abs. 6 BEEG kann durch eine Betriebsvereinbarung aber nicht zeitlich begrenzt werden.[276]

- Die Elternteilzeit **darf frühestens mit der Anmeldung der Elternzeit gefordert werden.** Andernfalls kann der Arbeitgeber nicht wissen, ob der erhobene Elternteilzeitanspruch besteht oder nicht.[277]
- Der Anspruch ist (anders als nach § 15 Abs. 4 Satz 3 BEEG für den Fall anderweitiger Erwerbsarbeit während der Elternzeit und nach § 8 Abs. 2 Satz 1 TzBfG hinsichtlich des allgemeinen Verringerungsanspruchs) **schriftlich** geltend zu machen (§ 15 Abs. 7 Satz 1 Nr. 5 BEEG). Die Schriftform der §§ 126, 126a BGB ist wie im Fall des § 16 Abs. 1 Satz 1 BEEG (dazu 1.3) Wirksamkeitsvoraussetzung.[278] Der Antrag ist daher vom Arbeitnehmer eigenhändig durch Namensunterschrift oder notariell beglaubigtes Handzeichen zu unterzeichnen. Durch Fax oder E-Mail wird die Schriftform nicht gewahrt. Das Schreiben muss alle für die Wahrnehmung der Elternzeit konstitutiven Elemente enthalten, also den Umstand der Inanspruchnahme (nicht bloß einen Verhandlungswunsch) und die Eckdaten der beantragten Elternzeit (Anfang und Ende).
- Die **Geltendmachung** hat **mindestens sieben Wochen vor Beginn der Elternteilzeit** zu erfolgen (§ 15 Abs. 7 Satz 1 Nr. 5 BEEG). Dabei ist hin-

275 BAG v. 18.2.2003 – 9 AZR 164/02, NJW 2004, 386, 389 f.; BAG v. 16.3.2004 – 9 AZR 323/03, NZA 2004, 1047, 1052; Reinecke, FS Leinemann, 2006, 191, 203.

276 Vgl. (zu § 8 TzBfG) BAG v. 24.6.2008 – 9 AZR 313/07 (Rn. 43), NZA 2008, 1309, 1312 f.

277 BAG v. 5.6.2007 – 9 AZR 82/07 (Rn. 34), NZA 2007, 1352, 1354; BAG v. 15.4.2008 – 9 AZR 380/07 (Rn. 22), NJW 2008, 2937, 2938; BAG v. 11.12.2018 – 9 AZR 298/18 (Rn. 35), NJW 2019, 1544, 1547.

278 BAG v. 27.4.2004 – 9 AZR 21/04 (Rn. 34, 40), NZA 2004, 1039, 1041; BAG v. 19.4.2005 – 9 AZR 233/04, NJW 2006, 1832, 1835 – Diätassistentin; BAG v. 9.5.2006 – 9 AZR 278/05 (Rn. 19), NJW 2006, 3595, 3596: „form- und fristgerecht"; BAG v. 10.5.2016 – 9 AZR 145/15 (Rn. 15 f.), NZA 2016, 1137 f.

sichtlich der Ankündigungsfrist wie bei den Ankündigungsfristen für die Elternzeit nach § 16 Abs. 1 Satz 1 BEEG zu differenzieren. Die Unterscheidung gilt für Kinder, die ab dem 1. 7. 2015 geboren oder mit dem Ziel der Adoption aufgenommen wurden (§ 27 Abs. 1 Satz 2 BEEG). Damit beträgt die Ankündigungsfrist nicht mehr allgemein, sondern nur noch für den Zeitraum bis zum vollendeten 3. Lebensjahr des Kindes sieben Wochen (§ 15 Abs. 7 Satz 1 Nr. 5a BEEG), **für den Zeitraum zwischen dem 3. Geburtstag und dem vollendeten 8. Lebensjahr des Kindes hingegen 13 Wochen** (§ 15 Abs. 7 Satz 1 Nr. 5b BEEG).[279] Nach der Gesetzesbegründung dient die Änderung nur der Vereinheitlichung mit den Ankündigungsfristen für die Elternzeit.[280] Obwohl in dieser Vorschrift anders als in der Parallelvorschrift des § 16 Abs. 1 Satz 1 BEEG der Zusatz „spätestens“ fehlt, sind daher auch die Ankündigungsfristen für die Elternteilzeit jeweils als Höchstfristen anzusehen. Entscheidend ist der Zugang der Erklärung beim Arbeitgeber (§ 130 BGB). Der Tag der Geltendmachung ist bei der hier vorzunehmenden Rückwärtsberechnung der Frist nicht einzubeziehen (§§ 187 Abs. 1, 188 Abs. 2 Alt. 2 BGB).[281] Die Elternteilzeit wird von der Geltendmachung der Elternzeit aber nicht beeinflusst. Elternteilzeit kann also auch während der Elternzeit beantragt werden.[282] Dies sorgt beim Elternzeitberechtigten für die nötige Flexibilität. Insbes. sperrt die 2-jährige Festlegungszeit für die Elternzeit eine Elternteilzeit innerhalb des 2-Jahres-Zeitraums nicht.[283] Der Elternzeiter darf eine Elternteilzeit daher in diesem und für diesen Zeitraum einfordern und gem. § 15 Abs. 6 BEEG auch einmal abändern lassen. Zudem werden die Ankündigungsfristen nicht um die 4-wöchige Verhandlungszeit nach § 15 Abs. 5 BEEG verlängert. Der Arbeitnehmer muss nicht verhandeln oder die Zeit für eine Vertragslösung verstreichen lassen (s. o.).

Der Elternzeitberechtigte darf die Elternteilzeit zwar nicht vor der Elternzeit verlangen (s. o.), ist aber nicht gehalten, dies schon zusammen mit der Elternzeit zu tun. Der Gesetzestext ist so zu verstehen, dass die Geltendmachung mindestens sieben bzw. 13 Wochen betragen muss. Der Elternzeitberechtigte darf die Reduzierung also auch schon mehr als sie-

279 Art. 1 Nr. 16 c) bb) des Gesetzes zur Einführung des Elterngeld Plus mit Partnerschaftsbonus und einer flexibleren Elternzeit im BEEG v. 8. 12. 2014, BGBl. I S. 2325.

280 BT-Drs. 18/2583 S. 31.

281 BAG v. 20. 7. 2004 – 9 AZR 626/03, NJW 2005, 1144, 1145.

282 BAG v. 19. 4. 2005 – 9 AZR 233/04 (Juris Rn. 32 ff.), NJW 2006, 1832, 1834 – Diätassistentin; BAG v. 9. 5. 2006 – 9 AZR 278/05 (Rn. 21), NJW 2006, 3595, 3596.

283 Laux, Anh. 1 B. Rn. 16; a. A. LAG Baden-Württemberg v. 6. 5. 2004 – 3 Sa 44/03 (Juris Rn. 27).

ben bzw. 13 Wochen vor dem gewünschten Beginn der Reduzierung fordern.[284]

Das Gesetz regelt nicht, was passiert, wenn die Frist nicht eingehalten wird. Lässt sich der Arbeitgeber auf das Verringerungsverlangen ein (z. B. durch inhaltlich begründete Ablehnung), ist die Verspätung nach zutreffender Auffassung des BAG unschädlich.[285] Ansonsten ist der frühestmögliche Beginn beantragt, so dass sich der Beginn der Elternteilzeit nur entsprechend verschiebt.[286] Die Gesetzesbegründung geht hingegen davon aus, dass die Mitteilung erneut erfolgen muss.[287]

– Dem Anspruch **stehen keine dringenden**, also besonders gewichtigen **betrieblichen Gründe entgegen** (§ 15 Abs. 7 Satz 1 Nr. 4 BEEG). Dieses Erfordernis bezieht sich sowohl auf die Reduzierung der Arbeitszeit, als auch auf deren Verteilung.[288] Maßgebend für das Vorliegen solcher Gründe ist der Zeitpunkt der Ablehnung durch den Arbeitgeber.[289] Die Ablehnung erfordert **zwingende Hindernisse**, d. h. Gründe, die sich im Sinne von „unabweisbar“[290] förmlich aufdrängen müssen. Die Gesetzesfassung verlangt die Darlegung entsprechender Umstände, mehr als nur Schlagworte. Sie beschränkt sich trotz Beachtung der unternehmerischen Gestaltungsfreiheit nicht auf eine Missbrauchskontrolle.[291] Nach der Gesetzesbegründung entspricht der Begriff der entgegenstehenden dringenden betrieblichen Gründe demjenigen in § 7 Abs. 2 Satz 1 BUrlG.[292] Diese Bezugnahme ist schwer verständlich und wird in der Literatur ver-

---

284 ArbG Naumburg v. 25. 6. 2003 – 4 Ca 3843/02, n. v.

285 BAG v. 9. 5. 2006 – 9 AZR 278/05 (Rn. 32), NJW 2006, 3595, 3598; vgl. BAG v. 14. 10. 2003 – 9 AZR 636/02, NZA 2004, 975, 976; BAG v. 16. 10. 2007 – 9 AZR 321/06 (Rn. 20), NZA-RR 2008, 210, 212 – Jugendhilfeheim.

286 Schrader, in: BeckOK BEEG, Rn. 55 zu § 15; Küttner/Poeche, Stichwort Elternzeit Rn. 29; Laux, Anh. 1 B. Rn. 29; ebenso zu § 8 TzBfG: BAG v. 20. 7. 2004 – 9 AZR 626/03, NJW 2005, 1144; BAG v. 16. 12. 2008 – 9 AZR 893/07 (Rn. 39), NJW 2009, 1527, 1529; a. A. Lindemann/Simon, NJW 2001, 258, 261; offen gelassen in BAG v. 9. 5. 2006 – 9 AZR 278/05 (Rn. 32), NJW 2006, 3595, 3598.

287 BT-Drs. 14/3553 S. 22.

288 BAG v. 19. 2. 2013 – 9 AZR 461/11 (Rn. 34, 35), NZA 2013, 907, 911 – Personalreferentin; enger zuvor BAG v. 9. 5. 2006 – 9 AZR 278/05 (Rn. 44), NJW 2006, 3595, 3598, mit zu weit geratenem Leitsatz 4.; nach Reinecke, FA 2007, 98, 100, die damals dem 9. BAG-Senat angehörte, soll der BAG-Entscheidung vom 9. 5. 2006 zu entnehmen sein, dass das Ermessen immer an dringende betriebliche Gründe gebunden ist.

289 BAG v. 13. 11. 2012 – 9 AZR 259/11 (Rn. 23), NJW 2013, 1835, 1837.

290 BAG v. 15. 8. 2006 – 9 AZR 30/06 (Rn. 30), NZA 2007, 259, 262; BAG v. 16. 10. 2007 – 9 AZR 239/07 (Rn. 28), NJW 2008, 936, 938 – Hauptkassiererin.

291 Gaul, Rn. 28 zu § 15 BEEG.

292 BT-Drs. 14/3553 S. 22.

breitet als verfehlt angesehen,[293] meint aber Folgendes: Da der Arbeitgeber wie im Urlaubsrecht gegen ein vollständiges Aussetzen mit der Arbeitskraft nichts vorbringen darf, dürfen die Ablehnungsgründe – anders als bei § 8 Abs. 4 Satz 2 TzBfG nach allgemeinem Teilzeitrecht –[294] nicht auf Störungen im Betriebsablauf gestützt werden, die durch die Elternteilzeit entstehen.[295] Nicht ausreichend für eine Ablehnung sind deshalb auch Störungen des Arbeitsablaufs durch gleichzeitigen Urlaub anderer Arbeitnehmer.[296] Im Gegensatz zum allgemeinen Befristungsrecht[297] sind Kostenaspekte grds. ebenfalls irrelevant, da der Arbeitnehmer zu Hause bleiben dürfte und der Arbeitgeber sich Vertretungskosten deshalb nicht ersparen kann. Die Ablehnungsgründe müssen gerade auf Schwierigkeiten beruhen, die mit der Verringerung der Arbeitszeit zusammenhängen. Auch müssen sie den in § 1 Abs. 2 KSchG genannten Gründen vergleichbar sein.[298] Die Darlegung dringender betrieblicher Erfordernisse i. S. des § 1 Abs. 2 KSchG wäre allerdings der falsche Ansatz.[299] Daher findet im Falle einer Betriebsänderung i. S. des § 111 BetrVG auch die Vermutung aus § 1 Abs. 5 KSchG keine Anwendung.[300] Wie nach allgemeinem Teilzeitrecht ist – auch für den Fall der Umverteilung der Arbeitszeit[301] – eine **3-Stufen-Prüfung** vorzunehmen:[302]

1. Stufe: Klärung des Organisationskonzepts für die Arbeitszeitregelung. Organisationskonzept ist der Plan, mit dem die unternehmerische Aufgabenstellung im Betrieb verwirklicht werden soll. Ein Organisationskonzept wird noch nicht dadurch begründet, dass der Arbeitgeber vorträgt, die Aufgaben des Mitarbeiters sollten von einer Vollzeitkraft erledigt werden. Sonst könnte der Arbeitgeber jedem Teilzeitverlangen mit dem Argument begegnen, er wolle nur Vollzeitkräfte beschäftigen.[303]

293 Sowka, NZA 2000, 1185, 1189; Lindemann/Simon, NJW 2001, 258, 261; Rancke, Rn. 72 zu § 15 BEEG; Laux, Anh. 1 B. Rn. 30.

294 Vgl. BAG v. 13. 11. 2007 – 9 AZR 36/07 und 9 AZR 52/07 (Rn. 25); BAG v. 16. 12. 2008 – 9 AZR 893/07 (Rn. 49), NJW 2009, 1527, 1530.

295 Buchner/Becker, Rn. 52 zu § 15 BEEG.

296 LAG Rheinland-Pfalz v. 11. 2. 2004 – 10 Sa 1307/03, NZA-RR 2004, 341, 342.

297 Etwa BAG v. 21. 11. 2006 – 9 AZR 138/06 (Rn. 26), NJOZ 2007, 2458, 2462.

298 BAG v. 5. 6. 2007 – 9 AZR 82/07 (Rn. 52, 53), NZA 2007, 1352, 1356; LAG Schleswig-Holstein v. 12. 6. 2007 – 5 Sa 83/07, NZA-RR 2007, 511, 513.

299 ArbG Krefeld v. 27. 9. 2007 – 1 Ca 1225/07, NZA-RR 2008, 287.

300 LAG Berlin-Brandenburg v. 20. 7. 2022 – 4 Sa 847/21 (Rn. 42), BeckRS 2022, 29666.

301 Vgl. BAG 16. 3. 2004 – 9 AZR 323/03, NZA 2004, 1047, 1050.

302 BAG v. 5. 6. 2007 – 9 AZR 82/07 (Rn. 51), NZA 2007, 1352, 1356; BAG v. 16. 10. 2007 – 9 AZR 321/06 (Rn. 24 ff.), NZA-RR 2008, 210, 213 – Jugendhilfeheim; BAG v. 16. 10. 2007 – 9 AZR 239/07 (Rn. 31), NJW 2008, 936, 938 – Hauptkassiererin.

303 BAG v. 15. 12. 2009 – 9 AZR 72/09 (Rn. 54), NZA 2010, 447, 451 – Prokuristin.

Zudem ist ohnehin jeder Arbeitsplatz durch Arbeitsteilung entstanden. Ob ein solches Konzept besteht und sich daraus das vorgetragene Arbeitszeitmodell ergibt, ist gerichtlich voll nachprüfbar. Nicht zu überprüfen sind – analog der Rspr. zur betriebsbedingten Kündigung – die dem Organisationskonzept zugrunde liegende unternehmerische Aufgabenstellung und die daraus abgeleiteten organisatorischen Entscheidungen, soweit sie nicht willkürlich sind. Der Arbeitgeber ist damit frei, wie er das Kontingent an Arbeitsstunden festlegt, die er für die Erreichung seiner unternehmerischen Ziele für erforderlich hält. Voll überprüfbar ist dagegen, ob das vorgetragene Konzept im Betrieb tatsächlich umgesetzt wird.[304] Vorübergehende Abweichungen, die auf einer Ausnahmesituation beruhen, sind dabei unschädlich. Der Arbeitgeber muss darlegen, dass er das dargelegte Organisationskonzept auch umsetzt. Nach Auffassung des BAG kommt dem Arbeitsplatz des Elternzeiters kein Bestandsschutz zu. Der Arbeitgeber darf daher auch geltend machen, dass er den Arbeitsplatz inzwischen abgebaut hat, so dass eine Beschäftigungsmöglichkeit für den Elternzeiter nicht mehr besteht.[305]
2. Stufe: Prüfung der Vereinbarkeit des Organisationskonzepts mit dem Arbeitszeitverlangen. Gegenüberzustellen ist die beantragte Teilzeittätigkeit mit dem vollständigen Ruhen der Arbeitspflicht bis zum Ende der Elternzeit.[306] Dabei ist regelmäßig auch der Frage nachzugehen, ob durch eine zumutbare Änderung der betrieblichen Abläufe oder des Personaleinsatzes die betrieblich erforderliche Arbeitszeitregelung unter Wahrung des Organisationskonzepts mit dem Arbeitszeitwunsch des Arbeitnehmers zur Deckung gebracht werden kann. Maßstab ist nicht der konkrete Arbeitsplatz des Anspruchstellers, sondern ein fiktiver Arbeitsplatz, wie er sich nach Ausübung von Weisungsrechten (§ 106 GewO) ggf. unter Vornahme eines Ringtausches darstellt.[307] Eine Sozialauswahl zwischen konkurrierenden Arbeitnehmern ist nicht vorzunehmen.[308]
Auch dies ist vom Arbeitgeber konkret und nachvollziehbar darzulegen. Wird der Beschäftigungsbedarf teilweise durch Leiharbeitnehmer abgedeckt, so muss der Vortrag des Arbeitgebers zumindest erkennen lassen, aus welchem Grunde die Inanspruchnahme der Leiharbeit nicht im

304 BAG v. 21.6.2005 – 9 AZR 409/04 (Rn. 42, 48), NZA 2006, 316, 319 – Pharmareferent.
305 BAG v. 15.4.2008 – 9 AZR 380/07 (Rn. 36), NJW 2008, 2937, 2939.
306 BAG v. 15.12.2009 – 9 AZR 72/09 (Rn. 49), NZA 2010, 447, 451.
307 BAG v. 5.6.2007 – 9 AZR 82/07 (Rn. 54), NZA 2007, 1352, 1356; BAG v. 13.11.2012 – 9 AZR 259/11 (Rn. 24 ff.), NJW 2013, 1835, 1837.
308 BAG 15.4.2008 – 9 AZR 380/07 (Rn. 39), NJW 2008, 2937, 2940.

Umfang der beantragten Teilzeit zurückgefahren werden kann.[309] Bei Unvereinbarkeit des Organisationskonzepts mit dem Arbeitszeitverlangen entscheidet die
3. Stufe: Klärung, ob eine wesentliche Beeinträchtigung des Organisationskonzepts vorliegt (nur Gewichtsprüfung, keine Interessenabwägung). Ist das der Fall, liegt ein dringender betrieblicher Grund für die Versagung des Anspruchs auf Elternteilzeit vor.
Von einer wesentlichen Beeinträchtigung des Organisationskonzepts ist auszugehen, wenn der Arbeitsplatz nicht teilbar ist, Arbeitskräfte für die ergänzende Teilzeitarbeit nicht gefunden werden können, der Arbeitnehmer mit der verringerten Arbeitszeit nicht eingeplant werden kann oder aufgrund äußerer Umstände einfach keine Beschäftigungsmöglichkeit besteht.[310] Der Arbeitgeber ist aber nicht verpflichtet, eine Beschäftigungsmöglichkeit durch Änderung der Arbeitsvertragsbedingungen zu schaffen, da der Anspruch nur auf Verringerung der Arbeitszeit, nicht auf Änderung der Vertragsbedingungen geht; sein Organisationskonzept ist deshalb nur dann nicht wesentlich beeinträchtigt, wenn er den Elternzeiter auf einen gleichwertigen Arbeitsplatz versetzen kann.[311] Insofern wird es kaum möglich sein, eine Elternteilzeit durchzusetzen, die daran anknüpft, dass überwiegend außerhalb der üblichen Beschäftigungszeiten gearbeitet werden darf, da dies zu einem beträchtlichen organisatorischen Mehraufwand führen würde.[312] Pauschale Erwägungen wie die Vermeidung von Reibungsverlusten oder bessere Kundenorientiertheit vermögen die erforderliche Beeinträchtigung nicht zu stützen.[313] Geht es um die Frage einer Ersatzkraft, lässt sich ein entgegenstehender Grund auf einen umfangreichen (etwa doppelten) Schulungs- bzw. Fortbildungsbedarf stützen.[314] Auf den Einarbeitungsbedarf wird zur Ablehnung nur abgestellt werden können, wenn es um ein geringes Stundenkontingent geht. Der Einwand, eine Beschäftigungsmöglichkeit sei nicht vorhanden, kann darauf beruhen, dass eine Vertretungskraft für die Elternzeit eingestellt wurde, diese aber nicht weniger arbeiten will, oder der Elternzeitberechtigte sich mangels Veränderungsbreite seiner beruf-

309 ArbG Ludwigshafen v. 30.3.2011 – 3 Ca 1515/10, NZA-RR 2011, 635, 637.

310 BAG v. 5.6.2007 – 9 AZR 82/07 (Rn. 52), NZA 2007, 1352, 1356; Lindemann/Simon, NJW 2001, 258, 262; Feldhoff, ZTR 2006, 58, 66.

311 Weitergehend Laux, Anh. 1 B. Rn. 36, die die Versetzungspflicht auf unterwertige Arbeitsplätze erstreckt.

312 LAG Schleswig-Holstein v. 12.6.2007 – 5 Sa 83/07, NZA-RR 2007, 511, 513.

313 Vgl. BAG v. 18.5.2004 – 9 AZR 319/03, NZA 2005, 108, 113; LAG Köln v. 3.2.2006 – 11 (13) Sa 1246/05, NZA-RR 2006, 343, 344 f.

314 BAG v. 23.11.2004 – 9 AZR 644/03, NZA 2005, 769, 772; BAG v. 21.6.2005 – 9 AZR 409/04 (Rn. 58), NZA 2006, 316, 320 – Pharmareferent.

lichen Fähigkeiten nicht anderweitig einsetzen lässt.[315] Diese Argumentation versagt, wenn die Vertretungskraft eine unbefristete Stelle erhalten hat, da der Arbeitgeber den Personalbestand durch eine unbefristete Neueinstellung dauerhaft erhöht.[316] Gleiches gilt, wenn die Vertretungskraft eingestellt wird, obwohl die Stammkraft Elternzeit nur angekündigt, also noch nicht angemeldet hatte. In diesem Fall hat der Arbeitgeber das Risiko einer etwaigen Doppelbesetzung in Kauf genommen und kann sich insoweit nicht auf das Vorliegen eines dringenden betrieblichen Grundes berufen.[317] Der Arbeitgeber ist aber auch nicht verpflichtet, angedachte Teilzeitwünsche des Elternzeitberechtigten zu berücksichtigen und sich hinsichtlich des Einsatzes einer Vertretungskraft gleichsam offen aufzustellen.[318]

Will der Arbeitgeber sich auf die Erfolglosigkeit von Bemühungen berufen, eine Teilzeit-Ersatzkraft zu finden, darf er es nicht bei einem Vermittlungsauftrag an die Agentur für Arbeit belassen haben, sondern muss weitere zumutbare Anstrengungen (z. B. das Schalten von Anzeigen in der Tagespresse, auf einschlägigen Internet-Seiten wie etwa unter www.indeed.com o. ä.) vorweisen.[319] Hierzu gehören auch zumutbare Schulungsmaßnahmen für die Ersatzkraft. Andernfalls ist schon der betriebliche Grund nicht dargelegt.[320]

Bei Einsatz einer Vertretungskraft muss der Arbeitgeber aufzeigen, dass der Elternzeitberechtigte trotz Ersatzkraft nicht im gewünschten Umfang beschäftigt werden kann.[321] Zudem muss der Arbeitgeber darlegen, dass er die Vertretungskraft und die übrigen vergleichbaren Kollegen gefragt hat, ob sie zu Gunsten des Elternzeiters kürzer treten wollen, hierzu jedoch keine Bereitschaft bestand.[322] In diesem Fall muss der Arbeitgeber

---

315 BAG v. 19.4.2005 – 9 AZR 233/04, NJW 2006, 1832, 1836 – Diätassistentin; BAG v. 5.6.2007 – 9 AZR 82/07 (Rn. 61), NZA 2007, 1352, 1357.

316 BAG v. 5.6.2007 – 9 AZR 82/07 (Rn. 61), NZA 2007, 1352, 1357; LAG Schleswig-Holstein v. 12.6.2007 – 5 Sa 83/07, NZA-RR 2007, 511, 512.

317 BAG v. 9.9.2015 – 7 AZR 148/14 (Rn. 39), NJW 2016, 2057, 2060.

318 LAG Baden-Württemberg v. 14.4.2015 – 8 Sa 49/14 (Juris Rn. 14).

319 Vgl. BAG v. 19.4.2005 – 9 AZR 184/04 (Rn. 42), NJOZ 2005, 4263, 4268; a. A. Gaul, Rn. 17 zu § 15 BEEG; Laux, Anh. 1 B. Rn. 40; unklar BAG v. 24.9.2019 – 9 AZR 435/18 (Rn. 39), NZA 2020, 340, 344, wonach den Arbeitgeber „im Regelfall" die Obliegenheit trifft, bei der zuständigen Agentur für Arbeit eine Ersatzkraft nachzufragen.

320 Ebenso zu § 8 Abs. 4 TzBfG: BAG v. 27.4.2004 – 9 AZR 522/03, NZA 2004, 1225, 1229.

321 BAG v. 5.6.2007 – 9 AZR 82/07 (Rn. 53), NZA 2007, 1352, 1356.

322 BAG v. 19.4.2005 – 9 AZR 233/04 (Rn. 49), NJW 2006, 1832, 1836 – Diätassistentin; BAG v. 9.9.2015 – 7 AZR 148/14 (Rn. 39), NJW 2016, 2057, 2060; einschränkend jedoch BAG v. 15.4.2008 – 9 AZR 380/07 (Rn. 40), NJW 2008, 2937, 2940: Befragungspflicht nur, wenn Anhaltspunkte vorliegen, dass eine solche Bereitschaft bestehen könnte.

den Gesamtbedarf an Arbeitszeitkapazität und die tatsächliche Besetzungssituation darlegen und beides gegenüberstellen.[323] Schon wegen des fehlenden Sonderkündigungsrechts nach § 21 Abs. 4 BEEG wird dem Arbeitgeber eine ablehnende Begründung im Regelfall aber nicht schwerfallen.[324]

Die Prüfung eines „dringenden betrieblichen Grundes" ist jener nach § 8 TzBfG strukturell vergleichbar, aber strenger als im Rahmen des § 8 TzBfG, der nur – freilich gewichtige – betriebliche Gründe zum Gegenstand hat.[325] Der Unterschied beruht darauf, dass bei der Prüfung nicht allein die betriebliche Situation entscheidet, sondern auch die Betreuungssituation des Elternzeitberechtigten Berücksichtigung finden muss.[326] Die sich daraus ergebende stärkere Rechtsposition des Elternzeitberechtigten fußt auf den staatlichen Schutzpflichten aus Art. 6 GG sowie dem in Art. 1 RiLi 2010/18/EU i. V. mit Nr. 21 der Erwägungsgründe bzw. § 1 Nr. 1 der (neuen) Rahmenvereinbarung über den Elternurlaub niedergelegten Gebot der besseren Vereinbarkeit von Familie und Beruf.[327] Bei alledem bleibt die Planungssicherheit des Arbeitgebers ein hohes Gut. Er muss deshalb keine Produktionsausfälle hinnehmen und auch keine Änderungskündigung aussprechen, um einen leichter zu besetzenden Vollzeitarbeitsplatz freizumachen.[328] In jedem Fall muss er alle Möglichkeiten der betrieblichen Umorganisation geprüft haben.[329] Zu den erforderlichen Bemühungen gehört auch, dass er den Betriebsrat für die Einstellung der notwendigen Ersatzkraft nicht nur einschaltet, sondern bei Ablehnung auch ein Beschlussverfahren einleitet, um die gem. § 99 Abs. 1 Satz 1 BetrVG nötige Zustimmung ersetzen zu lassen.[330] Auf individualvertraglicher Ebene muss der Arbeitgeber die mit

323 BAG v. 5. 6. 2007 – 9 AZR 82/07 (Rn. 54), NZA 2007, 1352, 1356.

324 Rancke, Rn. 72 zu § 15 BEEG.

325 Die Rspr. zu § 8 Abs. 4 TzBfG darf daher nicht unbesehen übernommen werden, z. B. BAG v. 14. 10. 2003 – 9 AZR 636/02, NZA 2004, 975; BAG v. 21. 6. 2005 – 9 AZR 409/04, NZA 2006, 316. S. aber Buchner/Becker, Rn. 52 zu § 15 BEEG, die die Unterscheidbarkeit anzweifeln.

326 BAG v. 16. 10. 2007 – 9 AZR 239/07 (Rn. 28), NJW 2008, 936, 937 f. – Hauptkassiererin.

327 So auch Preis/Gotthardt, DB 2001, 145, 147 (zur Vorgängerbestimmung in Nr. 4 der Erwägungsgründe der alten Rahmenvereinbarung).

328 BAG v. 19. 4. 2005 – 9 AZR 233/04, NJW 2006, 1832, 1836 – Diätassistentin; zur Problematik der Freikündigung s. auch Breschendorf, BB 2007, 661 ff.

329 So auch ErfK/Gallner, Rn. 17 zu § 15 BEEG; Laux, Anh. 1 B. Rn. 34 (anders in Rn. 16 a.E.).

330 Offen gelassen in BAG v. 13. 11. 2012 – 9 AZR 259/11 (Rn. 34), NJW 2013, 1835 (1838); a. A. BAG v. 19. 5. 2010 – 5 AZR 162/09 (Rn. 32), NJW 2010, 3112, 3114, im Hinblick auf die Umsetzung von Mitarbeitern zur Bereitstellung eines leidensgerechten Arbeitsplatzes für einen erkrankten Mitarbeiter; anders hingegen BAG v. 3. 12. 2002 – 9 AZR 481/01, NZA 2003, 1215, 1218.

einer Arbeitsplatzteilung einhergehenden üblichen Reibungsverluste und Ablaufstörungen grds. hinnehmen.[331] Fraglich ist, wie weit das geht. Jedenfalls ist er nach Auffassung des BAG nicht verpflichtet, die erstrebte Stelle freizukündigen, um den Teilzeitwunsch Wirklichkeit werden zu lassen.[332] Er muss sich ggü. anderen Mitarbeitern auch nicht in Annahmeverzug setzen.[333] Allerdings wird man von ihm fordern können, dass er sein Direktionsrecht ausschöpft, selbst wenn sich betroffene Kollegen (auch gerichtlich) dagegen wenden;[334] ansonsten ist einem Missbrauch Tür und Tor geöffnet, etwa durch Vorlage entsprechend formulierter Erklärungen.

Die Bezugnahme auf § 7 Abs. 2 Satz 1 BUrlG in den Gesetzesmaterialien und damit auf die dort vorzunehmende umfassende Interessenabwägung hilft für die Feinjustierung der Grenzen der zumutbaren Beeinträchtigung nicht, da die Urlaubszeit von relativ kurzer Dauer ist und sich in aller Regel ohne grundlegende Umorganisation der Arbeit überbrücken lässt.[335] Entscheidend ist zudem nur die Gewichtsprüfung. Die Gründe dafür, warum der Elternzeitberechtigte in Elternteilzeit gehen will, spielen keine Rolle.[336]

Die **Darlegungs- und Beweislast** für die Voraussetzungen der dringenden betrieblichen Gründe liegt wie im allgemeinen Teilzeit- und Urlaubsrecht – auch insoweit trägt die Bezugnahme auf § 7 Abs. 2 Satz 1 BUrlG – beim Arbeitgeber.[337] Die Fassung des § 15 Abs. 7 Satz 1 Nr. 4 BEEG als negative Anspruchsvoraussetzung ist insofern missverständlich. I. Erg. sieht das BAG dies jedoch ebenso, wenn es einerseits von einer negativen Anspruchsvoraussetzung spricht, andererseits aber erkennt, der Arbeitnehmer müsse nur behaupten, dass keine Ablehnungsgründe vor-

---

331 BAG v. 8. 5. 2007 – 9 AZR 1112/06 (Rn. 37), NJW 2007, 3661, 3664 – Hauswirtschaftsleiterin.

332 BAG v. 19. 4. 2005 – 9 AZR 233/04, NJW 2006, 1832, 1836 – Diätassistentin; BAG v. 5. 6. 2007 – 9 AZR 82/07 (Rn. 55), NZA 2007, 1352, 1356.

333 BAG v. 13. 11. 2007 – 9 AZR 36/07 (Rn. 45), NZA 2008, 314, 318; in anderem Zusammenhang strenger BGH v. 24. 1. 2013 – I ZR 174/11 (Rn. 18), BeckRS 2013, 14434.

334 A. A. Salamon/Reuße, NZA 2013, 865, 869 f.; ebenso BAG v. 19. 5. 2010 – 5 AZR 162/09 (Rn. 31), NJW 2010, 3112, 3114, im Hinblick auf die Umsetzung von Mitarbeitern zur Bereitstellung eines leidensgerechten Arbeitsplatzes für einen erkrankten Mitarbeiter.

335 Feldhoff, ZTR 2006, 58, 66.

336 Laux, Anh. 1 B. Rn. 44.

337 BAG v. 9. 5. 2006 – 9 AZR 278/05 (Rn. 33), NJW 2006, 3595, 3598; BAG v. 15. 4. 2008 – 9 AZR 380/07 (Rn. 26), NJW 2008, 2937, 2938; Kohte, BT-Drs. 15/3400, S. 95; Reinecke, FS Leinemann, 2006, 191, 199; Feldhoff, ZTR 2006, 58, 68.

liegen.[338] Auf der anderen Seite stellt der Begriff der dringenden betrieblichen Gründe einen unbestimmten Rechtsbegriff dar, so dass dem Arbeitgeber insoweit ein **Beurteilungsspielraum** zukommt.[339] Dieser ist gerichtlich nur eingeschränkt überprüfbar. Eine Rechtsverletzung liegt nur dann vor, wenn der Rechtsbegriff selbst verkannt worden ist, wenn bei der Unterordnung des festgestellten Sachverhalts unter diesen Rechtsbegriff Denkgesetze oder allgemeine Erfahrungssätze verletzt worden sind, wenn nicht alle wesentlichen Umstände berücksichtigt worden sind oder das Ergebnis in sich widersprüchlich ist.[340]

Ändern sich die Beurteilungsgrundlagen zu einem späteren Zeitpunkt (während der Elternzeit), ist der Arbeitgeber nicht wie nach § 7 Abs. 2 TzBfG verpflichtet, den Elternzeitberechtigten von sich aus darauf hinzuweisen und ggf. in eine neue Prüfung einzutreten.[341] Er muss jedoch neue Anträge auf Elternteilzeit beantworten bzw. in das Konsensverfahren eintreten. Das folgt schon daraus, dass der Elternzeitberechtigte bis zu zweimal eine Verringerung seiner Arbeitszeit fordern darf (§ 15 Abs. 6 BEEG). Diese Prüfung kann er auch öfter als zweimal verlangen. Freilich darf der Antrag nicht rechtsmissbräuchlich sein (so z. B. bei wöchentlich eingereichten Anträgen).

Lehnt der Arbeitgeber zu Unrecht ab, steht dem/der Beschäftigten ein vertraglicher **Schadensersatzanspruch** aus § 280 Abs. 1 BGB zu, da er die Zustimmung als Nebenpflicht aus dem Arbeitsvertrag schuldet.[342] Der Anspruch geht auf Entschädigung für den entgangenen Verdienst, mithin Zahlung des **Annahmeverzugslohns** (§§ 611 Abs. 1, 615 BGB),[343] oder auf **Erstattung des Mehraufwands** für die Fremdbetreuung des Kindes, je nachdem, ob der Arbeitnehmer seine Arbeitskraft wegen der nicht erteilten Zustimmung zurückbehält, oder ob er erst einmal so weiterarbeitet und die Betreuung sozusagen outsourct.[344] Die Ersatzpflicht besteht auch dann, wenn die Zustimmung nicht rechtskräftig ersetzt wird, sondern gegen die stattgebende Entscheidung des ArbG Berufung eingelegt wird und die Parteien den Rechtsstreit im Berufungsverfahren wegen Zeitablaufs für erledigt erklären. Da die Rechtshängigkeit der Hauptsache damit weggefallen ist und das erstinstanzliche Urteil (auch ohne erledigendes Ereignis) entsprechend

338 BAG v. 5. 6. 2007 – 9 AZR 82/07 (Rn. 49), NZA 2007, 1352, 1356; ähnlich bereits BAG v. 9. 5. 2006 – 9 AZR 278/05 (Rn. 33), NJW 2006, 3595, 3596, 3598; vgl. BAG v. 15. 4. 2008 – 9 AZR 380/07 (Rn. 26), NJW 2008, 2937, 2938.

339 BAG v. 15. 4. 2008 – 9 AZR 380/07 (Rn. 28), NJW 2008, 2938.

340 Ebda.

341 Leßmann, DB 2001, 94, 98; Laux, Anh. 1 B. Rn. 43; a. A. Gaul, Rn. 19 zu § 15 BEEG.

342 Küttner/Poeche, Stichwort Teilzeitbeschäftigung, Rn. 38.

343 BAG v. 9. 5. 2006 – 9 AZR 278/05 (Rn. 13, 42), NJW 2006, 3595, 3596, 3598.

344 Ebda.

§ 249 Abs. 3 Satz 1 ZPO seine Wirkung verloren hat, ist die beantragte Reduzierung nicht gem. § 894 ZPO in Rechtskraft erwachsen, so dass für die Vergütung der ursprüngliche Vertragsumfang gilt.[345] Einem Anspruch auf Annahmeverzugslohn steht auch nicht entgegen, dass im streitgegenständlichen Zeitraum kein erfüllbares Arbeitsverhältnis bestand.[346]

Der Arbeitgeber darf der angestrebten Teilzeittätigkeit nur **innerhalb von vier Wochen widersprechen** (§ 15 Abs. 7 Satz 4 BEEG). Die Obliegenheit aus § 15 Abs. 7 Satz 4 BEEG gilt für Kinder, die ab dem 1. 7. 2015 geboren oder mit dem Ziel der Adoption aufgenommen wurden (§ 27 Abs. 1 Satz 2 BEEG), aufgrund entsprechender, vom Bundesrat angeregter Ergänzung des § 15 Abs. 7 Satz 4 BEEG nicht nur für den Verringerungs-, sondern auch für den Verteilungsantrag. Widersprechen muss der Arbeitgeber mit **schriftlicher** Begründung (§ 15 Abs. 7 Satz 4 BEEG). Gefordert ist die Form der §§ 126, 126a BGB; Fax oder E-Mail reichen nicht aus.[347] Die Frist beginnt mit Zugang des Antrags[348] und endet vier Wochen später am gleichen Wochentag (§§ 187 Abs. 1, 188 Abs. 2 Alt. 1 BGB).[349] Wird der Antrag mit zu kurzer Frist gestellt, braucht sich der Arbeitgeber erst zum Ablauf der 4-Wochen-Frist mit einer Verringerung der Arbeitszeit einverstanden erklären.[350] An die **Begründung** stellt das BAG keine hohen Anforderungen. Sie muss nicht rundum stimmig sein, aber den Kern der Argumentation erkennen lassen.[351] Sie muss so formuliert sein, dass der Arbeitnehmer die Erfolgsaussichten einer Klage prüfen kann; allein die Wiedergabe des Gesetzestextes reicht nicht aus.[352] Der Arbeitgeber kann fristwahrend zunächst formale Mängel einwenden, wenn etwa die Angaben des Arbeitnehmers über die gewünschte Tätigkeit unvollständig sind, sodass sich beurteilen lässt, ob sie mit betrieblichen Interessen konfligiert.[353] Der Umstand, dass die Widerspruchsmöglichkeit nicht wie nach allgemeinem Teilzeitrecht (vgl. § 8 Abs. 5 Satz 1 TzBfG) bis zu einem Monat vor dem gewünschten Beginn der Teil-

345 LAG Hamm v. 14. 2. 2008 – 15 Sa 483/07 (Juris Rn. 34), BeckRS 2008, 52690.

346 BAG v. 11. 12. 2018 – 9 AZR 298/18.

347 LAG Berlin-Brandenburg v. 20. 9. 2018 – 21 Sa 390/18 (Rn. 71), NZA-RR 2019, 75, 80; ebenso BAG v. 27. 6. 2017 – 9 AZR 368/16 (Rn. 32 ff.), BeckRS 2017, 123671 für den Parallelfall des § 8 Abs. 5 Satz 3 TzBfG.

348 S. dazu LAG Berlin-Brandenburg v. 20. 9. 2018 – 21 Sa 390/18 (Rn. 68), NZA-RR 2019, 75, 79, wonach ein vor Antragstellung zugegangenes Ablehnungsschreiben die Schriftform nicht wahrt.

349 HK-ArbR/Velikova, Rn. 38 zu § 15 BEEG.

350 Schaub/Linck, § 172 Rn. 43.

351 BAG v. 5. 6. 2007 – 9 AZR 82/07 (Rn. 66), NZA 2007, 1352, 1357; BAG v. 11. 12. 2018 – 9 AZR 298/18 (Rn. 30, 35), NJW 2019, 1544, 1546.

352 LAG Hessen v. 20. 12. 2012 – 20 Sa 418/12, BeckRS 2013, 67652.

353 ErfK/Gallner, Rn. 20 zu § 15 BEEG.

zeittätigkeit besteht, sondern an den Teilzeitantrag anknüpft, führt dazu, dass der Arbeitgeber bei frühzeitigem Antrag in Erklärungsnot geraten kann. Auf der anderen Seite hat der Arbeitnehmer aufgrund der Flüchtigkeit der Elternzeit selbst weniger Gestaltungsspielraum als im sonstigen Teilzeitbereich. In jedem Fall sollte der Elternzeiter den Antrag so früh wie möglich stellen, um zu verhindern, dass der Arbeitgeber durch betriebliche Entscheidungen wie etwa die Einstellung einer Ersatzkraft entgegenstehende dringende betriebliche Gründe schafft.[354] Erfolgt kein Widerspruch, war die Rechtsfolge bis 2015 keine Zustimmungsfiktion wie bei § 15 Abs. 4 Satz 4 BEEG (Elternteilzeit bei einem anderen Arbeitgeber oder in selbstständiger Tätigkeit) oder § 8 Abs. 5 Satz 2 TzBfG (Umwandlung in eine dauerhafte Teilzeittätigkeit); der Elternzeiter musste vor Gericht ziehen, wenn er die Elternteilzeit durchsetzen wollte (§ 15 Abs. 7 Satz 5 BEEG a. F.).[355] Allerdings hat der Gesetzgeber auf Betreiben des Bundesrats durch Änderung des Satzes 5 und Anfügung eines weiteren Satzes (§ 15 Abs. 7 Satz 6 BEEG) die **Fiktionslösung** auch für die Elternteilzeit beim eigenen Arbeitgeber eingeführt, und zwar nicht nur für den Verringerungs-, sondern auch für den Verteilungsantrag. Nach § 15 Abs. 7 Satz 5 BEEG wird entsprechend § 8 Abs. 5 Satz 2 TzBfG (und § 15 Abs. 4 Satz 3 BEEG) die Zustimmung des Arbeitgebers für den **Verringerungsantrag** fingiert, wenn der Antrag sich auf die Betreuung eines Kindes zwischen der Geburt und dem vollendeten 3. Lebensjahr bezieht und der Arbeitgeber ihn nicht innerhalb von **vier Wochen** nach Zugang des Teilzeitantrags des Elternzeiters ablehnt (§ 15 Abs. 7 Satz 5 Nr. 1 BEEG). Geht es um Elternzeit für ein Kind zwischen dem 3. Geburtstag und dem vollendeten 8. Lebensjahr, verlängert sich die Stellungnahmefrist auf **acht Wochen** (§ 15 Abs. 7 Satz 5 Nr. 2 BEEG). Dem Elternzeiter bleibt es dadurch erspart, klagen zu müssen, wenn sich der Arbeitgeber nicht äußert. Die Fiktionswirkung kann der Elternzeiter aber auch gerichtlich überprüfen lassen, wofür die allgemeine Feststellungsklage die statthafte Klageart ist.[356] Die unterschiedlichen Ablehnungsfristen erklären sich aus den gem. § 16 Abs. 1 Satz 1 BEEG ebenfalls unterschiedlichen Anmeldefristen für die Elternzeit je nach Alter des Kindes und sollen dem Interesse des Elternzeiters nach einer rechtzeitigen Rückmeldung auf den

354 So auch Leuchten, FS Buchner, 2009, 554, 561.

355 BT-Drs. 14/3553, S. 22; Küttner/Poeche, Stichwort Elternzeit Rn. 32. Anders z. B. in Österreich, wo es gem. § 15k Abs. 3 Satz 1 öMuSchG bzw. § 8c Abs. 3 Satz 1 Väter-Karenzgesetz Sache des Arbeitgebers ist, beim Arbeits- und Sozialgericht Klage „auf Einwilligung in die von ihm vorgeschlagene Verteilung der Teilzeitbeschäftigung“ bzw. Änderung der Lage der Arbeitszeit zu erheben; dazu Ercher/Stech, öRdW 2007, 37 ff.

356 LAG Berlin-Brandenburg v. 20. 9. 2018 – 21 Sa 390/18 (Rn. 63), NZA-RR 2019, 75, 78: zu richten auf Feststellung der verringerten Arbeitszeit und deren Verteilung.

Antrag vor dem gewünschten Beginn der Elternteilzeit einerseits und dem Interesse des Arbeitgebers an ausreichend Zeit für seine Entscheidungsfindung andererseits Rechnung tragen.[357] Die Fiktionswirkung gilt in gleicher Weise für die **Verteilung** der beantragten Teilzeit (§ 15 Abs. 7 Satz 6 BEEG).

Die Pflicht zum befristeten und begründeten Widerspruch gilt nach § 15 Abs. 5 Satz 4 BEEG[358] auch für Unternehmen, die nicht mehr als 15 Beschäftigte haben; eine Zustimmungsfiktion ist daran aber nicht geknüpft.

Lehnt der Arbeitgeber den Teilzeitanspruch oder den Verteilungswunsch ab, kann bzw. muss der Elternzeiter **gerichtlich** gegen die Entscheidung **vorgehen.** Eine solche Regelung war für das Verringerungsverlangen bislang in § 15 Abs. 7 Satz 5 BEEG verankert und hat ihren Platz nunmehr in § 15 Abs. 7 Satz 7 BEEG. Nach neuerer Auffassung des BAG ist nicht auszuschließen, dass die Durchführung eines Konsensverfahrens hierfür vorgreiflich ist.[359] In § 15 Abs. 7 Satz 6 BEEG ist dies nunmehr für den Verteilungsantrag vorgesehen („über die Verteilung der Arbeitszeit kein Einvernehmen nach Absatz 5 Satz 2 erzielt"), was indes den Umkehrschluss nahelegt, dass die Vorgreiflichkeit nicht auch für die Frage der Verringerung gilt. Jedenfalls zur Frage der vom Elternzeiter geforderten Verteilung der reduzierten Arbeitszeit muss ein Konsensverfahren durchgeführt werden, bevor auf Zustimmung geklagt werden kann. Für die Klage ist keine Frist vorgesehen. Allerdings sollte der Elternzeitberechtigte in eigenem Interesse die Dauer eines mindestens erstinstanzlichen Gerichtsverfahrens berücksichtigen und die gerichtliche Klärung frühzeitig veranlassen.

Fraglich ist, welchen Zeitpunkt das Gericht seiner Beurteilung zugrunde zu legen hat. Der Zeitpunkt der letzten mündlichen Verhandlung ist nur für bestimmte Fragen, z. B. die Schlüssigkeit der Klage, maßgeblich. Für die Frage des Beurteilungszeitpunktes hält das Prozessrecht keine Antwort bereit. Damit muss die Antragsformulierung über den Beurteilungszeitpunkt entscheiden. Geht es um die Ablehnungsgründe bzw. die Frage, ob dem Teilzeitbegehren dringende betriebliche Gründe entgegenstehen, ist auf den **Zeitpunkt der Ablehnung** durch den Arbeitgeber abzustellen.[360] Die Verletzung der Formvorschrift des § 15 Abs. 7 Satz 4 BEEG („muss ... mit schrift-

357 BT-Drs. 18/3086, S. 13.

358 Eingeführt mit Wirkung zum 24. 12. 2022 durch Art. 1 Nr. 1 des Gesetzes zur weiteren Umsetzung der Richtlinie (EU) 2019/1158 des Europäischen Parlaments und des Rates vom 20. Juni 2019 zur Vereinbarkeit von Beruf und Privatleben für Eltern und pflegende Angehörige und zur Aufhebung der Richtlinie 2010/18/EU des Rates v. 19. 12. 2022, BGBl. I 2510.

359 BAG v. 19. 2. 2013 – 9 AZR 461/11 (Rn. 20, 25), NZA 2013, 909 f. – Personalreferentin.

360 BAG v. 24. 6. 2008 – 9 AZR 313/07 (Rn. 24), NZA 2008, 1309, 1311; BAG v. 15. 12. 2009 – 9 AZR 72/09 (Rn. 30, 51), NZA 2010, 447, 449, 451; a. A. (Zeitpunkt des Schlusses der

licher Begründung“) bliebe, wenn eine Antwort nicht ganz fehlt, sanktionslos, wollte man dem Arbeitgeber gestatten, Ablehnungsgründe im Rechtsstreit nachzuschieben. Hat der Arbeitgeber abgelehnt, ist er damit an seine Begründung gebunden, mit weiteren Gründen vor Gericht also **präkludiert**;[361] er darf genannte Gründe nur konkretisieren.[362] Im Ergebnis wird die Zustimmung somit doch fingiert, wenn der Arbeitgeber in der Beantwortungsfrist überhaupt nicht reagiert. Das hat dazu geführt, Arbeitgebern, die einer Teilzeittätigkeit nicht zustimmen wollen, von einer Beantwortung der Anfrage grds. abzuraten. Damit wird aber das Gegenteil erreicht, weil der Arbeitgeber vor Gericht keine Ablehnungsgründe mehr vortragen kann. Die fehlende Reaktion führt im Ergebnis dann doch zur Zustimmungsfiktion.[363] Der Arbeitgeber muss auch damit rechnen, dass der Arbeitnehmer bei Gericht anregt, im Interesse der Verfahrensbeschleunigung gem. § 54 Abs. 4 ArbGG im unmittelbaren Anschluss an die Güteverhandlung einen Kammertermin anzuberaumen, so dass die fehlende Reaktion nicht einmal einen Zeitvorteil bringt.

Der **Klageantrag** muss gem. § 46 Abs. 2 Satz 1 ArbGG i. V. mit § 253 Abs. 2 Nr. 2 ZPO erkennen lassen, bis wann die Klagepartei mit welcher wöchentlichen Arbeitszeit arbeiten will; die gewünschte Verteilung der Arbeitszeit auf die einzelnen Arbeitstage muss nur dann angegeben werden, wenn der Elternzeiter dies entsprechend eingefordert hat (s. o.).[364]

Beispiel: „Die Beklagte wird verurteilt, einer Verringerung der Wochenarbeitszeit der Klägerin von bislang 37,5 auf 27,5 Stunden vom 13. 8. 2023 bis zum 15. 2. 2025 (Ende der Elternzeit) mit einer regelmäßigen täglichen Arbeitszeit von 5,5 Stunden ab 9 Uhr von Montag bis Freitag zuzustimmen.“

Ist im Klageantrag kein Anfangstermin genannt, beschränkt sich die Zustimmungsklage auf den Zeitraum ab rechtskräftiger Verurteilung.[365] Der Arbeitnehmer geht damit nur das Risiko ein, mit seinem Reduzierungsverlangen nicht mehr rechtzeitig durchzudringen und hierfür nicht einmal entschädigt zu werden. Hat der Kläger einen Anfangstermin genannt, ist dessen

[Fortsetzung Fußnote 360]
mdl. Verhandlung) ArbG Hamburg v. 8. 5. 2014 – 29 Ca 577/13, BeckRS 2014, 69483; Gaul, Rn. 19, 28 zu § 15 BEEG.

361 BAG v. 11. 12. 2018 – 9 AZR 298/18 (Rn. 34, 35), NJW 2019, 1544, 1547; BAG v. 24. 9. 2019 – 9 AZR 435/18 (Rn. 22), NZA 2020, 340, 342.

362 HK-ArbR/Velikova, Rn. 45 zu § 15 BEEG.

363 Leuchten, FS Buchner, 2009, 554, 562.

364 Vgl. BAG v. 15. 4. 2008 – 9 AZR 380/07 (Rn. 24), NJW 2008, 2937, 2938; HK-ArbR/Velikova, Rn. 42 zu § 15 BEEG.

365 BAG v. 18. 8. 2009 – 9 AZR 517/08 (Rn. 16), NZA 2009, 1207, 1208.

Eintritt während des gerichtlichen Verfahrens unschädlich. Auf den ersten Blick ist die Aufnahme eines Anfangstermins wenig sinnvoll, weil vor Anlauf der beantragten Elternteilzeit gerade einmal der Gütetermin durchgeführt sein wird. Erst ein Obsiegen in 1. Instanz führt zu einem Beschäftigungsanspruch, sofern nicht im Einzelfall überwiegende schutzwürdige Interessen des Arbeitgebers entgegenstehen.[366] Allerdings geht es auch darum, materiell den Beginn der Elternteilzeit zu klären, da sich hieran arbeitsrechtliche Folgen, vor allem die Lohnzahlungspflicht (s. o.), anknüpfen. Insofern geht das Rechtsschutzbedürfnis für eine derartige Klage nicht verloren.[367] Unabhängig davon ist eine Verurteilung zu einer rückwirkenden Teilzeitregelung möglich. Seit Inkrafttreten des § 311a BGB steht der Wirksamkeit nicht mehr entgegen, dass der Schuldner gemäß § 275 Abs. 1 BGB nicht zu leisten braucht, auch wenn das Leistungshindernis schon bei Vertragsschluss vorliegt. Der rückwirkende Vertragsabschluss ist nicht deshalb nichtig, weil er auf eine unmögliche Leistung gerichtet ist. Auch aus § 894 ZPO ergibt sich nichts anderes. Danach gilt die Willenserklärung erst mit Rechtskraft des Urteils als abgegeben. Zu welchem Zeitpunkt die fingierte Abgabe wirkt, beurteilt sich nach materiellem Recht. Das ist beim Verlangen nach Elternzeit der Zeitraum, für den das Arbeitsverhältnis mit verringerter Arbeitszeit geführt werden soll.[368] Der Klageantrag braucht im Verlauf des Rechtsstreits damit auch nicht angepasst zu werden.

Hinsichtlich des Endzeitpunktes ist der Klageantrag aufgrund der Ankündigungspflicht mit dem Inhalt der Ankündigung abzustimmen. Im Zweifel gilt die gesetzliche Höchstfrist.[369] Allerdings muss sich der Bezug zur Elternzeit wenigstens aus den Schriftsätzen des Klägers ergeben. Ansonsten besteht die Gefahr, dass das Gericht ohne Nachfrage die Kriterien des § 8 TzBfG zugrunde legt.[370]

Nicht genannt werden muss die konkrete **Wochenstundenzahl**, wenn der Antrag eine Bemessung ermöglicht.[371]

366 Vgl. BAG v. 27.2.1985 – GS 1/84, NJW 1985, 2968, 2970 f.

367 BAG v. 9.5.2006 – 9 AZR 278/05 (Rn. 13), NJW 2006, 3595, 3596; BAG v. 15.4.2008 – 9 AZR 380/07 (Rn. 16), NJW 2008, 2937; BAG v. 11.12.2018 – 9 AZR 298/18 (Rn. 21), NJW 2019, 1544, 1545 mit Hinweis auf §§ 611a Abs. 2, 326 Abs. 2 Satz 1 Alt. 1 i.V. mit § 275 Abs. 1 BGB.

368 BAG v. 9.5.2006 – 9 AZR 278/05 (Rn. 36, 37), NJW 2006, 3595, 3598; BAG v. 16.12.2008 – 9 AZR 893/07 (Rn. 22), NJW 2009, 1527, 1528.

369 Ebenso Rancke, Rn. 74 zu § 15 BEEG: Benennung eines Endtermins nicht erforderlich.

370 Vgl. BAG v. 8.5.2007 – 9 AZR 1112/06 (Rn. 17), NJW 2007, 3661, 3662 – Hauswirtschaftsleiterin.

371 LAG Sachsen v. 17.5.2011 – 7 Sa 137/10 (Juris Rn. 50), BeckRS 2011, 74685.

Beispiel: „Die Beklagte wird verurteilt, einer Verringerung der Wochenarbeitszeit der Klägerin auf die Hälfte der Arbeitszeit eines Vollzeitbeschäftigten mit Wirkung ab dem 13. 8. 2023 zuzustimmen."

Mit dem bisherigen Teilzeitantrag abzustimmen ist der Klageantrag auch, sofern eine bestimmte **Verteilung** der Arbeitszeit gefordert wurde. Die Verteilung der Arbeitszeit kann durch Klage auf Abgabe einer Willenserklärung ebenfalls zur Entscheidung gestellt werden. Durch die Verbindung bringt der Arbeitnehmer zum Ausdruck, dass er sein Änderungsangebot von der gewünschten Arbeitszeitverteilung abhängig macht und ein gem. § 150 Abs. 2 BGB einheitlich anzunehmendes Begehren verfolgt (s. o.). Hat sich der Elternzeitberechtigte insoweit festgelegt, kann nur dieser Anspruchsinhalt weiterverfolgt werden. Damit ist einer anderen Lösung auch als „Minus" zum Klageantrag der Boden entzogen.

Hat der Elternzeitberechtigte Alternativen angeboten, kann und sollte mit **Hilfsanträgen** gearbeitet werden. Auf diese Weise lässt sich dem Risiko begegnen, dass das Gericht den Arbeitgeber hinsichtlich der Verteilung der Arbeitszeit für nicht gebunden hält (s. o.). In der Verweigerung des Teilzeitanspruchs bzw. der fehlenden Reaktion auf die Geltendmachung der Elternteilzeit liegt immer auch die Ablehnung eines Verteilungswunschs.

Beispiel: „Die Beklagte wird verurteilt, einer Verringerung der Wochenarbeitszeit der Klägerin von bislang 37,5 auf 27,5 Stunden vom 13. 8. 2023 bis zum 15. 2. 2025 (Ende der Elternzeit) mit einer regelmäßigen täglichen Arbeitszeit von 5,5 Stunden montags bis freitags ab 9 Uhr zuzustimmen, hilfsweise, einer Verringerung der Wochenarbeitszeit der Klägerin von bislang 37,5 auf 27,5 Stunden vom 13. 8. 2023 bis zum 15. 2. 2025 (Ende der Elternzeit) mit einer regelmäßigen täglichen Arbeitszeit von 7,5 Stunden montags bis mittwochs und von 5 Stunden donnerstags, jeweils ab 9 Uhr, zuzustimmen, weiter hilfsweise, einer Verringerung der Wochenarbeitszeit der Klägerin von bislang 37,5 auf 27,5 Stunden vom 13. 8. 2023 bis zum 15. 2. 2025 (Ende der Elternzeit) zuzustimmen."

In engem Rahmen kann der Antrag bei Gericht noch geändert werden. Dies muss sich auf einen Bereich beschränken, der in den Rahmen des Weisungsrechts nach § 106 Satz 1 GewO gestellt wurde.[372]

Beispiel (nach BAG v. 16. 10. 2007 – 9 AZR 239/07):

Mit Schreiben vom 22. 3. 2023 beantragt Arbeitnehmerin A bei ihrem Arbeitgeber eine Teilzeitbeschäftigung mit einem Umfang von 30 % bis 40 % einer Vollzeittätigkeit. Der Arbeitseinsatz solle an zwei Tagen der Woche erfolgen. Mit Schreiben vom 3. 11. 2023 teilt sie mit, sie konkre-

372 Vgl. (zu § 8 TzBfG) BAG v. 16. 10. 2007 – 9 AZR 239/07 (Rn. 16), NJW 2008, 936 – Hauptkassiererin.

tisiere nun ihren Antrag. Ihre künftige Wochenarbeitszeit solle ab dem 4. 3. 2024 16 Stunden betragen. Ihre Arbeitsleistung wolle sie während jeweils acht Stunden an zwei Wochentagen in der Zeit von 8.00 Uhr bis 17.00 Uhr erbringen. **Vorrangig** wolle sie am **Montag und Mittwoch** arbeiten. Sie sei aber auch zu einer Beschäftigung an 2 anderen Wochentagen nach Wahl der Beklagten bereit. Lehnt der Arbeitgeber ab, darf A den Klageantrag so fassen, dass der Arbeitgeber verurteilt wird, einer Verringerung auf 16 Stunden wöchentliche Arbeitszeit, Ableistung an zwei Wochentagen, jeweils acht Stunden von 8.00 Uhr bis 17.00 Uhr bei einer Stunde Pause, **Ableistung jeweils Montag und Dienstag,** hilfsweise an zwei anderen, durch den Arbeitgeber festzulegenden Wochentagen zuzustimmen.

Obsiegt der Arbeitnehmer, ist das Urteil für **vorläufig vollstreckbar** zu erklären (§ 62 Abs. 1 Satz 1 ArbGG), wegen § 46 Abs. 2 Satz 1 ArbGG i. V. mit § 894 Abs. 1 Satz 1 ZPO aber nur wegen der Kosten.

Der **Streitwert** für die Klage auf Zustimmung ist nach § 46 Abs. 2 Satz 1 ArbGG i. V. mit § 3 ZPO zu schätzen. Die Rspr. knüpft hierfür an die Bewertung von Änderungsschutzklagen an, für die in entsprechender Anwendung des § 42 Abs. 3, Abs. 4 Satz 1 und Satz 2 GKG der 3-fache Jahresbetrag der streitigen wiederkehrenden Leistungen, höchstens das Brutto-Vierteljahresverdienst nach § 42 Abs. 4 Satz 1 GKG, angesetzt wird.[373] Regelmäßig nur zwei Brutto-Monatsverdienste sind anzusetzen, wenn es nicht um eine Stundenreduzierung geht, sondern nur um eine Umverteilung der Arbeitszeit, so dass keine Vergütungsdifferenz streitig ist.[374] Dies führt allerdings zum unbefriedigenden Ergebnis, dass eine geringfügige Differenz niedriger bewertet wird als gar kein Vergütungsunterschied. Aus diesem Grund sollten im Regelfall unabhängig davon, was zur Elternteilzeit beantragt wird, zwei Brutto-Monatsverdienste als Streitwert angesetzt werden.[375]

Neben dem Zustimmungsantrag kann der Arbeitnehmer im Wege einer objektiven Klagehäufung nach § 260 ZPO auch das Ziel der **Beschäftigung** verfolgen (§§ 611, 613, 242 BGB i. V. mit Art. 1 Abs. 1, Art. 2 Abs. 1 GG). Ein solcher Antrag ist als unechter Hilfsantrag zu verstehen. Er steht unter

373 LAG Nürnberg v. 8. 12. 2008 – 4 Ta 148/08, BeckRS 2009, 68957; LAG Hamburg v. 16. 3. 2011 – 7 Ta 4/11 (Rn. 8 f.), BeckRS 2011, 69659; ArbG Hamburg v. 8. 5. 2014 – 29 Ca 577/13, BeckRS 2014, 69483.

374 So verfährt auch der für das Teilzeitrecht zuständige 9. BAG-Senat, z. B. im Verfahren Az. 9 AZR 893/07; vgl. (zur Änderungsschutzklage) LAG Berlin v. 29. 5. 1998 – 7 Ta 129/97, NZA-RR 1999, 45, 46; LAG Berlin v. 17. 7. 1998 – 7 Ta 17/98, NZA-RR 1998, 512, 513.

375 Ebenso (zur Änderungsschutzklage) LAG Berlin v. 29. 5. 1998 – 7 Ta 129/97, NZA-RR 1999, 45, 46; LAG Berlin v. 17. 7. 1998 – 7 Ta 17/98, NZA-RR 1998, 512, 513.

der (Potestativ-)Bedingung, dass der Elternzeiter mit dem Antrag auf Vertragsänderung nach § 15 Abs. 5 Satz 1 BEEG obsiegt.[376]

Der Elternzeitberechtigte kann bei Vorliegen eines Verfügungsanspruchs und eines Verfügungsgrundes auch im Wege des **einstweiligen Rechtsschutzes** vorgehen (§ 62 Abs. 2 Satz 1 ArbGG i. V. mit §§ 935, 940 ZPO).[377]

Für den Verfügungsgrund (Eilbedürfnis) sollte nicht nur auf die Dauer des Hauptsacheverfahrens und den damit verbundenen Rechtsverlust infolge Zeitablaufs hingewiesen werden, sondern auch auf den Umstand, dass die Vertragsarbeitszeit wegen familiärer Aufgaben nicht beibehalten werden kann und der Elternzeiter auf die Einkünfte aus der beruflichen Tätigkeit dringend angewiesen ist.[378] Geht es um eine Teilzeitbeschäftigung im Anschluss an eine Elternzeit, fehlt es am Eilbedarf, wenn nach Ablehnung des Teilzeitwunsches (§ 8 Abs. 5 TzBfG) bis zum Ende der Elternzeit ein Zeitraum von etwa zwei Monaten zur Durchführung des Hauptsacheverfahrens verbleibt. In dieser Zeit könnte ein Hauptsacheverfahren sachgerecht vorbereitet und erstinstanzlich aufgrund einer Güteverhandlung mit sich unmittelbar anschließender weiterer Verhandlung (§ 54 Abs. 4 ArbGG) bei ausreichender Gewährung rechtlichen Gehörs (Art. 103 Abs. 1 GG) abgeschlossen werden.[379] Durch die einstweilige Verfügung wird die **Hauptsache vorweggenommen**, was nur dann zulässig ist, wenn ansonsten eine Rechtsverweigerung droht, da der Rechtsschutz effektiv sein muss. Dem ist dadurch Rechnung zu tragen, dass eine entsprechende gerichtliche Entscheidung nur in Betracht kommt, wenn ein Obsiegen des Verfügungsklägers in der Hauptsache überwiegend wahrscheinlich und die angestrebte einstweilige Regelung dringend geboten ist und sich bei der Abwägung der beiderseitigen Interessen ergibt, dass der Verfügungsbeklagten eher als dem Verfügungskläger das Risiko zuzumuten ist, dass die weitere Aufklärung des

---

376 Ebenso (zu § 8 TzBfG) BAG v. 16. 12. 2008 – 9 AZR 893/07 (Rn. 18), NJW 2009, 1527, 1528; Hahn/Gaßmann, FS Leinemann, 2006, 589, 597 ff.

377 LAG Hessen v. 17. 7. 2019 – 10 SaGa 738/19 (Rn. 33), BeckRS 2019, 19405; ArbG Solingen v. 5. 1. 2016 – 3 Ga 20/15, BeckRS 2016, 65323; Küttner/Poeche, Stichwort Elternzeit Rn. 37; Grobys/Bram, NZA 2001, 1175, 1181; Hamann, Sonderheft zu BB 23/2005, S. 15; Reinecke, FS Leinemann, 2006, 191, 201 f.; Rancke, Rn. 77 zu § 15 BEEG; Laux, Anh. 1 B. Rn. 49; ebenso (zu § 8 TzBfG) LAG Hamburg v. 4. 9. 2006 – 4 Sa 41/06, NZA-RR 2007, 122, 123 f.; LAG Hessen v. 20. 11. 2006 – 19 SaGa 1832/06 (Rn. 22), BeckRS 2007, 42271; LAG Hessen v. 18. 5. 2015 – 16 SaGa 376/15, BeckRS 2016, 65661; a. A. Theiss, Rn. 44 zu § 15 BEEG; Kolmhuber, FA 2006, 357, 359; zur Problematik auch Fröhlich, ArbRB 2007, 89; Panzer-Heemeier/Trost, NZA 2018, 1378; Korinth, ArbRB 2018, 384.

378 ArbG Hamburg v. 10. 8. 2005 – 21 Ga 5/05, NZA-RR 2006, 239, 240; HK-ArbR/Velikova, Rn. 45 zu § 15 BEEG.

379 LAG Hamburg v. 19. 6. 2008 – 17 Ga 12/08, BeckRS 2008, 57796.

Sachverhalts im Hauptsacheverfahren dort zu einer abweichenden Beurteilung der Rechtslage führen kann.[380]

Der Verfügungsantrag sollte nach folgendem Modell formuliert werden:

Beispiel: „Der Antragsgegnerin wird aufgegeben, die Antragstellerin unter Verringerung der Wochenarbeitszeit von bislang 37,5 auf 27,5 Stunden bis zur Entscheidung in der Hauptsache, spätestens jedoch bis zum 15. 2. 2025 (Ende der Elternzeit), mit einer regelmäßigen täglichen Arbeitszeit von 5,5 Stunden montags bis freitags jeweils ab 9 Uhr zu beschäftigen."

Auch hier ist hinsichtlich der Verteilung der Elternteilzeit an Hilfsanträge zu denken, falls der Elternzeiter mehrere Alternativen zur Auswahl gestellt hat.

Beispiel: „Der Antragsgegnerin wird aufgegeben, die Antragstellerin unter Verringerung der Wochenarbeitszeit von bislang 37,5 auf 27,5 Stunden bis zur Entscheidung in der Hauptsache, spätestens jedoch bis zum 15. 2. 2025 (Ende der Elternzeit), mit einer regelmäßigen täglichen Arbeitszeit von 5,5 Stunden montags bis freitags jeweils ab 9 Uhr zu beschäftigen, hilfsweise, die Antragstellerin unter Verringerung der Wochenarbeitszeit von bislang 37,5 auf 27,5 Stunden bis zur rechtskräftigen Entscheidung in der Hauptsache, spätestens jedoch bis zum 15. 2. 2025 (Ende der Elternzeit), zu beschäftigen."

Nach erstinstanzlicher antragsgemäßer Verurteilung in der Hauptsache besteht bereits ein vollstreckbarer Beschäftigungsanspruch (s. o.), so dass es ausreicht, den Verfügungsantrag auf den Zeitpunkt der erstinstanzlichen Entscheidung in der Hauptsache zu beschränken.

Der **Streitwert** für das Verfügungsverfahren ist nach § 46 Abs. 2 Satz 1 ArbGG i. V. mit § 3 ZPO ebenfalls zu schätzen. Dabei ist einerseits die Dauer des Hauptsacheverfahrens, andererseits die Befriedigungswirkung zu berücksichtigen. Wegen der auf etwa ein Jahr zu veranschlagenden Dauer des Hauptsacheverfahrens dürfte regelmäßig die analog § 42 Abs. 4 Satz 1 GKG heranzuziehende Begrenzung auf den Vierteljahresverdienst maßgeblich sein.[381] Da im Verfügungsverfahren keine höheren Streitwerte gebildet werden können als im Hauptsacheverfahren, ist letztlich der Hauptsachestreitwert auch für das Verfügungsverfahren maßgeblich.

Bei verringerter Arbeitszeit darf der Elternzeitberechtigte die **gleiche Arbeit** leisten. Der Arbeitsplatz bleibt erhalten. Der Arbeitgeber darf also keinen anderen, vielleicht besser passenden Arbeitsplatz zuweisen, sofern ihm vertraglich kein entsprechendes Weisungsrecht zusteht. In diesem Rahmen hat die Festlegung nach billigem Ermessen zu erfolgen (§ 106 Satz 1 GewO), notfalls durch gerichtliche Ersetzung (§ 106 Satz 1 GewO i. V. mit

380 LAG Hamm v. 6. 5. 2002 – 8 Sa 641/02, NZA-RR 2003, 178 f.

381 Vgl. (zu § 8 TzBfG) Schunder, FS ARGE Arbeitsrecht, 2006, 171, 180.

§ 315 Abs. 3 BGB).[382] Bis zur gerichtlichen Klärung arbeitet der Elternzeiter entweder unter Vorbehalt auf dem ihm zugeteilten Arbeitsplatz, oder aber er hält seine Arbeitskraft zurück mit dem Risiko, keinen Lohn zu erhalten oder sogar den Tatbestand einer verhaltensbedingten Kündigung zu schaffen. Auf der anderen Seite kann der Elternzeitberechtigte keine andere, auch keine unterwertige Arbeit verlangen.[383]

Die Stundenreduzierung begründet kein zweites, rechtlich unabhängiges Beschäftigungsverhältnis.[384] Dem Arbeitgeber ist es damit verwehrt, die Teilzeittätigkeit des Elternzeitberechtigten, selbst bei entsprechender Absprache, (durch Teilkündigung) isoliert zu kündigen.[385] Das hat zur Folge, dass er Änderungen des Arbeitsplatzes, die nicht von seinem Weisungsrecht gedeckt sind, ohne Zustimmung des Elternzeitberechtigten nur mit Dauerwirkung, also nicht auf das Ende der Elternzeit begrenzt, durchsetzen kann. Hierzu muss er eine Änderungskündigung aussprechen. Der Elternteilzeiter genießt den besonderen Kündigungsschutz des Elternzeiters (§ 18 Abs. 1 Satz 1 BEEG), auch wenn durch die Anhebung der Obergrenze auf zunächst 30 und dann 32 Wochenstunden nicht mehr ganz verständlich ist, warum der nicht elternzeitberechtigte Vollzeitbeschäftigte mit z. B. 35 Wochenstunden insoweit benachteiligt sein soll.[386] Auch eine Änderungskündigung ist nur mit behördlicher Zulässigkeitserklärung (dazu 5.1.3) möglich.[387] Andererseits ist der Elternzeitberechtigte bis zum Ende des verlangten Elternzeitabschnitts an die Änderung gebunden, will er nicht das Arbeitsverhältnis kündigen oder eine neue Arbeitszeitreduzierung anbieten, worauf er immerhin ein weiteres Mal Anspruch hat (§ 15 Abs. 6 BEEG).

Im Übrigen wird die Elternteilzeit genauso behandelt wie eine normale Teilzeittätigkeit. Der Beschäftigte erhält anteiligen **Lohn** (vgl. § 4 Abs. 1 Satz 2 TzBfG). Bei nicht teilbaren Leistungen ist ein Ausgleich in Geld vorzunehmen, entweder durch Teilerstattung seitens des Arbeitnehmers oder durch Wegfall der Leistung bei Erhöhung des Arbeitsentgelts um den verbliebenen Teilwert.[388] Überstunden muss der Elternteilzeiter nur dann ver-

382 BAG v. 9. 5. 2006 – 9 AZR 278/05 (Rn. 41), NJW 2006, 3595, 3598.

383 A. A. Laux, Anh. 1 B. Rn. 36, die einen Anspruch auf unterwertige Arbeit bejaht; ebenso Gaul, Rn. 18 zu § 15 BEEG, unter Hinweis auf § 241 Abs. 2 BGB.

384 BAG v. 23. 4. 1996 – 9 AZR 696/94, NZA 1997, 160.

385 Buchner/Becker, Rn. 35 zu § 18 BEEG; a. A. Köster/Schäfer/Überacker, DB 1994, 2341, 2342; Sowka, S. 45, für den Fall einer gesonderten Vereinbarung.

386 Dazu Buchner/Becker, Rn. 2 zu § 18 BEEG.

387 Stahlhacke/Preis/Vossen, Rn. 1443.

388 Dazu Kelber/Zeißig, NZA 2001, 577 ff.

richten, wenn dies vereinbart ist. Darüber hinaus erhält er **Urlaub** und Urlaubsentgelt, das sich auf Grundlage des § 11 BUrlG berechnet.[389]

Beispiel: Bei einer 5-Tage-Woche mit 40 Stunden erhält A 30 Tage Erholungsurlaub im Jahr. Arbeitet er an drei Tagen nur noch die Hälfte, verkürzt sich sein Urlaubsanspruch auf (3/5 x 30 =) 18 Tage. Der Umfang des Urlaubs ist also nicht davon abhängig, wieviele Stunden der Arbeitnehmer am Tag arbeitet, sondern errechnet sich danach, wieviele Wochentage er arbeitet.

Insbes. darf der Arbeitgeber den Elternteilzeiter nicht wegen der Teilzeitarbeit ohne sachlichen Grund ggü. einem vergleichbaren vollbeschäftigten Arbeitnehmer schlechter behandeln (§§ 7, 6, 1 AGG), z. B. dadurch, dass er einen Tarifvertrag auf Voll- und nicht auch auf Teilzeitbeschäftigte anwendet; dies ist nicht schon dann der Fall, wenn die Ungleichbehandlung ihren Grund nicht in der Dauer der Arbeitszeit hat, sondern in der unterschiedlichen Tätigkeit.[390] Haben Arbeitnehmer während der Elternzeit Anspruch auf eine Sozialleistung, steht diese (ggf. anteilig) auch dem Elternteilzeiter zu.[391]

Wegen des hohen Frauenanteils bei der Teilzeitarbeit ist bei ungleicher Behandlung das Verbot der **mittelbaren Geschlechterdiskriminierung** zu beachten. Dieses ergibt sich über Art. 140 EG aus der LohngleichheitsRili 75/117/EWG vom 10. 2. 1975 und der GleichbehandlungsRili 76/207/EWG vom 9. 2. 1976 und ist nunmehr im AGG formuliert. Für die Annahme einer mittelbaren Benachteiligung i. S. von § 3 Abs. 2 AGG ist nicht zwingend der statistische Nachweis erforderlich, dass Träger eines der Merkmale des § 1 AGG zahlenmäßig wesentlich stärker von einer Vorschrift benachteiligt werden als Personen, bei denen dieses Merkmal nicht vorliegt. Mittelbare Diskriminierungen lassen sich statistisch nachweisen, können sich aber auch aus anderen Umständen ergeben. Eine derartige Auslegung des § 3 Abs. 2 AGG entspricht dem unionsrechtlichen Gebot des *effet utile*. Eine mittelbare Diskriminierung ist danach gegeben, wenn äußerlich neutrale Vorschriften ihrem Wesen nach geeignet sind, Personen oder Personengruppen aus den in § 1 AGG genannten Gründen in besonderer Weise zu benachteiligen. Dies kann der Fall sein, wenn Vorschriften im Wesentlichen oder ganz überwiegend Personen, die eines der verpönten Merkmale erfüllen, betreffen, wenn sie an Voraussetzungen knüpfen, die von Personen, die von § 1 AGG nicht erfasst sind, leichter erfüllt werden, oder wenn sich die

389 Buchner/Becker, Rn. 19 zu § 17 BEEG.

390 Vgl. LAG Hessen v. 8. 2. 2010 – 16 Sa 1543/09 (Juris Rn. 42).

391 BAG v. 28. 6. 1995 – 10 AZR 948/94, NZA 1996, 151, 152 f.; HK-ArbR/Velikova, Rn. 53 zu § 15 BEEG.

Tatbestandsvoraussetzungen einer Norm besonders zum Nachteil von Personen, für die ein Merkmal des § 1 AGG gilt, auswirken.[392] Zur Feststellung dieser Voraussetzungen sind Vergleichsgruppen zu bilden, die dem persönlichen Geltungsbereich der Differenzierungsregel entsprechend zusammengesetzt sind. Bei Tarifverträgen ist deshalb auf den gesamten Kreis der von der fraglichen Bestimmung erfassten Normunterworfenen abzustellen. Der Gesamtheit der Personen, die von der Regelung erfasst werden, ist die Gesamtheit der Personen gegenüberzustellen, die durch die Regelung benachteiligt werden. Im Vergleich dieser Gruppen ist zu prüfen, ob die Träger eines Merkmals des § 1 AGG im oben genannten Sinn besonders benachteiligt sind.[393]

Allgemein gilt das Maßregelungsverbot des § 612a BGB, wonach benachteiligende Arbeitsbedingungen gem. § 134 BGB nichtig sind. Geht es um den Ausschluss von **Nebentätigkeiten** des Elternteilzeiters, darf der Arbeitgeber eine nach dem Arbeitsvertrag erforderliche Zustimmung nur dann verweigern, wenn die zeitliche Beanspruchung durch die Nebentätigkeit zusammen mit der Teilzeit die 30-Stunden-Grenze des § 15 Abs. 7 Satz 1 Nr. 3 BEEG überschreitet.

Hat der Arbeitgeber dem Elternzeiter eine Teilzeittätigkeit gestattet, weil er für die übrigen Stunden eine Ersatzkraft gefunden hat, stellt sich das Problem, wie er reagieren darf, wenn die Ersatzkraft ihre Arbeit vorzeitig aufgibt. In diesem Fall dürfte eine Vertragsanpassung nach den Grundsätzen des Wegfalls der Geschäftsgrundlage angebracht sein, wenn sich eine Ersatzkraft nur für das volle Arbeitspensum des Elternzeiters finden lässt.

Dem Arbeitgeber bleibt es unbenommen, dem Beschäftigten über das gesetzlich bestimmte Soll hinaus Möglichkeiten zur Elternteilzeit zu verschaffen.

Allein die Wahrnehmung von Elternteilzeit ist keine Einstellung und auch keine Versetzung, so dass kein **Mitbestimmungsrecht** des Betriebs- oder Personalrats besteht, wenn der Beschäftigte schon bei Antritt der Elternzeit mit der Elternteilzeit beginnt und sein Stundenkontingent herabsetzt.[394] Aber auch in Fällen eines Eingliederungsbedarfs (z. B. Elternzeitberechtigter kommt für eine Teilzeittätigkeit in den Betrieb zurück) ist nach umstrittener, aber zutreffender Auffassung kein Mitbestimmungsrecht gegeben,[395] und

392 BAG v. 27. 1. 2011 – 6 AZR 526/09 (Rn. 27), NZA 2011, 1361, 1363.

393 BAG v. 27. 1. 2011 – 6 AZR 526/09 (Rn. 28), NZA 2011, 1361, 1364.

394 BAG v. 25. 1. 2005 – 1 ABR 59/03, NZA 2005, 945, 948.

395 Buchner/Becker, Rn. 37 zu § 15 BEEG (anders nur bei Zuweisung eines anderen Arbeitsbereichs = Einstellung); Lindemann/Simon, NJW 2001, 258, 263; Reinecke, FS Leinemann, 2006, 191, 203 in Fn. 54; Sowka, S. 65; i. Erg. auch Gaul/Wisskirchen, BB 2000,

zwar auch dann, wenn der Betriebsrat die Besorgnis eines unmittelbaren Nachteils darlegen kann.[396] Insbesondere handelt es sich dabei nicht um eine Einstellung i. S. des § 99 BetrVG bzw. § 75 BPersVG, da der Arbeitgeber im Hinblick auf § 15 Abs. 7 Satz 1 BEEG keinen Regelungsspielraum hat. Landespersonalgesetze regeln dies ggf. anders.[397]

Wird ein Mitbestimmungsrecht bejaht, geht eine mittelbare Hürde von Betriebsvereinbarungen zur Regelung der Arbeitszeit aus.[398] Sie entspringen dem zwingenden Mitbestimmungsrecht des Betriebsrats nach § 87 Abs. 1 Nr. 2 BetrVG. Als solche wirken sie in das Arbeitsverhältnis hinein (§ 77 Abs. 4 Satz 1 BetrVG) und bilden einen entgegenstehenden betrieblichen Grund, wenn der Teilzeitwunsch des Arbeitnehmers sich mit dem Inhalt der Arbeitszeitregelung nicht in Einklang bringen lässt.[399] Gleiches gilt bei Vorliegen einer entgegenstehenden Regelungsabrede.[400] Allerdings mag der Arbeitgeber gehalten sein, aus Anlass eines Teilzeitwunsches mit dem Betriebsrat über eine Anpassung zu verhandeln.[401] Auf der anderen Seite führt die Aufgabe des Betriebsrats, nach § 80 Abs. 1 Nr. 2b BetrVG die Vereinbarkeit von Familie und Erwerbstätigkeit zu fördern, nicht notwendig zum Vorrang der Interessen des einzelnen Arbeitnehmers, der Familienpflichten zu erfüllen hat. Die Betriebspartner haben hinsichtlich der Voraussetzungen und Folgen der von ihnen gesetzten Regeln eine Einschätzungsprärogative.[402] Der Arbeitnehmer wird sich gegen den Betriebsrat, der den Teilzeitwunsch ablehnt, damit nur bei gezielter Benachteiligung i. S. der §§ 1, 6, 7 AGG wenden können.[403]

Endet die Elternzeit, endet auch die Elternteilzeit. Diese ist damit immer befristet bzw. auflösend bedingt. Es gilt wieder der ursprüngliche Beschäfti-

---

[Fortsetzung Fußnote 395]
2466, 2468; Boemke, jurisPR-ArbR 43/2012, Anm. 1; a. A. LAG Köln v. 18.4.2012 – 3 TaBV 92/11, BeckRS 2012, 72668; Laux, Anh. 1 B. Rn. 51; Küttner/Poeche, Stichwort Elternzeit Rn. 57; Gaul, Rn. 24 zu § 15 BEEG. Die BAG-Entscheidung v. 28.4.1998 – 1 ABR 63/97, NZA 1998, 1352, 1353, in der ein Mitbestimmungsrecht bei einem Wechsel in die Elternteilzeit bejaht wurde, betraf die alte Rechtslage, die einen Anspruch auf Elternteilzeit noch nicht vorsah.

396 Dazu LAG Baden-Württemberg v. 14. 8. 2013 – 4 TaBV 4/13, NZA-RR 2014, 73, 74 f.

397 Vgl. (zu § 8 TzBfG und Art. 75 Abs. 11 Satz 1 Nr. 12 BayPVG) BAG v. 8. 5. 2007 – 9 AZR 1112/06 (Rn. 42), NJW 2007, 3661, 3664 – Hauswirtschaftsleiterin.

398 Dazu eingehend Rieble/Gutzeit, NZA 2002, 7 ff.

399 Ebenso (zu § 8 Abs. 4 TzBfG) BAG v. 16. 3. 2004 – 9 AZR 323/03, NZA 2004, 1047, 1051 f.; BAG v. 16. 12. 2008 – 9 AZR 893/07 (Rn. 55), NJW 2009, 1527, 1530.

400 BAG v. 16. 12. 2008 – 9 AZR 893/07 (Rn. 62 ff.), NJW 2009, 1527, 1531.

401 BAG v. 16. 12. 2008 – 9 AZR 893/07 (Rn. 53), NJW 2009, 1527, 1530.

402 BAG v. 16. 12. 2008 – 9 AZR 893/07 (Rn. 72), NJW 2009, 1527, 1531.

403 BAG v. 16. 12. 2008 – 9 AZR 893/07 (Rn. 75), NJW 2009, 1527, 1532.

gungsumfang. Will der Elternzeitberechtigte die geänderte Arbeitszeit beibehalten, muss er dies gem. § 8 TzBfG form- und fristgemäß (spätestens drei Monate im Voraus) beantragen. Betriebliche Gründe lassen sich dagegen oft nicht einwenden.

Beispiel: Arbeitnehmer A strebt eine Elternteilzeit von 25 Wochenstunden an und bekommt sie auch, weil kein dringender betrieblicher Grund entgegensteht. Nach Ablauf der Elternzeit will A die Teilzeit fortsetzen. Die Ablehnung erfordert jetzt nur noch einen einfachen betrieblichen Grund (§ 8 Abs. 4 Satz 1 TzBfG). Inzwischen hat sich die Situation aber verfestigt, so dass eine Ablehnung nur schwer möglich ist.[404]

2.3 Abhängige Beschäftigung während der Elternzeit außerhalb des Betriebs (§ 15 Abs. 4 Satz 3 BEEG)

Will der Elternzeitberechtigte während der Elternzeit in Teilzeit (auch von unter 15, aber **höchstens 32 Wochenstunden**; eine Ausnahme von der Obergrenze sieht § 15 Abs. 4 Satz 2 BEEG für i. S. des § 23 SGB VIII geeignete Tagespflegepersonen vor) bei einem **anderen Arbeitgeber** tätig sein, muss er den bisherigen Arbeitgeber **ebenfalls** (nicht unbedingt schriftlich) **um Zustimmung ersuchen** (§ 15 Abs. 4 Satz 3 BEEG). Dies gilt jedoch nur für eine im Rahmen der Elternzeit neu aufgenommene Teilzeitarbeit, nicht hingegen, wenn der Arbeitnehmer bei Inanspruchnahme von Elternzeit diese Nebentätigkeit bereits ausübt; hier kann der Elternzeitberechtigte von vornherein in jedem dieser Arbeitsverhältnisse, also unabhängig voneinander, Elternzeit nehmen und ggf. Elternteilzeit beantragen.

Der Elternzeitberechtigte muss die angestrebte Tätigkeit nach Inhalt, Beginn und Umfang genau umschreiben.[405] Ansonsten kann der Arbeitgeber nicht beurteilen, ob Gründe i. S. des § 15 Abs. 4 Satz 4 BEEG entgegenstehen, und darf schon deshalb ablehnen.[406] Anzugeben ist dazu auch der Name des anderen Arbeitgebers.[407] Anders als die Ablehnung (s. u.) bedarf der Antrag aber keiner Form.[408]

Der Arbeitgeber darf die angestrebte Fremdtätigkeit nur unter bestimmten Voraussetzungen ablehnen:

---

404 Däubler, ZIP 2001, 217, 220; Rudolf/Rudolf, NZA 2002, 602, 605; Reiserer/Penner, BB 2002, 1962, 1964.

405 BAG v. 26. 6. 1997 – 8 AZR 506/95, NZA 1997, 1156, 1157.

406 ErfK/Gallner, Rn. 20 zu § 15 BEEG.

407 BAG v. 26. 6. 1997 – 8 AZR 506/95, NZA 1997, 1156, 1157; Laux, Anh. 1 B. Rn. 66; HK-ArbR/Velikova, Rn. 20 zu § 15 BEEG; a. A. Leuchten, FS Buchner, 2009, 554, 556 f.

408 Laux, Anh. 1 B. Rn. 25, 66.

- Erforderlich ist ein dringender betrieblicher Grund (§ 15 Abs. 4 Satz 4 BEEG). Ebenso wie nach § 15 Abs. 7 Satz 1 Nr. 4 BEEG muss der entgegenstehende Grund objektiv vorliegen; die entsprechenden Umstände müssen nachweisbar sein. Der bloße Verdacht, der Elternzeitberechtigte wolle den Betrieb nach der Elternzeit wechseln und bei dem anderen Arbeitgeber gewissermaßen seine Probezeit abwickeln, reicht für eine Ablehnung nicht aus.
- Für die Prüfung des dringenden betrieblichen Grundes gelten eigene, auf die Fremdarbeit bezogene Kriterien. Relevant sind vor allem Gründe der Geheimhaltung und des Wettbewerbsschutzes.[409] Einem kirchlichen Mitarbeiter kann verwehrt werden, bei einer Sekte tätig zu werden.[410] Auch die Notwendigkeit, den Elternzeitberechtigten im eigenen Unternehmen in Teilzeit zu beschäftigen, soll einen wichtigen Ablehnungsgrund bilden.[411]
- Die Ablehnung muss schriftlich erfolgen (§ 15 Abs. 4 Satz 4 BEEG). Hierzu gehört die Unterschrift (§ 126 Abs. 1 BGB). Sie muss eine ins Einzelne gehende, nachprüfbare Aufzählung und Spezifizierung der Gründe enthalten, auf die der Arbeitgeber die Ablehnung stützt.[412]
- Die Ablehnung muss innerhalb von vier Wochen erfolgen (§ 15 Abs. 4 Satz 4 BEEG). Dies gilt auch dann, wenn die Arbeit beim anderen Arbeitgeber früher beginnen soll. Die Frist ist nach §§ 187 Abs. 1, 188 Abs. 2 Alt. 1 BGB zu berechnen. Die Ablehnung ist damit spätestens vier Wochen nach Zugang des Antrags an dem Tag zu erklären, der seiner Benennung nach dem letzten Tag der Frist entspricht und vier Wochen vorausgeht. § 193 BGB findet Anwendung, weil die Willenserklärung (anders als z. B. bei einer Kündigung) innerhalb einer Frist, nämlich der 4-Wochen-Frist, abzugeben ist.[413] Innerhalb dieser Frist darf der Arbeit-

---

409 LAG Düsseldorf v. 8. 10. 2003 – 12 (9) Sa 1034/03, AuR 2005, 74; LAG Düsseldorf v. 2. 7. 1999 – 14 Sa 487/99, NZA-RR 2000, 232, 233: Ablehnung mit folgenden Kriterien bejaht: unmittelbarer Wettbewerber, identische Angebotspalette, besonders angespanntes Konkurrenzverhältnis (Abwerbungen), Tätigkeit in einem Schlüsselbereich.

410 Joussen, NZA 2003, 644, 647; Laux, Anh. 1 B. Rn. 70.

411 ErfK/Gallner, Rn. 20 zu § 15 BEEG; Schrader, in: BeckOK BEEG, Rn. 40 zu § 15; Joussen, NZA 2003, 644, 648 (sogar dann, wenn der Arbeitgeber eine andere Arbeit anbietet als die, die der fremde Arbeitgeber in Aussicht stellt, zw.); Peters-Lange/Rolfs, NZA 2000, 682, 686; ebenso BAG v. 26. 6. 1997 – 8 AZR 506/95, NZA 1997, 1156, 1157, allerdings zur alten Rechtslage, die nur einfach einen betrieblichen Grund forderte; a. A. zu Recht Seier/Seier, ZFE 2004, 371, 374, weil der Arbeitnehmer auch ganz zu Hause bleiben könnte.

412 Laux, Anh. 1 B. Rn. 65.

413 Theiss, Rn. 27 zu § 15 BEEG; a. A. Schaub/Linck, § 172 Rn. 38.

geber seine Antwort noch ändern, also z. B. eine ordnungsgemäße Begründung nachholen.[414]

Weitere Voraussetzungen bestehen – anderes als für eine Elternteilzeit beim eigenen Arbeitgeber – nicht (also keine Mindestbetriebsgröße, keine Mindestbetriebszugehörigkeit, keine Frist- und Formanforderungen für die Geltendmachung, keine Mindestdauer, keine Begrenzung auf zweimaliges Verlangen wie bei § 15 Abs. 6 BEEG). Die zwölf **Voraussetzungen** des Anspruchs auf Elternteilzeit im Stammbetrieb (oben 2.1) **reduzieren sich** für den vorliegenden Anspruch somit **auf vier Merkmale:**

- Teilzeitarbeit (§ 15 Abs. 4 Satz 3 BEEG);
- Höchstumfang der Teilzeittätigkeit: 32 Wochenstunden (§ 15 Abs. 4 Satz 1 BEEG);
- keine entgegenstehenden dringenden betrieblichen Gründe (§ 15 Abs. 4 Satz 3 BEEG);
- Widerspruchsfrist: vier Wochen (§ 15 Abs. 4 Satz 3 BEEG).

Antwortet der Arbeitgeber bis zum Fristablauf nicht oder entspricht die Antwort nicht dem Frist-, Form- und Begründungszwang, entfällt das Zustimmungserfordernis.[415] Untechnisch lässt sich auch hier von einer **Fiktion der Zustimmung** sprechen.

Lehnt der Arbeitgeber form- und fristgerecht ab, muss der Arbeitnehmer klagen bzw. einstweiligen Rechtsschutz in Anspruch nehmen, um in die gewünschte Teilzeittätigkeit zu gelangen.[416] Tut er das nicht, sondern tritt das Zweitarbeitsverhältnis an, ist dieses zwar wirksam.[417] Auch hat dies, wenn die Grenze von 32 Wochenstunden eingehalten wird, keine Auswirkungen auf die Elternzeit. Allerdings setzt sich der Elternzeitberechtigte damit Unterlassungs- und Schadensersatzansprüchen seines Stammarbeitgebers aus.[418] Ferner kann diese Pflichtverletzung einen Kündigungsgrund i. S. des § 18 Abs. 1 Satz 2 BEEG bilden; in der Regel wird der Kündigung jedoch eine Abmahnung vorausgehen müssen (dazu 5.1.3).

Das Zweitarbeitsverhältnis unterfällt nicht den Bindungen des BEEG, insbes. nicht dem Kündigungsverbot aus § 18 BEEG. Der Arbeitnehmer darf im

414 Rancke, Rn. 84 zu § 15 BEEG.

415 BAG v. 26. 6. 1997 – 8 AZR 506/95, NZA 1997, 1156, 1157.

416 LAG Düsseldorf v. 2. 7. 1999 – 14 Sa 487/99, NZA-RR 2000, 232, 233; Joussen, NZA 2003, 644, 648; ErfK/Gallner, Rn. 23 zu § 15 BEEG; Laux, Anh. 1 B. Rn. 73, 74 mit dem zutreffenden Hinweis, dass der Arbeitgeber in diesem Verfahren nur Gründe vorbringen darf, auf die er sich in seiner Zustimmungsverweigerung bezogen hat.

417 ErfK/Gallner, Rn. 21 zu § 15 BEEG.

418 Buchner/Becker, Rn. 41 zu § 15 BEEG.

Interims-Arbeitsverhältnis auch keine Elternzeit nehmen, da § 15 Abs. 4 Satz 3 BEEG nur weitere Möglichkeiten zur Erwerbsarbeit schafft.

2.4 Selbstständige Tätigkeit während der Elternzeit (§ 15 Abs. 4 Satz 3 BEEG)

Unter denselben Voraussetzungen wie eine Teilzeittätigkeit bei einem anderen Arbeitgeber darf der Elternzeitberechtigte während der Elternzeit eine selbständige Tätigkeit von nicht mehr als 32 Wochenstunden aufnehmen. Hierzu zählt auch eine Beschäftigung in freier Mitarbeit.[419] Insofern gelten die Ausführungen zu 2.3 sinngemäß. Die zwölf Voraussetzungen des Anspruchs auf Elternteilzeit im Stammbetrieb (oben 2.2) reduzieren sich somit auch hier auf **vier Merkmale:**

- Teilzeitarbeit (§ 15 Abs. 4 Satz 3 BEEG);
- Höchstumfang der Teilzeittätigkeit: 32 Wochenstunden (§ 15 Abs. 4 Satz 1 BEEG);
- keine entgegenstehenden dringenden betrieblichen Gründe (§ 15 Abs. 4 Satz 3 BEEG);
- Widerspruchsfrist: vier Wochen (§ 15 Abs. 4 Satz 3 BEEG).

419 HK-ArbR/Velikova, Rn. 17 zu § 15 BEEG.

3. Vertretungskraft (§ 21 BEEG)

Neben dem Teilzeitrecht spielt bei der Elternzeit auch das Befristungsrecht eine Rolle. Für die Zeit der Freistellung des Elternzeitberechtigten gibt das Gesetz dem Arbeitgeber die Möglichkeit, eine Vertretungskraft zu beschäftigen. Diese Option hat aufgrund der Erhöhung der zulässigen Elternteilzeit auf bis zu 32 Wochenstunden indes an Bedeutung verloren.

3.1 Anwendbare Regelungen für Vertretungskräfte

§ 21 BEEG enthält Vorgaben für die Ausgestaltung von Arbeitsverträgen mit Ersatzkräften für Zeiten der Freistellung wegen Schwangerschaft oder Kinderbetreuung. Die Freistellung setzt eine Erwerbstätigkeit des (zu vertretenden) Elternzeitberechtigten voraus.[420] Ein fehlerhaftes Beschäftigungsverhältnis reicht aus.

Ob § 21 BEEG auch für die Vertretung von Beamten gilt, ist nicht klar.[421] Richtig ist wohl, die Frage zu verneinen, da § 21 BEEG im Kontext der §§ 15 ff. BEEG steht, die sich nur zu privatrechtlichen Beschäftigungsverhältnissen verhalten. Im Anwendungsbereich der ElternzeitRiLi 2010/18/EU sind Beamten jedenfalls zu berücksichtigen.[422] Die Frage kann aber dahinstehen, da insoweit auf den allgemein anerkannten Sachgrund der Vertretung nach § 14 Abs. 1 Satz 2 Nr. 3 TzBfG abgestellt werden kann. Entgegen dem Wortlaut der Nr. 3 ist es nach der Rspr. unschädlich, wenn der Vertretene kein Arbeitnehmer ist, sondern Beamter.[423]

§ 21 BEEG enthält einseitig zwingendes Recht. Eine Abweichung ist damit nur zu Gunsten der (vertretenden) Arbeitnehmer möglich, z. B. durch Festlegung einer Höchstdauer der Befristung, eines Zitiergebots oder durch Verlängerung der Kündigungsfrist des § 21 Abs. 4 BEEG.[424]

---

420 APS/Backhaus, Rn. 19 zu § 21 BEEG.

421 Dafür KR/Lipke, Rn. 18 zu § 21 BEEG; HK-ArbR/Velikova, Rn. 2 zu § 21 BEEG; in diese Richtung auch BT-Drs. 14/4374, S. 19; a. A. LAG Berlin-Brandenburg v. 15. 11. 2018 – 14 Sa 654/18 (Rn. 39), NZA-RR 2019, 127, 129; Rancke, Rn. 8 zu § 21 BEEG; Pauly, Rn. 14 zu § 21 BEEG; offen gelassen in BGH v. 9. 7. 1997 – 7 AZR 806/96 (Juris Rn. 14), ZTR 1998, 41, 42; BAG v. 21. 2. 2001 – 7 AZR 107/00, NZA 2001, 1069.

422 EuGH v. 7. 9. 2017 – C-174/16 (Rn. 34), NJW 2017, 3357, 3358 (für eine Beamtin).

423 BAG v. 25. 3. 2009 – 7 AZR 34/08 (Rn. 13), NJW 2009, 3180, 3181 – Zustellerin; ebenso schon BT-Drs. 14/4374, S. 19.

424 KR/Lipke, Rn. 17 zu § 21 BEEG; Schlachter, Anh. 2 F. Rn. 3. Für das allgemeine Befristungsrecht gilt insoweit § 22 TzBfG.

Schon früh hat das BAG ausgesprochen, dass Befristungen eines Arbeitsverhältnisses einen „verständigen sachlich gerechtfertigten Grund“ erfordern, sofern eine Umgehung des allgemeinen und besonderen Kündigungsschutzes droht.[425] Nicht immer bestehen solche Gefahren. Arbeitnehmer in Kleinbetrieben z. B. haben kaum allgemeinen Kündigungsschutz. Gleichwohl hat die Rspr. diese Gefahr im Laufe der Zeit verallgemeinert.[426] Dies beruht vor allem auf der beschäftigungspolitischen Vorgabe, wonach der unbefristete Arbeitsvertrag die Regel ist, der befristete die Ausnahme.[427] Diese Prämisse ist auch europarechtlich vorgegeben.[428] Daher bedürfen auch tarifliche Normen über Befristungen zu ihrer Wirksamkeit eines sie rechtfertigenden Sachgrunds.[429] Diese Stufung hat u. a. dazu geführt, dass der (deutsche) Gesetzgeber mit § 14 Abs. 2 Satz 2 TzBfG (seit 2004 auch gem. § 14 Abs. 2a Satz 4 TzBfG) für den sachgrundlos befristeten Vertrag als Ausnahme von der Ausnahme ein striktes Anschlussverbot eingeführt hat. Das BAG beachtet diese Vorgabe jedoch nicht, sondern relativiert es mit verschiedenen Ausnahmetatbeständen (Stichworte „sehr lange zurückliegende“ Vorbeschäftigung, „ganz anders geartete“ Tätigkeit, „sehr kurze“ Beschäftigung).[430]

Nach der Rspr. des BAG ließ sich die Befristung eines Arbeitsvertrags begründen, wenn die Beschäftigung dazu diente, einen Arbeitnehmer zu vertreten, der aufgrund eines Beschäftigungsverbots nach dem MuSchG oder wegen einer Arbeitsfreistellung zur Betreuung eines Kindes zeitweilig ausfiel.[431] Dies hat sich durch das zum 1. 1. 2001 eingeführte TzBfG nicht geändert. § 14 Abs. 1 Satz 2 Nr. 3 TzBfG normiert den Vertretungsfall als Sachgrund. Der seit dem 1. 1. 1992 in der heutigen Fassung bestehende § 21 Abs. 1 BErzGG (jetzt: BEEG) regelt die Rahmenbedingungen für Sonderfälle

425 Grundlegend BAG v. 12. 10. 1960 – Gr. Senat 1/59, BAGE 10, 65 = NJW 1961, 798.

426 S. nur BAG v. 26. 7. 2000 – 7 AZR 256/99, NZA 2001, 261.

427 BAG v. 16. 1. 2008 – 7 AZR 603/06 (Rn. 13), NJW 2008, 2140, 2141; BAG v. 18. 6. 2008 – 7 AZR 116/07 (Rn. 45), NZA 2008, 1302, 1308; BAG v. 27. 10. 2010 – 7 AZR 485/09 (A) (Rn. 14), NZA-RR 2011, 272, 273; vgl. § 620 Abs. 3 BGB und BT-Drs. 14/4374 S. 12.

428 EuGH v. 4. 7. 2006 – C-212/04 (Rn. 73), BeckRS 2006, 70506 – Adeneler; EuGH v. 12. 6. 2008 – C-364/07 (Rn. 92), BeckRS 2009, 71326 – Vassilakis; BAG v. 23. 4. 2009 – C-378/07 (Rn. 99), BeckRS 2009, 70428 – Angelidaki; EuGH v. 10. 3. 2011 – C-109/09 (Rn. 30), NZA 2011, 397, 398 – Kumpan; vgl. Präambel Abs. 2 und § 5 der Rahmenvereinbarung über befristete Arbeitsverträge als Anhang zur RiLi 1999/70/EG des Rates v. 28. 6. 1999, ABl. L 175 v. 10. 7. 1999, S. 43; Art. 30 der Europäischen Grundrechte-Charta sowie Art. 24 der (revidierten) Europäischen Sozialcharta.

429 BAG v. 31. 7. 2002 – 7 AZR 140/01, NZA 2002, 1155, 1157; BAG v. 17. 6. 2009 – 7 AZR 112/08 (A) (Rn. 17), NZA 2009, 1355, 1357 f.

430 Zum aktuellen Stand s. MüKoBGB/Engshuber, 9. Aufl. 2023, TzBfG § 14 Rn. 97.

431 S. etwa BAG v. 12. 10. 1960 – Gr. Senat 1/59, BAGE 10, 65 = NJW 1961, 798.

des Vertretungsbedarfs, nämlich zur Vertretung wegen Schwangerschaft oder Betreuung eines Kindes. Diese Vorschrift hat teils klarstellende, teils ergänzende Funktion. § 21 Abs. 1 BEEG als Sachgrundregelung dient allein der Klarstellung und Rechtssicherheit.[432] Im Übrigen regelt § 21 BEEG bestimmte Fragen und geht dazu weit über das BEEG hinaus:

- § 21 BEEG erfasst auch die Vertretung von Auszubildenden i. S. des § 20 Abs. 1 BEEG, während § 14 Abs. 1 Satz 2 Nr. 3 TzBfG nur die Vertretung von Arbeitnehmern regelt.
- Abs. 1 erweitert den Katalog der zulässigen Befristungsgründe in § 14 Abs. 1 TzBfG.[433]
- Abs. 3 ergänzt § 3 Abs. 1 TzBfG und lässt die Bestimmbarkeit der kalendermäßigen Befristung genügen, beschränkt hingegen die Zweckbefristung auf die in § 21 Abs. 1 und 2 BEEG genannten Ziele.
- Die Absätze 4–7 geben besondere Regeln für die Kündigung des nach § 21 Abs. 1 BEEG befristeten Arbeitsverhältnisses.

Damit steht das Verhältnis des TzBfG zum BEEG in Frage. § 620 Abs. 3 BGB bestimmt, dass für Arbeitsverträge, die auf bestimmte Zeit abgeschlossen werden, das TzBfG gilt. Die §§ 1–5, 14 ff. TzBfG bilden damit den allgemeinen Teil des arbeitsrechtlichen Befristungsrechts. § 620 Abs. 3 BGB spricht nur von Zeitbefristungen, gilt entsprechend aber auch für Zweckbefristungen und auflösende Bedingungen, die im TzBfG ebenfalls geregelt sind. Über die Verweisung in § 23 TzBfG beanspruchen die Sonderregeln des BEEG Vorrang ggü. den Vorschriften des TzBfG. Hinsichtlich der Sachgründe besteht eine derartige Spezialität nicht. Eine Befristung ist daher auch nach anderen Vorschriften möglich (z. B. gem. § 14 Abs. 1 Satz 2 Nr. 3 TzBfG bei Vertretungsbedarf oder gem. § 14 Abs. 1 Satz 2 Nr. 1 TzBfG wegen vorübergehender Mehrarbeit).[434] Insbesondere ist eine Befristung aufgrund des TzBfG nicht schon deshalb ausgeschlossen, weil sich eine Mutter im Mutterschutz oder ein Beschäftigter in Elternzeit befindet.[435] Erst recht gilt dies, wenn ein Sachgrund nach § 21 Abs. 1 BEEG nicht mehr

432 BAG v. 6. 12. 2000 – 7 AZR 262/99, NZA 2001, 721, 722; vgl. BT-Drs. 10/3792, S. 21; s. auch BAG v. 18. 7. 2012 – 7 AZR 783/10 (Rn. 12), NZA 2012, 1359, 1360: Sonderfall der Vertretungsbefristung; BAG v. 9. 9. 2015 – 7 AZR 148/14 (Rn. 27), NJW 2016, 2057, 2058; BAG v. 17. 5. 2017 – 7 AZR 420/15 (Rn. 10), NJW 2017, 3737: „Der Sachgrund der Vertretung wird durch § 21 Abs. 1 BEEG konkretisiert."

433 Damit entfällt eine Befristungskontrolle nach dem TzBfG (vgl. § 23 TzBfG). Insofern ist die Regelung des § 21 Abs. 1 BEEG nicht wegen § 14 Abs. 1 Satz 2 Nr. 3 TzBfG überflüssig.

434 Vgl. BAG v. 5. 6. 2002 – 7 AZR 201/01, AP Nr. 235 zu § 620 BGB – Befristeter Arbeitsvertrag.

435 Buchner/Becker, Rn. 16 zu § 21 BEEG.

besteht, das Arbeitsverhältnis mit der Vertretungskraft aber befristet fortgeführt werden soll. Aufgrund des Anschlussverbots des § 14 Abs. 2 Satz 2 TzBfG kann dies nicht sachgrundlos geschehen.

Soweit eine Befristung auf Vorschriften außerhalb des BEEG gestützt werden kann, greifen die Vorschriften der § 21 Abs. 4 und 5 BEEG zum Sonderkündigungsrecht nicht.

Sofern § 21 BEEG keine Sonderregeln enthält, gilt das allgemeine Befristungsrecht des TzBfG. Anwendbar sind damit folgende Vorschriften: § 3 (Begriff des befristet beschäftigten Arbeitnehmers), § 4 Abs. 2 (Diskriminierungsverbot), § 14 Abs. 4 (Schriftformerfordernis), §§ 15 – 17 hinsichtlich Beendigung, Folgen einer unwirksamen Befristung und Klagefrist für die Geltendmachung der Unwirksamkeit, § 18 (Pflicht zur Information über freie Arbeitsplätze), § 19 (Pflicht zur Aus- und Weiterbildung) und § 20 (Pflicht zur Information des Betriebsrats über befristete Arbeitsverträge).[436] Die Vorschriften des TzBfG gelten nur für die Befristungsabrede. Für alle sonstigen Fragen aus dem Arbeitsverhältnis gilt das normale Arbeitsrecht. So ist z. B. auch in befristeten Arbeitsverhältnissen die Vereinbarung einer Probezeit mit erleichterter Kündigungsmöglichkeit nach § 622 Abs. 3 BGB zulässig.[437] Ergänzend ist in § 15 Abs. 3 TzBfG bestimmt, dass im befristeten Arbeitsverhältnis die Möglichkeit einer ordentlichen Kündigung vorgesehen werden darf.

Beispiel: „Das Arbeitsverhältnis ist auch während des Laufs der Befristung ordentlich kündbar."

Dieses Kündigungsrecht ist abdingbar (hierfür bedarf es eindeutiger Anhaltspunkte) und gilt auch bei Unwirksamkeit der Befristungsabrede.[438]

Voraussetzung für die Wirksamkeit der Befristung eines Arbeitsvertrags ist die **Schriftform** gem. §§ 126, 126a BGB (§ 14 Abs. 4 TzBfG). Dies gilt für alle Befristungen, für kalendermäßige Befristungen (Zeitbefristungen) und Zweckbefristungen gleichermaßen.

Schriftlich zu fassen ist nur die **Befristungsabrede.**

Beispiel: „Das Arbeitsverhältnis ist bis zum 30. 11. 2025 befristet."

Das Schriftformgebot gilt daher (wie überhaupt das TzBfG) nicht für die Kontrolle einzelner befristeter Arbeitsbedingungen.[439] Wie nach allgemei-

---

436 Schlachter, Anh. 2 F. Rn. 2.

437 BAG v. 24. 1. 2008 – 6 AZR 519/07, NJW 2008, 2521.

438 BAG v. 23. 4. 2009 – 6 AZR 533/08 (Rn. 21, 27), NZA 2009, 1260, 1262 f.

439 BAG v. 3. 9. 2003 – 7 AZR 106/03, NJW 2004, 1126; BAG v. 21. 11. 2006 – 9 AZR 138/06 (Rn. 14), NJOZ 2007, 2458, 2460; BAG v. 2. 9. 2009 – 7 AZR 233/08 (Rn. 17), NZA 2009, 1253, 1254.

nem Befristungsrecht ist im Rahmen des § 21 BEEG auch die Angabe oder Vereinbarung des Vertretungsgrundes bei Vertragsschluss nicht erforderlich (anders z. B. nach § 2 Abs. 4 Satz 1 WissZeitVG, sog. Zitiergebot).[440] Allerdings kann sich der Arbeitgeber auf die Sonderbestimmungen zur Kündigung in § 21 Abs. 4 und 5 BEEG nur berufen, wenn er zuvor erkennbar auf Grundlage des § 21 BEEG befristet hatte.[441] Der oft gehörte Rat, in Arbeitsverträgen keine Befristungsgründe zu nennen,[442] gilt für Zeitbefristungen nach § 21 BEEG demnach nicht. Auch bei der (an einen Sachgrund gebundenen) Zweckbefristung erstreckt sich das Schriftformerfordernis auf den Befristungsgrund, da ansonsten die Befristungsabrede keinen Inhalt hätte.[443]

Die Befristungsabrede ist regelmäßig in einer einheitlichen Urkunde niederzulegen (§ 126 Abs. 2 Satz 1 BGB: „bei einem Vertrag ... auf derselben Urkunde"; die Textform des § 126b BGB genügt nicht, wohl aber die Form des § 126a mit elektronischer Signatur und die des § 127a BGB für gerichtlich protokollierte Vergleiche). Dies geht auch in der Weise, dass eine Vertragspartei in einem von ihr unterzeichneten, an die andere Vertragspartei gerichteten Schreiben den Abschluss eines befristeten Arbeitsvertrags anbietet und die andere Vertragspartei das Vertragsangebot annimmt, indem sie das Schriftstück ebenfalls unterzeichnet.[444] Zulässig sind nach der Ausnahmeregelung des § 126 Abs. 2 Satz 2 BGB auch mehrere gleichlautende Ausfertigungen, bei denen die jeweils für den anderen Vertragsteil bestimmte Ausfertigung unterzeichnet wird. Bei einer Vertretung muss der Urkunde das Vertretungsverhältnis wenigstens ansatzweise zu entnehmen sein. Für die Wahrung der Schriftform ist es unerheblich, ob der Unterzeichner tatsächlich bevollmächtigt ist oder nicht.[445]

Damit gilt: **kein Arbeitsantritt vor Unterschrift!** Die Befristungsabrede ist mindestens am Tag des Arbeitsantritts, sicherheitshalber vor Arbeitsbeginn[446] schriftlich festzuhalten. Eine mündlich und damit nach § 14 Abs. 4

440 Rancke, Rn. 3 zu § 21 BEEG; vgl. (zu § 14 Abs. 4 TzBfG) BAG v. 3. 9. 2003 – 7 AZR 106/03, NJW 2004, 1126; BAG v. 26. 7. 2006 – 7 AZR 515/05, NZA 2007, 34, 35.

441 KR/Lipke, Rn. 19 zu § 21 BEEG; Buchner/Becker, Rn. 31 zu § 21 BEEG; Schlachter, Anh. 2 F. Rn. 2.

442 So etwa Lembke, NZA 2006, 325, 328; speziell für § 21 BEEG Pauly, Rn. 22 zu § 21 BEEG.

443 BAG v. 21. 12. 2005 – 7 AZR 541/04 (Rn. 37), NJW 2006, 1084, 1087.

444 BAG v. 26. 7. 2006 – 7 AZR 514/05 (Rn. 15), NZA 2006, 1402, 1403; ebenso (zum Mietvertrag) BGH v. 14. 7. 2004 – XII ZR 68/02, BGHZ 160, 97 = NJW 2004, 2962, 2964.

445 BAG v. 13. 12. 2007 – 6 AZR 145/07 (Rn. 15), NJW 2008, 1243, 1244; BAG v. 25. 3. 2009 – 7 AZR 59/08 (Rn. 30 f.), BeckRS 2009, 69343.

446 Vgl. BAG v. 12. 8. 2009 – 7 AZR 270/08 (Rn. 22), AP Nr. 63 zu § 14 TzBfG.

TzBfG i. V. mit § 125 Satz 1 BGB formnichtig vereinbarte Befristung wird durch die nach Vertragsbeginn erfolgte schriftliche Niederlegung in einem Arbeitsvertrag nicht rückwirkend gültig, da die Parteien damit nichts ändern wollten.[447] Dies steht vor dem Hintergrund, dass die Bestätigung eines nichtigen Rechtsgeschäfts nach § 141 Abs. 1 BGB als erneute Vornahme zu beurteilen ist, also nur möglich ist, wenn der Bestätigungsbedarf von den Vertragsparteien gesehen wird.[448] Damit erweist sich das Schriftformgebot als ausgesprochen fehlerträchtig. Auf der anderen Seite wird der Vertrag nicht (mündlich) durch Arbeitsaufnahme geschlossen, wenn der Arbeitgeber noch auf Rücksendung des von ihm bereits unterzeichneten Arbeitsvertrags wartet. In diesem Fall hat der Arbeitgeber sein Angebot auf Abschluss eines befristeten Arbeitsvertrags (auch bei Aufforderung zur sofortigen Arbeitsaufnahme) von der Rückgabe der gegengezeichneten Vertragsurkunde abhängig gemacht.[449]

Ausnahme: Die Parteien können auch nachträglich eine schriftliche Befristungsabrede treffen, müssen sich aber im Klaren sein, dass sie eine eigenständige rechtsgestaltende Regelung treffen, das in Wahrheit unbefristete Arbeitsverhältnis also befristen.[450] Regelmäßig wird das nur dann anzunehmen sein, wenn mündlich noch nichts zum Fristende vereinbart wurde, die mündliche Befristungsabrede mit der später schriftlich festgehaltenen Befristung nicht übereinstimmt oder die Vertragsbedingungen an anderer Stelle geändert werden, wobei das Kleinigkeiten betreffen kann.[451]

Ist die Befristung allein wegen der fehlenden Schriftform gem. § 14 Abs. 4 TzBfG unwirksam, können beide Vertragsparteien, also auch der Arbeitgeber, das Arbeitsverhältnis jederzeit ordentlich kündigen (§ 16 Satz 2 TzBfG). Diese Möglichkeit hat der Arbeitgeber selbst dann, wenn er von der Möglichkeit des § 15 Abs. 3 TzBfG, sich für die Laufzeit des befristeten Arbeitsverhältnisses ein ordentliches Kündigungsrecht vorzubehalten, keinen Gebrauch gemacht hat.[452] Die Möglichkeit jederzeitiger Kündigung besteht (für beide Vertragsteile) überdies, wenn wegen unklarer Vertragsregelung(en) das Ende der an sich gewollten Befristung nicht bestimmbar ist.[453] Allerdings greift

447 BAG v. 16. 3. 2005 – 7 AZR 289/04, NJW 2005, 3595, 3596; BAG v. 13. 6. 2007 – 7 AZR 700/06 (Rn. 18), NZA 2008, 108, 109.

448 BAG v. 16. 3. 2005 – 7 AZR 289/04, NJW 2005, 3595, 3596.

449 BAG v. 16. 4. 2008 – 7 AZR 1048/06 (Rn. 19), NJW 2008, 3453, 3455.

450 BAG v. 13. 6. 2007 – 7 AZR 700/06 (Rn. 18), NZA 2008, 108, 109. Lembke, NJW 2006, 325, 328, rät dazu, das Befristungsende dann um einen Tag zu verändern. Allg. zur nachträglichen Schriftformwahrung Greiner, RdA 2009, 82 ff.

451 BAG v. 13. 6. 2007 – 7 AZR 700/06 (Rn. 18), NZA 2008, 108, 109.

452 BAG v. 23. 4. 2009 – 6 AZR 533/08 (Rn. 18), NZA 2009, 1260, 1262.

453 BAG v. 23. 4. 2009 – 6 AZR 533/08 (Rn. 19), NZA 2009, 1260, 1262.

hier u. U. der allgemeine oder besondere Kündigungsschutz ein. Problematisch wird es für den Arbeitgeber, wenn das Kündigungsrecht aus § 16 Satz 2 TzBfG abbedungen wurde. Dies ist grds. möglich, weil zugunsten des Arbeitnehmers abgewichen werden darf (§ 22 Abs. 1 TzBfG) und § 16 Satz 2 TzBfG nur den Arbeitgeber besserstellt, weil er das Arbeitsverhältnis bei einem bloßen Schriftformmangel nicht erst – wie es § 16 Satz 1 TzBfG an sich fordert – zum vereinbarten Ende ordentlich kündigen darf. Gleichwohl ist dies ein eher theoretischer Fall, weil der Arbeitgeber kaum daran interessiert sein wird, § 16 Satz 2 TzBfG abzubedingen. Zudem bedarf es dafür eindeutiger Anhaltspunkte, so dass sich der Arbeitnehmer etwa allein aufgrund des Umstands, dass im Arbeitsvertrag nur die Möglichkeit der außerordentlichen Kündigung geregelt ist, noch nicht mit Erfolg auf einen derartigen Ausschluss berufen kann.[454] Wurde § 16 Satz 2 TzBfG tatsächlich einmal abbedungen und hat der Arbeitgeber von der Möglichkeit des § 15 Abs. 3 TzBfG, sich eine zwischenzeitliche ordentliche Kündigungsmöglichkeit vorzubehalten, keinen Gebrauch gemacht (diese würde wegen § 16 Satz 1 TzBfG auch bei Unwirksamkeit der Befristungsabrede gelten), darf der Arbeitgeber zwar vor Ablauf der Befristungsdauer, aber frühestens zum Zeitpunkt des ursprünglich geplanten Fristablaufs kündigen.

Neben § 21 BEEG und §§ 1–5, 14 ff. TzBfG finden auf das Vertretungsverhältnis alle Vorschriften außerhalb des Befristungsrechts Anwendung, z. B. die Vorschriften des BetrVG (dazu 3.4). Zudem gelten die §§ 5–7 KSchG entsprechend.[455] Das KSchG gilt allerdings nicht für den Fall der Kündigung des Vertretungsverhältnisses durch den Arbeitgeber nach § 21 Abs. 4 BEEG (§ 21 Abs. 5 BEEG).

Auch eine Probezeit lässt sich vereinbaren. Der Umstand, dass das Arbeitsverhältnis ohnehin endet, steht einer Probezeitbefristung nicht entgegen.[456] Hier kommt allerdings eine AGB-Kontrolle in Betracht. Enthält beispielsweise der Arbeitsvertrag neben einer drucktechnisch hervorgehobenen Befristung für die Dauer eines Jahres im nachfolgenden Text ohne drucktechnische Hervorhebung eine weitere Befristung des Arbeitsvertrags zum Ablauf der 6-monatigen Probezeit, ist die Probezeitbefristung eine überraschende Klausel, die nach § 305c Abs. 1 BGB nicht Vertragsbestandteil wird.[457]

---

454 BAG v. 23. 4. 2009 – 6 AZR 533/08 (Rn. 21, 27), NZA 2009, 1260, 1262 f.
455 APS/Backhaus, Rn. 7, 8 zu § 21 BEEG; ebenso wohl Buchner/Becker, Rn. 4 zu § 21 BEEG.
456 BAG v. 24. 1. 2008 – 6 AZR 519/07 (Rn. 21), NJW 2008, 2521.
457 BAG v. 16. 4. 2008 – 7 AZR 132/07 (Rn. 17 ff.), NJW 2008, 2279, 2280.

3.2 Sachgründe des § 21 Abs. 1 BEEG

§ 21 Abs. 1 BEEG bestimmt, dass die Vertretung des Elternzeitberechtigten einen sachlichen Grund für die Befristung eines Arbeitsverhältnisses mit einer Vertretungskraft bildet. Das Gesetz lässt aber auch Sachgrundbefristungen zu, die weit über den Anwendungsbereich des BEEG hinausgehen. Insgesamt erfasst das BEEG **drei Vertretungsgründe** mitsamt der hierfür nötigen Einarbeitung. Erforderlich ist immer, dass der Arbeitsvertrag mit dem vertretenen Arbeitnehmer weiterhin besteht. Nicht ausreichend ist damit z. B. ein bloßer Wiedereinstellungsanspruch, zumal die Vertretungszeiten etwa im Fall der Kinderbetreuung sehr lang sein können und einem Missbrauch durch Einräumung eines Wiedereinstellungsanspruchs o. ä. ansonsten Tür und Tor offen stünde. Aufgrund des Umstands, dass die Vertretungszeit mit der Ausfallzeit nicht kongruent sein muss (§ 21 Abs. 1 BEEG: „für Teile davon"), ist jedoch nicht erforderlich, dass der Vertretene durchgängig an der Nutzung seiner Arbeitskraft gehindert ist. Dies korreliert mit der Option des Elternzeiters, die Elternzeit auf drei Abschnitte zu verteilen (§ 16 Abs. 1 Satz 6 Hs. 1 BEEG).

3.2.1 Dauer eines Beschäftigungsverbots nach dem MuSchG

Zulässig ist hiernach eine Befristung für die Dauer eines absoluten oder relativen Beschäftigungsverbots nach dem MuSchG. Dies betrifft die Schutzfristen vor und nach der Niederkunft gem. § 3 Abs. 1 und 2 MuSchG sowie Zeiten der Beschäftigungsverbote nach §§ 4 ff. MuSchG.

3.2.2 Kinderbetreuung

Zulässig ist ferner eine Befristung für die Zeiten einer auf Tarifvertrag (z. B. gem. § 28 TVöD), Betriebsvereinbarung oder Arbeitsvertrag beruhenden Arbeitsfreistellung zur Betreuung eines Kindes. Ist geregelt, dass Kinder all diejenigen sind, die noch nicht die volle Geschäftsfähigkeit erlangt haben,[458] lassen sich damit sogar Vertretungsregelungen für die Betreuung von Jugendlichen abdecken. Ansonsten richtet sich der Begriff des Kindes nach dem üblichen Sprachgebrauch (bis zur Vollendung des 14. Lebensjahres).[459] Die in § 15 Abs. 2 Satz 4 und Satz 5 BEEG genannte Obergrenze von acht Jahren ist demnach nicht maßgeblich.[460] Allerdings wird auch vertreten,

458 Vgl. § 70 Abs. 3a Satz 1 SGB VI: „Kindes bis zur Vollendung des 18. Lebensjahres".

459 APS/Backhaus, Rn. 18 zu § 21 BEEG.

460 S. auch BT-Drs. 12/1125, S. 9: „Die Zulässigkeit befristeter Arbeitsverträge für die Zeit einer Arbeitsfreistellung nach dem Erziehungsurlaub wird nicht mehr durch eine Altersgrenze des Kindes eingeschränkt."

dass eine Freistellung zur Kinderbetreuung eine Befristung nach § 21 Abs. 1 BEEG nur dann rechtfertigt, wenn sie zeitlich an die Elternzeit anknüpft.[461] Dies lässt sich dem Gesetz jedoch nicht entnehmen und wäre mit dem Zweck des BEEG, die Vereinbarung von Kinderbetreuung und Berufstätigkeit zu fördern, auch nur schlecht zu vereinbaren.[462]

3.2.3 Elternzeit

Schließlich besteht ein sachlicher Grund, der eine Befristung nach § 21 Abs. 1 BEEG rechtfertigt, wenn jemand zur Vertretung eines anderen Arbeitnehmers für die Dauer der Elternzeit eingestellt wird. Für den Begriff des Arbeitnehmers als Vertretenen gilt der weite Arbeitnehmerbegriff des BEEG (vgl. § 20 BEEG). Diese Zweckbefristung setzt nicht voraus, dass die Stammkraft zum Zeitpunkt des Vertragsschlusses mit der Vertretungskraft bereits ein den Anforderungen des § 16 Abs. 1 Satz 1 BEEG genügendes Elternzeitverlangen geäußert hat.[463]

3.2.4 Einarbeitung

Die Vertretungszeit umfasst die notwendigen Zeiten der Einarbeitung (§ 21 Abs. 2 BEEG), verlängert sich also entsprechend. Damit ist übergangsweise eine gleichzeitige Beschäftigung von Arbeitnehmer und Vertretungskraft möglich. Für Befristungsfälle außerhalb des BEEG wird diese Frage kontrovers diskutiert; die Lösung ist nach Einführung des § 21 Abs. 2 BEEG offener denn je.[464]

Hinsichtlich der Dauer der Einarbeitung gilt mangels gesetzlicher Vorgaben ein großzügiger Maßstab.[465] Dafür spricht vor allem, dass in der Ursprungsfassung des § 21 BErzGG vor dem Hintergrund eines bis zu 12-monatigen Erziehungsurlaubs die Gesamtdauer der Befristung auf 15 Monate begrenzt war. Zwischenzeitlich sah ein Gesetzentwurf eine Obergrenze von sechs Wochen vor. Dieser Vorschlag wurde verworfen, da man ein Bedürfnis für über sechs Wochen hinausgehende Einarbeitungszeiten sah.[466] Auch eine mehrmonatige Einarbeitung ist damit nicht ausgeschlossen. Nicht zulässig ist eine Befristung zur Vermittlung allgemeiner Kenntnisse.[467]

---

461 Othmer, Rn. 6 zu § 21 BEEG.

462 Buchner/Becker, Rn. 8 zu § 21 BEEG; Dörner, Rn. 652; KR/Lipke, Rn. 39 zu § 21 BEEG; Pauly, Rn. 16 zu § 21 BEEG.

463 BAG v. 9. 9. 2015 – 7 AZR 148/14 (Rn. 35 ff.), NJW 2016, 2057, 2059.

464 Zum Streitstand APS/Backhaus, Rn. 341 zu § 14 TzBfG.

465 Schlachter, Anh. 2 F. Rn. 8.

466 BR-Drs. 350/85, S. 17; BT-Drs. 10/3792, S. 8.

467 KR/Lipke, Rn. 46 zu § 21 BEEG.

§ 21 Abs. 2 BEEG deckt in seiner weiten Fassung auch Vertretungszeiten zur Wiedereingliederung des Vertretenen.[468]

3.2.5 Sachgrundprüfung

Wird ein befristeter Arbeitsvertrag auf den Sachgrund der Vertretung gestützt, ist das Bestehen des Vertretungsfalls Wirksamkeitsvoraussetzung. Bei irrtümlicher Annahme eines Sachgrunds kann ggf. aber auf einen anderen Grund (z. B. Kinderbetreuung statt Elternzeit) zurückgegriffen werden.

Grds. und über den Wortlaut hinaus erforderlich ist ein **vorübergehender Bedarf.** Deshalb muss der Arbeitgeber bei Anstellung der Vertretungskraft mit der Rückkehr des Vertretenen rechnen.[469] Grds. darf der Arbeitgeber immer annehmen, dass der Elternzeitberechtigte nach entsprechender Ankündigung auch tatsächlich in Elternzeit geht und seinen Dienst danach wieder antritt. Schlichte Zweifel an der Rückkehrwilligkeit oder unverbindliche Lossagungserklärungen vermögen diese Annahme nicht zu erschüttern.[470]

Fällt der bei Vertragsschluss gegebene Sachgrund für die Befristung später weg, entsteht kein unbefristetes Arbeitsverhältnis; die Wirksamkeit der Befristung hängt allein davon ab, ob der sachliche Grund bei Vertragsschluss bestand; Befristungskontrollrecht ist Vertragskontrolle.[471] So ist es durchaus möglich, dass eine Vertretungskraft ab einem bestimmten Zeitpunkt zusammen mit dem Vertretenen im Betrieb tätig ist, weil dieser dort in Elternteilzeit arbeitet.

Die Annahme eines Vertretungsfalls setzt eine **Prognose** des Arbeitgebers über den voraussichtlichen Wegfall des Vertretungsbedarfs voraus. Diese muss nachvollziehbar und in sich widerspruchsfrei sein. Erhebliche Zweifel an der Ernsthaftigkeit der Prognose bestehen, wenn die **Vertretungszeit** die Ausfallzeit insgesamt **überschreitet.**[472] Die Prognose muss sich auf den Umstand der Wiederaufnahme der Tätigkeit des Vertretenen beziehen, nicht aber auf den Zeitpunkt der Wiederaufnahme und auch nicht darauf, ob der

468 APS/Backhaus, Rn. 23 zu § 21 BEEG; KR/Lipke, Rn. 46 zu § 21 BEEG; Schlachter, Anh. 2 F. Rn. 8; a. A. Pauly, Rn. 18 zu § 21 BEEG.

469 BAG v. 24. 9. 1997 – 7 AZR 669/96, NJW 1998, 2237; BAG v. 25. 3. 2009 – 7 AZR 34/08 (Rn. 12), NJW 2009, 3180, 3181 – Zustellerin; BAG v. 20. 1. 2010 – 7 AZR 542/08 (Rn. 12), NJOZ 2010, 1647, 1648.

470 BAG v. 2. 7. 2003 – 7 AZR 529/02, NZA 2004, 1055, 1056; BAG v. 13. 6. 2007 – 7 AZR 747/05 (Rn. 14), AP Nr. 3 zu § 14 TzBfG – Vertretung.

471 BAG v. 29. 6. 2011 – 7 AZR 6/10 (Rn. 39, 40), NJW 2011, 3675, 3678; anders z. B. im Mietrecht, s. § 575 Abs. 3 Satz 2 BGB.

472 BAG v. 19. 1. 2005 – 7 AZR 250/04 (zu II 3 b bb), NZA 2005, 873, 876.

Vertretene seine Arbeit in vollem Umfang wieder aufnehmen wird oder nicht.[473] Unerheblich ist, ob der Vertretene nach seiner Rückkehr voll eingesetzt werden kann. Der Vertretungsbedarf entfällt im bisherigen Umfang auch dann, wenn der Vertretene nur in reduziertem Umfang wieder tätig wird.[474]

Missbrauch, der zur Verneinung des Sachgrundes führt, liegt vor, wenn der Arbeitgeber aufgrund der ihm vorliegenden Informationen erhebliche Zweifel haben muss, dass die zu vertretende Stammkraft zurückkehren wird, so dass der Sachgrund der Vertretung nur vorgeschoben erscheint.[475] Dies setzt voraus, dass der Vertretene dem Arbeitgeber bereits vor Abschluss des befristeten Arbeitsvertrags mit der Vertretungskraft **verbindlich erklärt** hat, er werde die Arbeit nicht wieder aufnehmen.[476] In diesem Fall besteht an der Wahrnehmung der Aufgaben der ausfallenden Stammkraft kein nur zeitlich begrenztes, sondern ein dauerhaftes Bedürfnis.

Als missbräuchlich betrachtet das BAG ferner gewisse Kettenbefristungen (Personalreserven). Vorangegangen war eine Entscheidung des EuGH, mit der in einem Vorabentscheidungsverfahren auf Anrufung durch das BAG[477] die Frage beantwortet wurde, ob es mit § 5 Nr. 1 der mit der BefristungsRiLi 1999/70/EG umgesetzten EGB-UNICE-CEEP-Rahmenvereinbarung vereinbar ist, die wiederholte Befristung eines Arbeitsvertrags auch dann auf den im nationalen Recht vorgesehenen Sachgrund der Vertretung zu stützen, wenn beim Arbeitgeber ein ständiger Vertretungsbedarf besteht, der durch unbefristete Einstellungen, also eine Personalreserve, befriedigt werden könnte. Grund für diese Anfrage war das Angelidaki-Urteil des EuGH, wonach aufgrund §§ 1, 5 der in der BefristungsRiLi 1999/70/EG implementierten Rahmenvereinbarung bei aufeinander folgenden Arbeitsverträgen

> „stets die Umstände des Einzelfalls und dabei namentlich die Zahl der aufeinander folgenden Verträge zu prüfen [sind], die mit derselben Person oder zur Verrichtung der gleichen Arbeit geschlossen wurden, damit ver-

473 BAG v. 25.3.2009 – 7 AZR 34/08 (Rn. 12), NJW 2009, 3180, 3181 – Zustellerin.

474 Dörner, Rn. 307.

475 BAG v. 20.2.2002 – 7 AZR 600/00, NJW 2002, 2660, 2661; BAG v. 25.3.2009 – 7 AZR 34/08 (Rn. 12), NJW 2009, 3180, 3181 – Zustellerin; BAG v. 29.6.2011 – 7 AZR 6/10 (Rn. 39), NJW 2011, 3675, 3678.

476 BAG v. 2.7.2003 – 7 AZR 529/02, NZA 2004, 1055, 1056; BAG v. 25.3.2009 – 7 AZR 34/08 (Rn. 12), NJW 2009, 3180, 3181 – Zustellerin; BAG v. 9.9.2015 – 7 AZR 148/14 (Rn. 33), NJW 2016, 2057, 2059; BAG v. 21.2.2018 – 7 AZR 765/16 (Rn. 14), NZA 2018, 858, 860.

477 BAG v. 17.11.2010 – 7 AZR 443/09 (A), NZA 2011, 34 – Kücük: 13 befristete Arbeitsverhältnisse in 11 Jahren.

hindert wird, dass Arbeitgeber missbräuchlich auf befristete Arbeitsverträge zurückgreifen".[478]

Nach Auffassung des EuGH folgt bei Vertretungsbefristungen aus dem Umstand, dass es für einen Arbeitgeber aufgrund der Zahl der Beschäftigten unvermeidlich ist, wiederholt oder sogar dauerhaft auf befristete Vertretungen zurückzugreifen, und diese Vertretungen auch durch die Einstellung von Arbeitnehmern mit unbefristeten Arbeitsverträgen gedeckt werden könnten, weder das Fehlen eines sachlichen Grundes noch das Vorliegen eines Missbrauchs. Automatisch den Abschluss unbefristeter Verträge zu verlangen, wenn die Größe des betroffenen Unternehmens oder der betroffenen Einrichtung und die Zusammensetzung des Personals darauf schließen lassen, dass der Arbeitgeber mit einem wiederholten oder ständigen Bedarf an Vertretungskräften konfrontiert sei, ginge über die Ziele der durch die Richtlinie umgesetzten Rahmenvereinbarung der europäischen Sozialpartner hinaus und würde den den Mitgliedstaaten und Sozialpartnern eingeräumten Wertungsspielraum verletzen. Die nationalen Gerichte sollen aber bei der Beurteilung der Frage, ob die Verlängerung eines befristeten Arbeitsvertrags im Einzelfall durch einen sachlichen Grund wie den vorübergehenden Bedarf an Vertretungskräften gerechtfertigt ist, alle Umstände des Einzelfalls einschließlich der Zahl und der Gesamtdauer der in der Vergangenheit mit demselben Arbeitgeber geschlossenen befristeten Verträge berücksichtigen müssen.[479] Nicht mehr angängig ist es damit, die Vergangenheit auszublenden, nur weil die Parteien das Arbeitsverhältnis mit der aktuellen Befristungsabrede auf eine neue Grundlage gestellt haben. Auf der anderen Seite ist schon die Erstbefristung streng zu prüfen. Weder sind an den sachlichen Grund mit zunehmender Anzahl der Folgebefristungen gesteigerte Anforderungen zu stellen, noch ändert sich der Prüfungsmaßstab bei der vom Arbeitgeber anzustellenden Prognose.[480] Damit lehnt das BAG es ab, den alten, auf Vertretungsbefristungen nach dem TzBfG nicht mehr angewandten Grundsatz wiederzubeleben, wonach die Sachgrundprüfung mit jeder neuen Befristung zu verschärfen ist, der Begründungsaufwand also steigt.[481] Weiterhin bleibt

478 EuGH v. 23.4.2009 – C-378/07 (Rn. 157), BeckRS 2009, 70428 – Angelidaki; in diese Richtung bereits EuGH 4.7.2006 – C-212/04 (Rn. 72), BeckRS 2006, 70506 – Adeneler.

479 EuGH v. 26.1.2012 – C-586/10 (Rn. 50, 56), NJW 2012, 989, 992 f. – Kücük.

480 BAG v. 18.7.2012 – 7 AZR 443/09 (Rn. 15), NJW 2013, 1254, 1255 – Kücük; BAG v. 13.2.2013 – 7 AZR 225/11 (Rn. 33), NZA 2013, 777, 780.

481 Zuletzt BAG v. 6.12.2000 – 7 AZR 262/99, NZA 2001, 721, 722; BAG v. 27.6.2001 – 7 AZR 326/00, NJOZ 2002, 379, 380. Im Bereich der Befristung nach § 14 Abs. 1 Nr. 1 TzBfG hat dieser Grundsatz seine Bedeutung behalten: BAG v. 15.2.2006 – 7 AZR 241/05 (Rn. 22), BeckRS 2006, 42340; dazu auch Dörner, Rn. 278; Linsenmaier, RdA 2012, 193, 200.

grds. die letzte Befristung Gegenstand der Prüfung. Überdies darf der Arbeitgeber für konkrete Vertretungsfälle, bei denen mit einer Wiederkehr des Vertretenen zu rechnen ist, immer vorübergehende Maßnahmen ergreifen, auch wenn der Bedarf sich im Laufe der Zeit nicht verändert. Ein großer Arbeitgeber muss daher auch keine unbefristet beschäftigte Personalreserve bilden, nur weil immer irgendwo jemand ausfällt und der so entstehende Personalbedarf durch eine Vertretungskraft dauerhaft gestillt werden kann. Da so selbst Tagesbefristungen möglich sind, hat allein der Umstand einer Vielzahl von Befristungen nur wenig Aussagekraft, erst recht nicht, wenn es sich dabei um Kurzbefristungen handelt. Dies zeigt auch die Überlegung, dass der Arbeitgeber die Vertretungskraft nicht für den gesamten Vertretungszeitraum einstellen muss, sondern die Befristungszeiträume (auch kleinteilig) stückeln darf. Die Frage der Zahl und Gesamtdauer der in der Vergangenheit mit demselben Arbeitgeber geschlossenen Arbeitsverträge ist damit nur als Missbrauchsgesichtspunkt zu berücksichtigen. Insofern ist nach Auffassung des EuGH das Vorliegen eines Vertretungsgrundes (und damit der Ausschluss von Missbrauch) durch umfassende Bewertung der mit der Verlängerung des betreffenden befristeten Arbeitsvertrags verbundenen Umstände zu bestimmen.[482] Dies geht über die Forderung hinaus, die Prognose zu hinterfragen.[483]

Nach Auffassung des BAG geht es dabei letztlich um die Prüfung eines **institutionellen Rechtsmissbrauchs.** Bei diesem ergibt sich der Nichtigkeitsgrund bereits aus Sinn und Zweck des Rechtsinstituts, beim individuellen Rechtsmissbrauch folgt er erst aus dem Verhalten. Die institutionelle Rechtsmissbrauchskontrolle verlangt daher weder ein subjektives Element, noch eine Umgehungsabsicht.[484] Der EuGH verlangt, gestützt auf die Rahmenvereinbarung, allgemein nur eine Missbrauchsprüfung. Bei Vorliegen eines sachlichen Grundes soll ein Missbrauch ausgeschlossen sein. Etwas anderes kann sich jedoch aus einer „umfassenden Prüfung der mit der Verlängerung der betreffenden befristeten Arbeitsverträge oder -verhältnisse verbundenen Umstände“ ergeben.[485]

Wird der Vertretungsbedarf nicht in vollem Umfang (§ 21 Abs. 1 BEEG: „für Teile davon“) oder nicht die ganze Zeit über abgedeckt, sind das keine Anhaltspunkte für einen möglichen Missbrauch.[486] Gleiches gilt, wenn die

482 EuGH v. 26. 1. 2012 – C-586/10 (Rn. 51), NJW 2012, 989, 992 – Kücük.

483 So etwa Drosdeck/Bitsch, NJW 2012, 977, 979 f.

484 BAG v. 18. 7. 2012 – 7 AZR 443/09 (Rn. 38), NJW 2013, 1254, 1259 – Kücük; BAG v. 18. 7. 2012 – 7 AZR 783/10 (Rn. 33), NZA 2012, 1359, 1364.

485 EuGH v. 26. 1. 2012 – C-586/10 (Rn. 51), NJW 2012, 989, 992 – Kücük.

486 BAG v. 6. 11. 2013 – 7 AZR 96/12 (Rn. 31), NJW 2014, 1548, 1550; BAG v. 21. 2. 2018 – 7 AZR 696/16 (Rn. 18, 19), NZA 2018, 1003, 1005.

Vertretungskraft einen dauernden Bedarf erfüllt und der Arbeitgeber ansonsten nicht über ausreichendes Personal verfügt, den Bedarf zu decken.[487]

Von besonderer Bedeutung für die Beurteilung eines möglichen Rechtsmissbrauchs sind nach Auffassung des BAG die **Gesamtdauer** der befristeten Verträge sowie die **Anzahl der Vertragsverlängerungen.** Hiernach kennzeichnet § 14 Abs. 2 Satz 1 TzBfG den unter allen Umständen unproblematischen Bereich.[488] Ist ein Sachgrund nach § 14 Abs. 1 TzBfG gegeben, lasse erst das erhebliche Überschreiten dieser Grenzwerte den Schluss auf eine missbräuchliche Gestaltung zu. Zumindest regelmäßig bestehe bei Vorliegen eines die Befristung an sich rechtfertigenden Sachgrundes kein gesteigerter Anlass zur Missbrauchskontrolle, wenn die in § 14 Abs. 2 Satz 1 TzBfG für die sachgrundlose Befristung bezeichneten Grenzen nicht um ein Mehrfaches überschritten sind. Daraus hat das BAG in einem Urteil vom 26. 10. 2016[489] eine Art Ampellösung („dreistufiges System")[490] abgeleitet. Hiernach ist eine Missbrauchskontrolle geboten, wenn einer der Werte des § 14 Abs. 2 Satz 1 TzBfG mehr als das 4-fache beträgt oder beide Werte das 3-fache übersteigen. Überschreitet also die Gesamtdauer des befristeten Arbeitsverhältnisses acht Jahre oder wurden mehr als zwölf Verlängerungen des befristeten Arbeitsvertrags vereinbart, hängt es von weiteren, zunächst vom Arbeitnehmer als Kläger vorzutragenden Umständen ab, ob ein Rechtsmissbrauch anzunehmen ist. Gleiches gilt, wenn die Gesamtdauer des befristeten Arbeitsverhältnisses sechs Jahre überschreitet und mehr als neun Vertragsverlängerungen vereinbart wurden.[491] Erforderlich ist dann eine Missbrauchskontrolle, nicht als Abwägung, sondern als **Gewichtsprüfung.** Werden die in § 14 Abs. 2 Satz 1 TzBfG genannten Grenzen alternativ oder kumulativ **in besonders gravierendem Ausmaß** überschritten, streitet eine (widerlegliche) **Vermutung** („Indiz") für eine missbräuchliche Ausnutzung der an sich eröffneten Möglichkeit zur Sachgrundbefristung. Ein solcher Fall ist entsprechend einem in einem Referat auf der 26. Jahresarbeitstagung des DAI am 7. 11. 2014 geäußerten Vorschlag von Schubert regelmä-

487 BAG v. 6. 11. 2013 – 7 AZR 96/12 (Rn. 31), NJW 2014, 1548, 1550; BAG v. 21. 2. 2018 – 7 AZR 696/16 (Rn. 20), NZA 2018, 1003, 1005.

488 BAG v. 13. 2. 2013 – 7 AZR 225/11 (Rn. 39), NZA 2013, 777, 781; zuvor bereits Brose/Sagan, NZA 2012, 308, 310.

489 7 AZR 135/15 (Rn. 26, 28), NZA 2017, 382, 386 f. – Volleyball-Trainer; zuvor bereits ArbG Freiburg v. 16. 12. 2014 – 4 Ca 339/14, NZA-RR 2015, 68 f.

490 BAG v. 21. 3. 2017 – 7 AZR 369/15 (Rn. 24), NZA 2017, 706, 710; BAG v. 17. 5. 2017 – 7 AZR 420/15 (Rn. 16), NJW 2017, 3737, 3738.

491 BAG v. 26. 10. 2016 – 7 AZR 135/15 (Rn. 26), NZA 2017, 382, 386 – Volleyball-Trainer; BAG v. 21. 2. 2018 – 7 AZR 765/16 (Rn. 28), NZA 2018, 858, 862.

ßig zu bejahen, wenn durch die befristeten Verträge einer der Werte des § 14 Abs. 2 Satz 1 TzBfG um mehr als das 5-fache überschritten wird oder beide Werte mehr als das jeweils 4-fache betragen. Das bedeutet, dass ein Rechtsmissbrauch zu vermuten ist, wenn die Gesamtdauer des Arbeitsverhältnisses zehn Jahre überschreitet oder mehr als 15 Vertragsverlängerungen vereinbart wurden, oder wenn mehr als zwölf Vertragsverlängerungen bei einer Gesamtdauer von mehr als acht Jahren vorliegen.[492]

Kurzfristige **Unterbrechungen** spielen für die Bestimmung der Gesamtdauer keine Rolle. Nach Auffassung des EuGH[493] kappt eine Unterbrechung von 60 Tagen „im Allgemeinen" den zeitlichen Zusammenhang. Das lässt etwas Spielraum. Für einen Arbeitgeber, der ständig und dauerhaft Bedarf an Arbeitskräften hat, dürfte es schwierig sein, den von der Rahmenvereinbarung gewährten Schutz gegen Missbräuche zu umgehen, indem er am Ende jedes befristeten Vertrags eine Frist von ca. zwei Monaten verstreichen lässt. Jedenfalls eine Unterbrechung von zwei Jahren schließt aufeinanderfolgende befristete Arbeitsverhältnisse und damit einen Rechtsmissbrauch aus.[494]

Ist eine Missbrauchskontrolle vorzunehmen, können sich **Anhaltspunkte** für oder gegen einen institutionellen Rechtsmissbrauch nach Auffassung des BAG[495] daraus ergeben, ob ein Arbeitnehmer stets auf demselben Arbeitsplatz mit denselben Aufgaben beschäftigt wurde oder ihm mit den jeweiligen befristeten Arbeitsverträgen wechselnde, ganz unterschiedliche Tätigkeiten übertragen wurden. Indizien für oder gegen eine rechtsmissbräuchliche Vertragsgestaltung können auch aus der Art der Vertretung abzuleiten sein; regelmäßig erweist sich eine Befristung zur unmittelbaren Vertretung ggü. einer mittelbaren Vertretung oder einer Vertretung nach dem Modell der gedanklichen Zuordnung (s. u.) als weniger missbrauchsanfällig. Die Annahme eines Gestaltungsmissbrauchs bei aneinandergereihten befristeten Arbeitsverträgen zur Vertretung liegt näher, wenn die Laufzeit der Verträge wiederholt hinter der prognostizierten Dauer des Vertretungsbedarfs zurückbleibt, ohne dass dafür ein berechtigtes Interesse des Arbeitgebers erkennbar ist.[496] Bei der Gesamtwürdigung von Bedeutung sind zudem grundrechtlich gewährleistete Freiheiten (insbesondere die in Art. 5 Abs. 1 GG gewährleistete Pressefreiheit und die Freiheit der Berichterstattung

---

492 BAG v. 26. 10. 2016 – 7 AZR 135/15 (Rn. 28), NZA 2017, 382, 387 – Volleyball-Trainer; BAG v. 21. 2. 2018 – 7 AZR 765/16 (Rn. 29), NZA 2018, 858, 862.

493 EuGH v. 3. 7. 2014 – C-362/13 (Rn. 71), BeckRS 2014, 81092 – Flamingo.

494 BAG v. 21. 3. 2017 – 7 AZR 369/15 (Rn. 32), NZA 2017, 706, 710; BAG v. 21. 2. 2018 – 7 AZR 765/16 (Rn. 30), NZA 2018, 858, 862.

495 BAG v. 26. 10. 2016 – 7 AZR 135/15 (Rn. 24), NZA 2017, 382, 386 – Volleyball-Trainer; BAG v. 21. 2. 2018 – 7 AZR 765/16 (Rn. 30), NZA 2018, 858, 862.

496 Dieses Kriterium hatten bereits Brose/Sagan, NZA 2012, 308, 310 vorgeschlagen.

durch Rundfunk und Film, aber auch die in Art. 5 Abs. 3 GG garantierte Freiheit von Kunst und Wissenschaft, Forschung und Lehre)[497] sowie besondere Anforderungen der in Rede stehenden Branchen (z. B. Saisonbetriebe, Schulbereich) und/oder Arbeitnehmerkategorien (Einsatzmöglichkeiten), sofern dies objektiv gerechtfertigt ist. Auch die Anzahl und Dauer etwaiger Unterbrechungen zwischen den befristeten Arbeitsverträgen können gegen einen Rechtsmissbrauch sprechen.[498]

Die Neuausrichtung der Rspr. ist vom Ergebnis her zu begrüßen. Wie die Urteile des EuGH und des BAG zur Kettenbefristung zeigen, geht es regelmäßig um ein Phänomen im öffentlichen Dienst. Dort ist eine unbefristete Einstellung nur möglich, wenn hierfür eine Planstelle geschaffen wurde. Diese erlaubt langfristige Beurlaubungen und sperrt im Gegenzug die Schaffung neuer Planstellen. Eine Vertretungskraft kann daher auch bei einem Dauerbedarf grds. nur befristet beschäftigt werden.[499] Im Bestreben, diese Ordnung nicht zu stören, konnte es dem EuGH und – ihm folgend – dem BAG nur darum gehen, Auswüchsen der Kettenbefristung zu begegnen. Die genannten Kriterien sind vielfach aber keine eigentlichen Missbrauchsindizien, sondern einfach nur Gesichtspunkte einer Billigkeitskorrektur mit dem Ziel, den Grundsatz des unbefristeten Arbeitsvertrags in seinem Kernbereich zu schützen. Schon gar nicht geht es um Treu und Glauben oder um Redlichkeit.[500] Diese Rspr. des BAG unterliegt daher grundsätzlicher Kritik.[501] Der Gesichtspunkt des institutionellen Rechtsmissbrauchs ist **konturlos** und daher kein brauchbarer Kontrollmaßstab. Unter seinem Deckmantel lässt sich alles Mögliche für unwirksam halten, da er sich in keiner Weise auf Einzelkriterien herunterbrechen lässt. Hieran gemessen, sind die vom BAG genannten Indizien schlichtweg willkürlich. Lange Jahre wurde die Rechtsfigur des qualifiziert faktischen Konzerns auf diesen Gesichtspunkt gestützt,[502] bis der BGH schließlich auf eine verschuldensabhängige (Innen-)Haftung umschwenkte.[503] Das sollte Warnung genug sein. Es ist daher auch klar, dass die neuere Rspr. zu einer Fülle von Gerichtsprozessen führt. Auf der anderen Seite wird dem BAG die Befugnis zur Fortbildung des

497 BAG v. 18. 7. 2012 – 7 AZR 443/09 (Rn. 47), NJW 2013, 1254, 1260 – Kücük; BAG v. 18. 7. 2012 – 783/10 (Rn. 42), NZA 2012, 1359, 1365.

498 S. ferner Bayreuther, NZA 2013, 23, 25 f., der dem Abstand der Tätigkeitsbereiche von Vertretenem und Vertretungskraft Bedeutung beimisst.

499 Böhm, DB 2013, 516, 518.

500 So aber LAG Hamm v. 14. 2. 2013 – 11 Sa 1168/12 (zu I 3 b), BeckRS 2013, 68159.

501 Dazu Bruns, NZA 2013, 769 ff.

502 S. etwa Bruns, WM 2003, 815, 816 f.; ders., DB 2005, 330.

503 Durch Urt. v. 16. 7. 2007 – II ZR 3/04, BGHZ 173, 246 = NJW 2007, 2689 – Trihotel; bestätigt durch BGH v. 9. 2. 2009 – II ZR 292/07, BGHZ 179, 344 = NJW 2009, 2127 – Sanitary.

Rechts zugewiesen. Das hat in der Vergangenheit zu freien Rechtsschöpfungen geführt, die sich in der Praxis durchaus bewährt haben. Schulbeispiele sind die Kontrolle von Rückzahlungsklauseln bei Gratifikationen und das Recht der Arbeitnehmerhaftung (Stichwort: mittleres Verschulden). Nach § 45 Abs. 4 ArbGG können die BAG-Senate Fragen von grundsätzlicher Bedeutung dem Großen Senat zur Entscheidung vorlegen, wenn das nach ihrer Auffassung zur Fortbildung des Rechts oder zur Sicherung einer einheitlichen Rspr. erforderlich ist. Zur Rechtsfortbildung berechtigt sind sie aber auch selbst.[504] Problematisch ist, dass sich das BAG nicht auf diese Befugnis stützt, sondern sich hierfür auf eine juristische Konstruktion besinnt, die es eigentlich nicht gibt. Die Annahme einer verschuldensunabhängigen Missbrauchsmöglichkeit ist ein Widerspruch in sich. Das BAG hätte sich daher einfach auf Erfordernisse eines wirksamen Arbeitnehmerschutzes bzw. den Primat des unbefristeten Arbeitsvertrags beziehen können. Es verkennt überdies die Breitenwirkung dieses Grundsatzes. Sicherlich liegt die These nahe, ein solch allgemeiner Nichtigkeitsgrund sei nicht nur auf die Vertretungsbefristung beschränkt, sondern betreffe alle Befristungsgründe.[505] Allerdings besteht bei den anderen Befristungsgründen kein Bedarf nach einer solchen Schranke. Sofern das BAG in diesem Zusammenhang die Haushaltsbefristung nennt, gilt die Kritik dort allgemein der Privilegierung des Staates, mithin dem Befristungsgrund an sich. Bei der Bedarfsbefristung hilft im Gegensatz zur Vertretungsbefristung das Prinzip, wonach die Sachgrundprüfung mit jeder neuen Befristung zu verschärfen ist, der Begründungsaufwand also steigt. An diesem Grundsatz soll für den Bereich der Bedarfsbefristung daher auch nicht gerüttelt werden;[506] er bietet alle Möglichkeiten einer Billigkeitskorrektur. Die vom BAG aufgeführten, teilweise aus dem Kücük-Urteil des EuGH übernommenen Kriterien erscheinen wie eine Sammlung von Kandidaten. Insbes. die ‚Ampellösung' mit ihrer Herleitung aus § 14 Abs. 2 Satz 1 TzBfG kann nicht überzeugen. Diese Bestimmung grenzt nur den Bereich der sachgrundfreien Befristung ein und betrifft damit gerade nicht die Sachgrundbefristungen. Für sachgrundlose Befristungen gilt überdies das Anschlussverbot aus § 14 Abs. 2 Satz 2 TzBfG. Dieses Kriterium lässt sich für Sachgrundbefristungen nicht nutzen, da Kettenbefristungen gerade nicht verboten sind. Rein willkürlich ist die daran anknüpfende These, gesteigerter Anlass zur Missbrauchskontrolle

504 Dieterich, RdA 1993, 67 ff.; Prütting, in: Germelmann/Matthes/Prütting, ArbGG, 10. Aufl. 2022, § 45 Rn. 2.

505 So BAG v. 13. 2. 2013 – 7 AZR 225/11 (Rn. 36), NZA 2013, 777, 781; zuvor bereits LAG Schleswig-Holstein v. 19. 12. 2012 – 6 Sa 62/12 (Juris Rn. 52), BeckRS 2013, 66219.

506 BAG v. 15. 2. 2006 – 7 AZR 241/05 (Rn. 22), BeckRS 2006, 42340; s. auch Dörner, Rn. 278; Linsenmaier, RdA 2012, 193, 200.

bestehe erst dann, wenn diese Grenzen um ein Mehrfaches überschritten sind. Schon die Berechnung ist falsch. § 12 Abs. 2 Satz 1 TzBfG lässt 3 Verlängerungen, also vier Verträge zu. Das 4-fache davon sind 16 Verträge. Die Missbrauchsprüfung beginnt damit bei 17 Verträgen und nicht schon bei mehr als zwölf Verlängerungen, also 13 Verträgen. Die Vermutungswirkung greift dementsprechend nicht schon bei 16, sondern erst bei 21 Verträgen. Für die Multiplikatoren 4 und 5 gibt es überdies keine Vorlage.[507] In anderen Zusammenhängen (z. B. bei Schwerpunktzinsen) reicht das Doppelte aus, um die Sittenwidrigkeit zu begründen, nach Auffassung des BAG fängt der Prüfbedarf da noch nicht einmal an. Was bleibt, ist die selbstverständliche Annahme, dass schon einige Befristungen zusammenkommen müssen, um eine Billigkeitskorrektur zu rechtfertigen. Woran wird man sich halten müssen? Entscheidend ist die Prämisse, dass der befristet beschäftigte Arbeitnehmer nicht den Eindruck bekommen darf, einer faktischen Personalreserve aus befristet Beschäftigten anzugehören. Damit muss verhindert werden, dass sich die Aufgabe bzw. der Arbeitsplatz der Vertretungskraft mit der Zeit verstetigt („verkappter Springer"). Entscheidend ist folglich nur, wie lange die Vertretungskraft insgesamt schon am selben Arbeitsplatz beschäftigt wird. Die Grenze dürfte bei acht Jahren liegen.[508] Sofern der EuGH verlangt, dass auch die Zahl der Vertragsverlängerungen in die Missbrauchskontrolle Eingang finden muss, kann damit nur die verhaltensbezogene Missbrauchskontrolle gemeint sein, die unabhängig von der Prüfung eines institutionellen Missbrauchs durchzuführen ist, wenn der Sachverhalt dies nahelegt. Auch die vom BAG genannten weiteren Kriterien sind bei Lichte betrachtet nur Aspekte dieser individuellen Missbrauchskontrolle. Relevant sind dabei vor allem die Anzahl der Befristungen und – was damit regelmäßig einher geht – die Frage, ob die Befristungszeiten dem Vertretungsbedarf deutlich hinterherhinken. In diesen Fällen muss es dem Arbeitgeber möglich sein, sich zu entlasten, indem er diese Auffälligkeiten sinnvoll begründet.

Eine Vertretungsbefristung ist erst dann zulässig, wenn der Vertretungsbedarf **konkret** feststeht. Ein Arbeitsverhältnis, das dauerhaft zur generellen Vertretung bei solchen Fehlzeiten gleichsam „auf Vorrat" geschaffen wird,

---

507 Zutreffend Kock, NJW 2017, 3740: „ …vollständig aus der Luft gegriffen und das BAG macht sich hier wieder einmal die Welt, wie es ihm grad gefällt – vergleichbar mit der Erfindung der 3-Jahres-Frist beim Zuvorbeschäftigungsverbot bei der sachgrundlosen Befristung".

508 So auch Lakies, PersR 2013, 56.

lässt sich auf § 21 BEEG nicht stützen.[509] Auf der anderen Seite setzt eine Vertretung während der Elternzeit nicht voraus, dass der Elternzeitberechtigte zum Zeitpunkt des Vertragsschlusses mit der Vertretungskraft bereits Elternzeit verlangt hat.[510] Dies ergibt sich vor allem daraus, dass der Gesetzgeber die in § 21 Abs. 1 BEEG (damals BErzGG) vor dem Wort „Erziehungsurlaub" stehenden Worte „zu Recht verlangten" mit Wirkung zum 1. 1. 1992 gestrichen hat.[511] Damit darf der Arbeitgeber schon dann zu einer Vertretungslösung greifen, wenn die Stammkraft die Inanspruchnahme von Elternzeit nur angekündigt hat, was er sich zweckmäßigerweise schriftlich geben lassen sollte.

Der Umfang der (voraussichtlichen) Anmeldung bestimmt die zulässige Vertretungsdauer.[512] Die Begründung einer Befristung wegen Elternzeitvertretung mit dem Zusatz „bis zum Wegfall des Bedarfs" deckt regelmäßig auch mehrere ununterbrochen aufeinander folgende Elternzeiten.[513]

Die Ersatzkraft muss nicht genau die Aufgaben des/der Beschäftigten übernehmen. Vielmehr reicht es aus, wenn zeitlich mindestens zur Hälfte Arbeitsvorgänge anfallen, die sich auf den Vertretungsbedarf zurückführen lassen.[514] Entscheidend ist ein **Kausalbezug.**[515]

Wie nach allgemeinem Befristungsrecht (§ 14 Abs. 1 Satz 2 Nr. 3 TzBfG) besteht der Sachgrund auch bei **mittelbarer Vertretung**, also dann, wenn die Aufgaben des vorübergehend abwesenden Arbeitnehmers ganz oder teilweise anderen Arbeitnehmern übertragen und deren Aufgaben vom Vertreter erledigt werden. Denn das Befristungsrecht lässt die Versetzungs- und Umsetzungsbefugnisse des Arbeitgebers unberührt.[516] Durch eine solche Umverteilung der Arbeit lässt sich sogar die Vertretung einer Daueraushilfe („Springer") bewerkstelligen. Die Ersatzkraft muss den Arbeitsplatz des

509 LAG Köln v. 14. 1. 1999 – 6 Sa 1165/98, LAGE Nr. 3 zu § 21 BErzGG; LAG Hessen v. 16. 9. 1999 – 12 Sa 2034/98, NZA-RR 2000, 293, 296 – Stellenpoolmodell; Gaul, Rn. 2 zu § 21 BEEG; vgl. BAG v. 3. 10. 1984 – 7 AZR 192/83, NZA 1985, 561.

510 BAG v. 9. 9. 2015 – 7 AZR 148/14 (Rn. 35), NJW 2016, 2057, 2059.

511 Aufgrund Gesetz v. 6. 12. 1991, BGBl. I S. 2142, 2144.

512 Sowka, S. 58.

513 LAG Nürnberg v. 2. 8. 2007 – 5 Sa 564/06 (Juris Rn. 19), BB 2007, 2076 (LS) – vor dem BAG verglichen.

514 BAG v. 20. 1. 2010 – 7 AZR 542/08 (Rn. 20), NJOZ 2010, 1647, 1649.

515 BAG v. 10. 5. 1989 – 7 AZR 455/88 (Rn. 50, 51), BeckRS 1989, 30730923; BAG v. 11. 2. 2015 – 7 AZR 113/13 (Rn. 17), NZA 2015, 617, 619; BAG v. 21. 2. 2018 – 7 AZR 696/16 (Rn. 15), NZA 2018, 1003, 1004.

516 BAG v. 15. 2. 2006 – 7 AZR 232/05, NJW 2006, 3451; BAG v. 24. 5. 2006 – 7 AZR 640/05 (Rn. 15), BeckRS 2009, 67940; BAG v. 25. 3. 2009 – 7 AZR 59/08 (Rn. 18), BeckRS 2009, 69343.

Elternzeitberechtigten also nie gesehen haben; sie kann sogar einen ganz neuen Arbeitsplatz besetzen.[517] Allerdings muss es sich bei dem vom Vertreter eingenommenen Arbeitsplatz um einen solchen handeln, auf den der Arbeitgeber kraft seiner Direktionsbefugnis auch den ausfallenden Mitarbeiter hätte umsetzen dürfen.[518] Unter dieser Voraussetzung kann ein vorübergehend mit höherwertiger Arbeit beschäftigter Mitarbeiter auch auf seiner bisherigen Ebene durch einen befristet eingestellten Mitarbeiter vertreten werden. Außerhalb der Reichweite des Direktionsrechts liegt der Fall, dass der Vertreter anders eingruppiert wird und dadurch eine andere Vergütung erhält.[519]

Weitergehend hat der Arbeitgeber das Recht, dem Vertreter Aufgaben zu übertragen, die sich in keiner Weise auf die Aufgaben des vertretenen Arbeitnehmers zurückführen lassen. Er muss die Aufgaben des Vertreters dazu einem oder mehreren vorübergehend abwesenden Beschäftigten **gedanklich zuordnen**. Nach der Rspr. des BAG beruht auch in einem solchen Fall die Einstellung des Vertreters auf der Abwesenheit des zu vertretenden Arbeitnehmers und ist von der Fallgruppe des § 14 Abs. 1 Satz 2 Nr. 3 TzBfG (und damit auch von § 21 Abs. 1 BEEG) gedeckt.[520] Die gedankliche Zuordnung muss jedoch, damit der Vertretungsgrund nicht einfach nur vorgeschoben wird, nach außen hin erkennbar sein. Die Verdeutlichung der Überlegungen des Arbeitgebers kann z. B. durch Angaben im Arbeitsvertrag oder im Rahmen der Beteiligung der Arbeitnehmervertretung bei der Einstellung erfolgen.[521] Diese Dokumentation verhindert, dass der Arbeitgeber die Aufgaben des Vertreters im Nachhinein einer Stammkraft zuordnet, wenn sich etwa herausstellen sollte, dass der bezeichnete Arbeitnehmer die Aufgaben des Vertreters nicht hätte wahrnehmen können. Überdies wird so sichergestellt, dass sich der Arbeitgeber bei mehreren befristet abgeschlossenen Arbeitsverträgen nicht ggü. jedem der befristet beschäftigten Arbeitnehmer darauf berufen kann, dass der Vertretene nach seiner Rückkehr jeweils deren Arbei-

517 Vgl. (zu § 14 Abs. 1 Satz 2 Nr. 3 TzBfG) BAG v. 15. 2. 2006 – 7 AZR 232/05, NJW 2006, 3451; BAG v. 25. 3. 2009 – 7 AZR 59/08 (Rn. 18), AP Nr. 58 zu § 14 TzBfG.

518 Vgl. BAG v. 17. 4. 2002 – 7 AZR 665/00, AP Nr. 21 zu § 2 BAT SR 2y; BAG v. 25. 3. 2009 – 7 AZR 34/08 (Rn. 15), NJW 2009, 3180, 3181 f. – Zustellerin; BAG v. 14. 4. 2010 – 7 AZR 121/09 (Rn. 16), NJW 2010, 2684, 2685.

519 LAG Köln v. 11. 5. 2005 – 7 Sa 1629/04, NZA-RR 2006, 104, 105.

520 BAG v. 15. 2. 2006 – 7 AZR 232/05 (Rn. 16), NJW 2006, 3451, 3452; BAG v. 21. 2. 2018 – 7 AZR 696/16 (Rn. 15), NZA 2018, 1003, 1004; ablehnend Brose, NZA 2009, 706, 707; Eisemann, NZA 2009, 1113, 1117: „virtuelles Vertretungskarussell"; hiergegen wiederum BAG v. 20. 1. 2010 – 7 AZR 542/08 (Rn. 13 f.), NJOZ 2010, 1647, 1648.

521 BAG v. 25. 3. 2009 – 7 AZR 34/08 (Rn. 15), NJW 2009, 3180, 3181 f. – Zustellerin; BAG v. 14. 4. 2010 – 7 AZR 121/09 (Rn. 16), NJW 2010, 2684, 2685; BAG v. 21. 2. 2018 – 7 AZR 696/16 (Rn. 15), NZA 2018, 1003, 1004; Linsenmaier, RdA 2012, 193, 199.

ten übernehmen könnte (Argumentationskarusell).[522] Auch hier muss der Arbeitgeber tatsächlich wie rechtlich die Möglichkeit haben, dem ausfallenden Mitarbeiter bei seiner Rückkehr die Aufgaben des Vertreters im Wege des Direktionsrechts zu übertragen.[523] Besteht die rechtliche Möglichkeit der Tätigkeitsübertragung auf den Vertretenen bei Abschluss der Befristungsvereinbarung mit dem Vertreter nicht oder wird sie lediglich erwartet oder unterstellt, ist nicht gewährleistet, dass die befristete Einstellung auf der vorübergehenden Abwesenheit des Vertretenen beruht.[524] Dies schließt, wenn es vom Direktionsrecht umfasst ist, eine gewisse Einarbeitungszeit der wiederkehrenden Stammkraft nicht aus.[525] Der Ausfall der Stammkraft ist nur dann nicht mehr kausal für die befristete Einstellung der Vertretungskraft, wenn die Stammkraft die gesamte Zeit des befristeten Arbeitsverhältnisses benötigen würde, um durch Fortbildung und Einarbeitung die Kenntnisse für die zu übertragende Tätigkeit erst zu erwerben; in diesem Fall könnte die Stammkraft im Falle ihrer Anwesenheit die Aufgaben der Vertretungskraft gerade nicht übernehmen.[526] Kurzfristige Vertretungen sind hiernach nur dann zulässig, wenn der Vertreter schon eingearbeitet ist oder sich die Arbeit auch ohne größere Einarbeitung verrichten lässt. Trotz dieser Kautelen ist nicht zu verkennen, dass das Abstellen auf ein bloßes Gedankenspiel das Kausalitätserfordernis sehr aufweicht. Insofern ist nicht von der Hand zu weisen, dass der Vertretungsgrund hier missbraucht wird, weil „nicht der befristet Beschäftigte an den neuen Arbeitspunkt springt, sondern jedenfalls in den Gedanken des Arbeitgebers derjenige, der vertreten wird."[527]

Noch weiter reichen sollen die Befristungsmöglichkeiten im Falle einer sog. **Gesamtvertretung.** Wird Vertretungsbedarf für das Lehrpersonal an einer Schule bezogen auf ein Schuljahr rechnerisch ermittelt, darf der Vertretungsbedarf durch befristet eingestellte Vertretungskräfte abgedeckt werden, auch wenn sie nicht an den Schulen der zu vertretenden Lehrkräfte eingesetzt werden oder deren Fächerkombination unterrichten. Voraussetzung hierfür ist, dass sich für ein Schuljahr aufgrund der zu erwartenden Schülerzahlen und der unterrichtsorganisatorischen Vorgaben ein Unterrichtsbedarf ergibt, der mit den planmäßigen Lehrkräften nur deshalb nicht ab-

522 BAG v. 15.2.2006 – 7 AZR 232/05 (Rn. 17), NJW 2006, 3451, 3452.

523 BAG v. 15.2.2006 – 7 AZR 232/05 (Rn. 17), NJW 2006, 3451, 3452; BAG v. 18.4.2007 – 7 AZR 293/06 (Rn. 17), NZA-RR 2008, 219, 221; BAG v. 14.4.2010 – 7 AZR 121/09 (Rn. 16), NJW 2010, 2684, 2685.

524 BAG v. 12.1.2011 – 7 AZR 194/09 (Rn. 22), NZA 2011, 507, 508.

525 BAG v. 14.4.2010 – 7 AZR 121/09 (Rn. 25), NJW 2010, 2684, 2686.

526 Ebda.

527 Eisemann, NZA 2009, 1113, 1116 f.

gedeckt werden kann, weil ein Teil dieser Lehrkräfte in diesem Zeitraum aufgrund einer feststehenden Beurlaubung für die Unterrichtsversorgung vorübergehend nicht zur Verfügung steht.[528] Der Sachgrund des Gesamtvertretungsbedarfs im Schulbereich setzt ebenfalls umfassende Versetzungs- und Umsetzungsbefugnisse des Arbeitgebers hinsichtlich der beamteten und angestellten planmäßigen Lehrkräfte sowie der befristet angestellten Vertretungskräfte voraus,[529] so dass letztlich kein Unterschied zur Sachgrundprüfung bei mittelbarer Stellvertretung besteht. Den Unterschied macht allein die fehlende Kongruenz von Einsatzorten und Aufgabengebieten aus, die aber befristungsrechtlich irrelevant ist. Diese Rspr. soll auf andere Verwaltungsbereiche und Gesamtvertretungen in der Privatwirtschaft übertragbar sein.[530] Jedenfalls muss immer zu erkennen sein, wer konkret vertreten werden soll.[531]

Der Arbeitgeber ist für das Vorliegen des Vertretungsbedarfs darlegungs- und beweispflichtig.[532] Die Berechtigung der Freistellung, die zur Vertretung geführt hat, wird dabei nicht geprüft. Während der Kausalzusammenhang bei einer unmittelbaren Vertretung schon dann anzunehmen ist, wenn feststeht, dass der Vertreter mit Aufgaben betraut worden ist, die zuvor dem vertretenen Arbeitnehmer übertragen waren, muss der Arbeitgeber bei einer mittelbaren Vertretung vor Gericht das Vertretungskonzept (die Vertretungskette) darlegen können; Vortrag allein zur fachlichen Austauschbarkeit des Vertretenen mit dem Vertreter reicht nicht aus.[533] Auf der anderen Seite muss der Arbeitgeber anlässlich der Befristungsabrede keine schriftliche Dokumentation erstellen, um sie dann dem Gericht vorlegen zu können.[534] Hat der Arbeitgeber den Ausfall eines Mitarbeiters zum Anlass genommen, die Aufgaben in seinem Betrieb neu zu verteilen, muss er vor Gericht

528 BAG v. 20. 1. 1999 – 7 AZR 640/97, NZA 1999, 928, 929. Der schultypenübergreifende Gesamtvertretungsbedarf wird auch in BAG v. 6. 10. 2010 – 7 AZR 397/09 (Rn. 24), NZA 2011, 1155, 1157, als hinreichender Vertretungsgrund bezeichnet; offen gelassen dann aber in BAG v. 10. 10. 2012 – 7 AZR 462/11 (Rn. 30), NZA-RR 2013, 185, 188.

529 BAG v. 20. 1. 1999 – 7 AZR 640/97, NZA 1999, 928, 929.

530 Dörner, Rn. 323 l; 1. Aufl. Rn. 320; für eine Übertragung auf andere Verwaltungsbereiche APS/Backhaus, Rn. 344 zu § 14 TzBfG; insgesamt ablehnend KR/Lipke, Rn. 293 zu § 14 TzBfG; Brose NZA 2009, 706, 708, da eine Vertretungskette nicht einmal ansatzweise erkennbar sei.

531 EuGH v. 24. 6. 2010 – C-98/09, NZA 2010, 805, 807 f. – Sorge.

532 Gaul, Rn. 16 zu § 21 BEEG; a. A. noch BAG v. 12. 10. 1960 – GS 1/59, NJW 1961, 798, 800; **a. A.** auch Buchner/Becker, Rn. 14 zu § 21 BEEG.

533 Vgl. (zu § 14 Abs. 1 Satz 2 Nr. 3 TzBfG) BAG v. 13. 10. 2004 – 7 AZR 654/03, NZA 2005, 469, 471; BAG v. 18. 4. 2007 – 7 AZR 293/06 (Rn. 17), NZA-RR 2008, 219, 221; BAG v. 25. 3. 2009 – 7 AZR 59/08 (Rn. 20), AP Nr. 58 zu § 14 TzBfG.

534 BAG v. 21. 2. 2018 – 7 AZR 696/16 (Rn. 21), NZA 2018, 1003, 1005.

zunächst die bisher dem vertretenen Arbeitnehmer übertragenen Aufgaben darstellen. Anschließend ist die Neuverteilung dieser Aufgaben auf einen oder mehrere Arbeitnehmer zu schildern. Schließlich ist darzulegen, dass sich die dem Vertreter zugewiesenen Tätigkeiten aus der geänderten Aufgabenzuweisung ergeben.[535]

Die Vertretungskraft hat das Recht, die Wirksamkeit der Befristung innerhalb von **drei Wochen** nach dem vereinbarten Ende des befristeten Arbeitsvertrags bzw. eines Verlängerungszeitraums vom Arbeitsgericht im Wege einer sog. **Entfristungsklage** überprüfen zu lassen (§ 17 Satz 1 TzBfG). § 17 Satz 1 TzBfG entbindet von der Darlegung eines besonderen Feststellungsinteresses i. S. des § 46 Abs. 2 ArbGG i. V. mit § 256 Abs. 1 ZPO.[536] Solange der Arbeitgeber über die Zweckerreichung **nicht** nach § 15 Abs. 2 TzBfG **unterrichtet,** ist für eine Befristungs- oder Bedingungskontrollklage kein Raum; eine solche Klage wäre als **allgemeine Feststellungsklage** auszulegen und insoweit auch zulässig, da damit nicht nur ein unselbständiges tatbestandliches Element oder eine Vorfrage festgestellt werden sollen, sondern der rechtlich selbständig feststellbare Umfang und die Dauer der zwischen den Parteien vereinbarten Leistungspflichten.[537] Auf die Erhebung einer Entfristungsklage kann der Arbeitnehmer weder vor noch bei Vereinbarung der Befristung verzichten (§ 22 Abs. 1 TzBfG). Daher ist die Geltendmachung der Unwirksamkeit durch den Arbeitnehmer auch nicht treuwidrig, wenn er dem Arbeitgeber bei Abschluss des Arbeitsvertrags versichert hat, mit der befristeten Beschäftigung einverstanden zu sein und keine Befristungskontrollklage zu erheben.[538] Die Klagefrist gilt für die Geltendmachung aller Unwirksamkeitsgründe.[539] § 17 Satz 1 TzBfG gilt ferner, wenn der Arbeitnehmerstatus während eines befristeten Rechtsverhältnisses nicht abschließend geklärt ist.[540] Abweichend vom Wortlaut des § 4 Satz 1 KSchG, der eine schriftliche Kündigung verlangt, knüpft § 17 Satz 1 TzBfG nicht an eine schriftliche Befristungsvereinbarung an. Der Arbeitnehmer muss die Frist des § 17 Satz 1 TzBfG somit auch dann wahren, wenn er

535 BAG v. 15. 2. 2006 – 7 AZR 232/05 (Rn. 14), NJW 2006, 3451, 3452; BAG v. 18. 4. 2007 – 7 AZR 293/06 (Rn. 14), NZA-RR 2008, 219, 220.

536 BAG v. 14. 2. 2007 – 7 AZR 95/06 (Rn. 12), NZA 2007, 803, 804; BAG v. 15. 5. 2012 – 7 AZR 6/11 (Rn. 10), NZA 2012, 1148, 1149.

537 BAG v. 15. 5. 2012 – 7 AZR 35/11 (Rn. 18 f.), NZA 2012, 1366, 1367 – Maßregelvollzugsklinik.

538 BAG v. 19. 1. 2005 – 7 AZR 115/04, NJOZ 2005, 3009, 3012 f.

539 Z. B. BAG v. 6. 4. 2011 – 7 AZR 524/09 (Rn. 13), NJW 2011, 3113, 3114: Unwirksamkeit nach § 7 Abs. 2 AGG wegen Altersdiskriminierung (betr. Reduzierung der an sich nach § 2 Abs. 1 WissZeitVG zulässigen Befristungsdauer als nicht legitimes Diskriminierungsmittel).

540 BAG v. 20. 1. 2010 – 5 AZR 99/09 (Rn. 23), NJOZ 2011, 88, 90.

sich gegen die Wirksamkeit der Befristung mit der Begründung wehrt, die Schriftform des § 14 Abs. 4 TzBfG sei nicht eingehalten; Wortlaut, Zusammenhang, Zweck und Geschichte des § 17 Satz 1 TzBfG lassen keine einschränkende Auslegung zu, die den Schriftformverstoß nicht der Klagefrist unterwirft.[541]

Hinsichtlich möglicher Unwirksamkeitsgründe ist auch für die Prüfung der Befristung eines Arbeitsverhältnisses an eine AGB-Kontrolle zu denken. Enthält beispielsweise der Arbeitsvertrag neben einer drucktechnisch hervorgehobenen Befristung für die Dauer eines Jahres im nachfolgenden Text ohne drucktechnische Hervorhebung eine weitere Befristung des Arbeitsvertrags zum Ablauf der 6-monatigen Probezeit, ist die Probezeitbefristung eine überraschende Klausel, die nach § 305c Abs. 1 BGB nicht Vertragsbestandteil geworden ist.[542] Auch kann die AGB-Kontrolle auf den Bestand des Arbeitsverhältnisses durchschlagen. Das BAG differenziert bislang wie folgt: Wird geltend gemacht, dass eine Befristung z. B. wegen Verstoßes gegen das Transparenzgebot gem. § 307 Abs. 1 BGB **unwirksam** ist, ist die Klagefrist des § 17 TzBfG zu beachten. Geht es hingegen darum, dass die Befristungsabrede zum Ablauf der Probezeit eine Überraschungsklausel darstellt, die nach § 305c Abs. 1 BGB nicht Vertragsbestandteil geworden sein soll, wird damit geltend gemacht, eine Befristung sei **nicht vereinbart** worden. Dies ist nicht mit einer (fristgebundenen) Befristungskontrollklage nach § 17 Satz 1 TzBfG zu verfolgen, sondern mit einer allgemeinen Feststellungsklage gem. § 256 Abs. 1 ZPO.[543] Diese Unterscheidung ist bedenklich, da in beiden Fällen gegen eine Befristung vorgegangen wird. Insofern sollte auch ein Verstoß gegen § 305c Abs. 1 BGB innerhalb der 3-Wochen-Frist gerichtlich angegangen werden. Gleiches gilt, wenn der Arbeitgeber die Nichtverlängerung mitgeteilt hat, obwohl nach dem schlüssigen Vortrag des Arbeitnehmers keine Befristung vorliegt. In diesem Fall muss der Arbeitnehmer den Fortbestand des Arbeitsverhältnisses feststellen lassen und darf nicht beantragen festzustellen, dass das Arbeitsverhältnis nicht infolge dieser Benachrichtigung aufgelöst worden ist.[544]

---

541 BAG v. 4. 5. 2011 – 7 AZR 252/10 (Rn. 18), NZA 2011, 1178, 1179; BAG v. 15. 2. 2012 – 10 AZR 111/11 (Rn. 40), NZA 2012, 733, 737 – Bundestags-Mobil.

542 BAG v. 16. 4. 2008 – 7 AZR 132/07 (Rn. 17 ff.), NJW 2008, 2279, 2280. In einem ähnlich gelagerten Fall hat das LAG Rheinland-Pfalz mit Urt. v. 1. 12. 2011 – 2 Sa 478/11, BeckRS 2012, 66390, einen Verstoß gegen das Transparenzgebot (§ 307 Abs. 1 Satz 2 BGB) bejaht.

543 BAG v. 16. 4. 2008 – 7 AZR 132/07 (Rn. 10), NJW 2008, 2279; ebenso LAG Baden-Württemberg v. 30. 3. 2007 – 9 Sa 4/07, NZA-RR 2008, 66, 68; LAG Berlin-Brandenburg v. 15. 1. 2013 – 16 Sa 1829/12 (zu II 1 c), BeckRS 2013, 70093.

544 LAG Berlin-Brandenburg v. 15. 1. 2013 – 16 Sa 1829/12 (zu II 1 c), BeckRS 2013, 70093.

Die Klagefrist des § 17 TzBfG gilt nicht für die Kontrolle einzelner befristeter Arbeitsbedingungen; die Unwirksamkeit der Befristung einzelner Arbeitsbedingungen ist mit einer Klage nach § 256 Abs. 1 ZPO geltend zu machen.[545]

Bei Zeitbefristungen versteht sich der **Beginn der Klagefrist** von selbst. Problematisch ist die Bestimmung des Anlaufens der Klagefrist bei Zweckbefristungen (z. B. auf das Ende der Elternzeit), da das Ende des Arbeitsverhältnisses hier von einer Mitteilung des Arbeitgebers abhängt (§ 15 Abs. 2 TzBfG). Nach Auffassung des BAG beginnt die Klagefrist des § 17 Satz 1 i.V. mit § 21 TzBfG bei einem Streit über die Wirksamkeit oder den Eintritt einer auflösenden Bedingung **mit Zugang der schriftlichen Erklärung** des Arbeitgebers, dass das Arbeitsverhältnis aufgrund des Eintritts der Bedingung beendet sei, wenn die Bedingung vor Ablauf dieser Frist eingetreten ist, ansonsten mit dem Eintritt der Bedingung.[546] Das BAG folgert dieses Ergebnis aus einer entsprechenden Anwendung des § 17 Satz 3 TzBfG. Diese Rspr. wird man auf Zweckbefristungen zu erstrecken haben und die Klagefrist auch dort ab dem Zugang der Unterrichtung berechnen. Das ermöglicht auch eine einheitliche Behandlung im Hinblick auf Beendigungsmitteilungen nach § 17 Satz 3 TzBfG, also in Fällen der Weiterarbeit über das Befristungs- bzw. Bedingungsende hinaus. Die Frist endet drei Wochen später mit Ablauf des Wochentags, der in seiner Benennung dem Tag entspricht, an dem das vereinbarte Ende des befristeten Arbeitsvertrags lag (§ 188 Abs. 2 BGB), es sei denn, es handelt sich bei diesem Tag um einen Samstag, Sonntag oder gesetzlichen Feiertag; dann endet die Frist am nächsten Werktag (§ 193 BGB).

Die Klage darf (auch weit) vor Ablauf der vereinbarten Befristung erhoben werden.[547] Die 3-wöchige Klagefrist ist über § 6 KSchG i. V. mit § 17 Satz 2 TzBfG auch dann gewahrt, wenn der Arbeitnehmer innerhalb der 3-Wochen-Frist Lohnklage erhebt und in diesem Verfahren bis zum Schluss der mündlichen Verhandlung erster Instanz geltend macht, dass eine unwirksame Befristung vorliegt.[548]

545 BAG v. 14. 1. 2004 – 7 AZR 213/03, NJW 2004, 3138, 3139; BAG v. 27. 7. 2005 – 7 AZR 486/04, NZA 2006, 40, 42; BAG v. 2. 9. 2009 – 7 AZR 233/08 (Rn. 14), NZA 2009, 1253, 1254.

546 BAG v. 6. 4. 2011 – 7 AZR 704/09 (Rn. 22), NJW 2011, 2748, 2750; BAG v. 15. 8. 2012 – 7 AZN 956/12 (Rn. 3), NZA 2012, 1116; BAG v. 10. 10. 2012 – 7 AZR 602/11 (Rn. 14), NJOZ 2013, 509, 511.

547 BAG v. 10. 3. 2004 – 7 AZR 402/03, NZA 2004, 925, 926 (zur Befristung); BAG v. 23. 6. 2010 – 7 AZR 1021/08 (Rn. 12), NZA 2010, 1248, 1249 (zur Befristung); BAG v. 1. 12. 2004 – 7 AZR 135/04, NZA 2006, 211, 212 (zur auflösenden Bedingung).

548 BAG v. 16. 4. 2003 – 7 AZR 119/02, NJW 2004, 2260, 2261.

Verstreicht die Klagefrist und wird keine Wiedereinsetzung in den vorigen Stand beantragt und gewährt, gilt die Vertragsfrist als wirksam vereinbart (§ 17 Satz 2 TzBfG i. V. mit § 7 KSchG). Das umfasst alle Unwirksamkeitsgründe, z. B. Form- und Mitbestimmungsmängel, sogar Verstöße gegen Gesetze und die guten Sitten. Da mit Versäumung der Klagefrist alle Voraussetzungen einer rechtswirksamen Befristung **fingiert** werden, wird so auch z. B. der unklare Arbeitnehmerstatus überwunden, wenn dies erforderlich ist, um zur Wirksamkeit der Befristung zu gelangen.[549] Die Fiktionswirkung gilt im Verhältnis zwischen den Arbeitsvertragsparteien. Allerdings darf z. B. im Fall einer Betriebsratswahl der Wahlvorstand dann befristete Tagesaushilfen bei der für die Betriebsratsgröße nach § 9 BetrVG maßgeblichen regelmäßigen Arbeitnehmerzahl nicht mehr einrechnen, weil er meint, die Befristungen seien rechtswidrig.[550]

Hinsichtlich der Entfristungsklage hat das Gericht nur kassatorische Funktion. Den Wortlaut des Klageantrags hat das BAG vorgegeben.[551]

Beispiel: „Es wird festgestellt, dass das Arbeitsverhältnis zwischen den Parteien nicht aufgrund der Befristung vom 15. 6. 2023 zum 24. 8. 2025 beendet worden ist."

Hält sich der Kläger nicht daran, macht er aber deutlich, eine bestimmte Befristung angreifen zu wollen (z. B. durch einen Antrag, wonach über ein Datum hinaus ein unbefristeter Arbeitsvertrag besteht), ist die Klage allerdings nicht abzuweisen, sondern der Klageantrag entsprechend umzudeuten.[552]

Geht es um einen zweckbefristeten Arbeitsvertrag mit einem **Schwerbehinderten**, ist zu berücksichtigen, dass die für den Schwerbehindertenschutz zuständige Behörde der Beendigung des Arbeitsverhältnisses vorher zustimmen muss, wenn die Beendigung „im Falle des Eintritts einer teilweisen Erwerbsminderung, der Erwerbsminderung auf Zeit, der Berufsunfähigkeit oder der Erwerbsunfähigkeit auf Zeit ohne Kündigung erfolgt" (erweiterter Bestandsschutz gem. § 175 Satz 1 SGB IX).[553] Hat der Arbeitgeber trotz Kenntnis von der Schwerbehinderung bei der für den Schwerbehindertenschutz zuständigen Behörde keine Zustimmung eingeholt, sondern die Been-

549 BAG v. 20. 8. 2003 – 5 AZR 362/02, NJOZ 2004, 4103, 4105.

550 BAG v. 7. 5. 2008 – 7 ABR 17/07 (Rn. 21), NZA 2008, 1142, 1144.

551 BAG v. 16. 4. 2003 – 7 AZR 119/02 (Rn. 15), NJW 2004, 2260.

552 BAG v. 15. 5. 2012 – 7 AZR 6/11 (Rn. 9), NZA 2012, 1148, 1149.

553 Dieser Fall soll bei einer sog. Postbeschäftigungsunfähigkeit im Bereich der Deutsche Post AG nicht gegeben sein: BAG v. 27. 7. 2011 – 7 AZR 402/10 (Rn. 30), NJOZ 2012, 1277, 1279 f., aber zw.

digung einfach so mitgeteilt, läuft die Klagefrist durch die Mitteilung nicht an; § 4 Satz 4 KSchG wird hier analog angewandt.[554]

Der **Streitwert** für den Feststellungsantrag ist nach § 46 Abs. 2 Satz 1 ArbGG i. V. mit § 3 ZPO zu schätzen. Die Rspr. setzt hierfür wie bei der Kündigungsschutzklage gem. § 42 Abs. 4 Satz 1 GKG höchstens drei Brutto-Monatsgehälter an.[555] Zum selben Ergebnis kommt der im Jahr 2013 eingeführte bundeseinheitliche Streitwertkatalog für die Arbeitsgerichtsbarkeit (dort in Ziff. I Nr. 11).[556]

Der Vertretungskraft steht es frei, diesen Antrag um den aus dem Kündigungsschutzprozess bekannten **allgemeinen Fortbestandsantrag** zu ergänzen, falls die Voraussetzungen des § 256 ZPO vorliegen.[557]

Beispiel: „Es wird festgestellt, dass das Arbeitsverhältnis zwischen den Parteien nicht aufgrund der Befristung vom 15. 6. 2023 zum 24. 8. 2025 beendet worden ist und als unbefristetes Arbeitsverhältnis über den 24. 8. 2025 hinaus fortbesteht."

Allein das Stellen des Fortbestandsantrags wahrt die Klagefrist nicht.[558]

Die Vertretungskraft kann auch einen **Weiterbeschäftigungsantrag** stellen.[559] Insoweit gelten die Grundsätze, die der Große Senat des BAG zur Weiterbeschäftigung des Arbeitnehmers während des Kündigungsrechtsstreits aufgestellt hat,[560] auch im Rahmen anderer Bestandsschutzverfahren.[561] Danach besteht neben dem Weiterbeschäftigungsanspruch aus § 102 Abs. 5 Satz 1 BetrVG nach erfolgtem Widerspruch des Betriebsrats gegen die Kündigung noch ein allgemeiner Weiterbeschäftigungsanspruch, sobald die Bestandsschutzklage erstinstanzlich Erfolg hat. Für die Zeit davor

---

554 BAG v. 9. 2. 2011 – 7 AZR 221/10 (Rn. 18), NZA 2011, 854, 855.

555 LAG Baden-Württemberg gem. eigenem Streitwertkatalog unter Bezugnahme auf Beschl. v. 6. 8. 2010 – 5 Ta 110/10 (zu II 1 der Gründe); ArbG Hannover v. 7. 7. 2005 – 10 Ca 819/04; ArbG Bochum v. 29. 12. 2005 – 3 Ta 2833/02.

556 Dazu Bader/Jörchel, NZA 2013, 809; Willemsen/Schipp/Reinhard/Meier, NZA 2013, 1112; aktuell in der überarbeiteten Fassung v. 9. 2. 2018, NZA 2018, 498, dazu Jörchel, NZA 2018, 497; zur Bindungswirkung LAG Nürnberg v. 21. 6. 2013 – 7 Ta 41/13, BeckRS 2013, 71271 (Empfehlungscharakter).

557 Zu diesem sog. Schleppnetzantrag ErfK/Kiel, Rn. 59 ff. zu § 4 KSchG.

558 BAG v. 15. 4. 2003 – 7 AZR 119/02 (zu I 1 a aa), NJW 2004, 2260.

559 Vgl. BAG v. 13. 6. 1985 – 2 AZR 410/84, NZA 1986, 562, 564 f.; BAG v. 26. 6. 1996 – 7 AZR 674/95, NZA 1997, 200, 201; BAG v. 2. 6. 2010 – 7 AZR 85/09 (Rn. 21), NZA 2010, 1293, 1295 – Aufmerksamkeitsdefizitsyndrom.

560 BAG 27. 2. 1985 – GS 1/84, NJW 1985, 2968 (2970 f.).

561 BAG v. 13. 6. 1985 – 2 AZR 410/84, NZA 1986, 562, 564 f.; BAG v. 26. 6. 1996 – 7 AZR 674/95, NZA 1997, 200, 201; BAG v. 2. 6. 2010 – 7 AZR 85/09 (Rn. 21), NZA 2010, 1293, 1295 – Aufmerksamkeitsdefizitsyndrom; a. A. Worzalla, FS Bauer, 2010, 1183, 1193.

kann eine Weiterbeschäftigung nur gefordert werden, wenn die Kündigung offenbar unwirksam ist oder ausnahmsweise ein besonders gesteigertes Beschäftigungsinteresse des Arbeitnehmers, beispielsweise zur Erhaltung seiner beruflichen Qualifikation oder zur Vermeidung von unverhältnismäßigen Eingriffen in sein Persönlichkeitsrecht besteht, welches eine Weiterbeschäftigung bis zur Entscheidung in der Hauptsache rechtfertigt.

Die Rspr. zum Wiedereinstellungsanspruch nach betriebsbedingter Kündigung gilt für befristete Arbeitsverträge hingegen nicht.[562]

Maßgeblich für die Prüfung der Wirksamkeit einer Befristung ist die im Zeitpunkt ihrer Vereinbarung geltende Rechtslage.[563] Meistens wird nicht die Erstbefristung angegriffen, sondern die gerade aktuelle Befristung. In diesem Fall ist regelmäßig nur diese (letzte) Befristung zu prüfen. Wird eine Anschlussbefristung vorgenommen oder nunmehr ein unbefristetes Arbeitsverhältnis begründet, stellen die Parteien ihr Arbeitsverhältnis (möglicherweise irrtümlich) auf eine neue Rechtsgrundlage; damit wird ein ggf. unbefristetes Arbeitsverhältnis (automatisch) aufgehoben.[564] Diese Auffassung ist problematisch, da sich die Parteien mit Abschluss eines neuen Arbeitsvertrags über frühere Befristungen regelmäßig keine Gedanken machen.[565] Die Parteien können sich dabei allerdings ausdrücklich oder konkludent das Recht **vorbehalten,** die Wirksamkeit der vorangegangenen (vorletzten) Befristung prüfen zu lassen.[566] Befristungskontrollklagen gegen nachfolgende Befristungen bedarf es dann nicht. Ein vom Arbeitnehmer einseitig erklärter Vorbehalt reicht hierzu nicht.[567] Der Arbeitgeber darf den ihm angetragenen Vorbehalt verweigern, ohne gegen das Maßregelungsverbot des § 5 TzBfG bzw. gegen § 612a BGB zu verstoßen.[568] Treffen die Parteien nach Einreichung einer Entfristungsklage eine weitere Befristungsabrede, kommt es für die Überprüfbarkeit der vorherigen, durch die Klage angegriffenen Befristung darauf an, ob die Klage im Zeitpunkt der erneuten Befristungsabrede dem Arbeitgeber bereits zugestellt war oder nicht. War sie zugestellt, ist davon auszugehen, dass die Parteien vor dem Hintergrund

562 BAG v. 20.2.2002 – 7 AZR 600/00, NZA 2002, 896, 898.

563 BAG v. 15.1.2003 – 7 AZR 346/02, NZA 2003, 914; BAG v. 17.6.2009 – 7 AZR 112/08 (A) (Rn. 37), NZA 2009, 1355, 1360.

564 BAG v. 17.1.2007 – 7 AZR 20/06 (Rn. 22, 23), NZA 2007, 566, 568 f.; BAG v. 25.3.2009 – 7 AZR 34/08 (Rn. 9), NJW 2009, 3180, 3181 – Zustellerin.

565 Krit. auch Wank, RdA 2010, 193, 200.

566 BAG v. 14.2.2007 – 7 AZR 95/06 (Rn. 15), NZA 2007, 803, 804; BAG v. 18.6.2008 – 7 AZR 214/07 (Rn. 12), NZA 2009, 35, 36; BAG v. 25.3.2009 – 7 AZR 59/08 (Rn. 13), BeckRS 2009, 69343.

567 BAG v. 18.6.2008 – 7 AZR 214/07 (Rn. 12), NZA 2009, 35, 36.

568 BAG v. 14.2.2007 – 7 AZR 95/06 (Rn. 23), NZA 2007, 803, 806.

des gerichtlichen Klärungsbedarfs gehandelt und damit konkludent einen Vorbehalt der Überprüfbarkeit der vorigen Befristungsabrede vereinbart haben.[569] Dies setzt Wissen des Arbeitgebers voraus. Konnte dieser keine Kenntnis von der Klagezustellung haben, erfolgte die Befristungsabrede ohne Vorbehalt.[570] Ein konkludent vereinbarter Vorbehalt ist auch dann anzunehmen, wenn die Parteien nach Einreichung einer Entfristungsklage eine auflösend bedingte Prozessbeschäftigung vereinbaren.[571]

Überprüft werden kann die vorige Befristung auch dann, wenn es sich beim letzten Vertrag um einen unselbstständigen **Annex** zum vorigen Vertrag handelt, mit dem das bisherige befristete Arbeitsverhältnis nur hinsichtlich seines Endzeitpunkts modifiziert werden sollte.[572] Dieser Fall wird sehr eng gesehen. Es reicht nicht aus, dass die Vertragsbedingungen übereinstimmen. Hinzukommen muss, dass der Anschlussvertrag lediglich eine verhältnismäßig geringfügige Korrektur des im früheren Vertrag vereinbarten Endzeitpunkts vorsieht, diese Korrektur sich am Sachgrund für die Befristung des früheren Vertrags orientiert und allein in der Anpassung der ursprünglich vereinbarten Vertragslaufzeit an später eintretende, zuvor nicht vorhersehbare Umstände besteht. Alles in allem darf es den Parteien nur darum gegangen sein, die Laufzeit des alten Vertrags mit dem Sachgrund der Befristung in Einklang zu bringen.[573] Sachlich geht es bei dieser alle Eventualitäten berücksichtigenden Formel nur darum, Änderungen allein dann zuzulassen, wenn sie sich in einer geringfügigen zeitlichen Verschiebung des Befristungsendes erschöpfen und nicht missbräuchlich erscheinen.

Die Frage, ob der Vertreter für die Dauer des Entfristungsprozesses Arbeitslohn erhält, ist nach den Grundsätzen zum **Annahmeverzug** zu beantworten. Nach § 293 BGB kommt der Gläubiger in Verzug, wenn er die ihm angebotene Leistung nicht annimmt. Im unstreitig bestehenden Arbeitsverhältnis muss der Arbeitnehmer die Arbeitsleistung tatsächlich anbieten

569 BAG v. 10.3.2004 – 7 AZR 402/03, NZA 2004, 925, 926; BAG v. 13.10.2004 – 7 AZR 218/04, NZA 2005, 401, 403; BAG v. 18.6.2008 – 7 AZR 214/07 (Rn. 12), NZA 2009, 35, 36.

570 BAG v. 18.6.2008 – 7 AZR 214/07 (Rn. 12 f.), NZA 2009, 35, 36: Dabei ging es um verschiedene Schulämter bzw. Bezirksregierungen in Nordrhein-Westfalen.

571 BAG v. 16.1.2013 – 7 AZR 662/11 (Rn. 12), NJW 2013, 1755, 1756.

572 St. Rspr. zum allgemeinen Befristungsrecht seit BAG v. 21.1.1987 – 7 AZR 265/85, NZA 1988, 280, 281; s. nur BAG v. 7.11.2007 – 7 AZR 484/06 (Rn. 13), NJW 2008, 1688, 1689 – Rosetta-Projekt.

573 BAG v. 18.4.2007 – 7 AZR 255/06 (Rn. 13), AP Nr. 2 zu § 14 TzBfG Vertretung; BAG v. 25.3.2009 – 7 AZR 34/08 (Rn. 9, 10), NJW 2009, 3180, 3181 – Zustellerin: 2-monatige Vertragslaufzeit ist keine geringfügige Korrektur der einmonatigen Laufzeit des vorangegangenen Vertrags.

(§ 294 BGB). Streiten die Parteien über die Beendigung eines Arbeitsverhältnisses, genügt gem. § 295 BGB ein wörtliches Angebot, weil der Arbeitgeber mit der Berufung auf das Ende des Arbeitsverhältnisses erklärt, er werde keine weitere Arbeitsleistung mehr annehmen. Ein wörtliches Angebot kann darin liegen, dass der Arbeitnehmer gegen die Beendigung des Arbeitsverhältnisses protestiert und/oder eine Bestandsschutzklage (mit oder ohne Weiterbeschäftigungsantrag) einreicht.[574] Dies gilt nach Auffassung des 5. Senats des BAG entsprechend für den Fall der unwirksamen Befristung; auch hier bietet der Arbeitnehmer mit Einreichung der Befristungs- bzw. Bedingungskontrollklage seine Arbeitskraft an.[575] Dieses Angebot soll auf den Zeitpunkt der durch die Befristung bzw. Bedingung beabsichtigten Beendigung des Arbeitsverhältnisses zurückwirken.[576] Zum selben Ergebnis gelangt der für das Befristungsrecht zuständige 7. Senat des BAG, wenn er den Annahmeverzug auf § 296 BGB stützt, weil der Arbeitgeber eine nach dem Kalender bestimmte Mitwirkungshandlung vorzunehmen hat, indem er dem Arbeitnehmer einen funktionsfähigen Arbeitsplatz zur Verfügung stellen und Arbeit zuweisen muss und dies nach Ablauf der Befristung eben nicht mehr tut.[577] Sachnäher erscheint die Lösung über § 295 BGB,[578] da sich bei Beendigung eines Arbeitsverhältnisses die Frage einer Mitwirkungshandlung des Arbeitgebers einfach nicht stellt. Auf der anderen Seite lässt sich eine Rückwirkung des Arbeitsangebots dogmatisch kaum begründen. Dem Arbeitnehmer ist es auch zumutbar, seine Arbeitskraft explizit anzubieten, wenn er die Befristungs- bzw. Bedingungskontrollklage nicht schon – was zulässig ist – vor dem Zeitpunkt der inkriminierten Beendigung des Arbeitsverhältnisses einreicht, sondern sich dazu bis zu 3 Wochen nach diesem Termin Zeit lässt.

3.3 Befristungsarten

Die Dauer der Befristung muss kalendermäßig bestimmt, bestimmbar oder den in § 21 Abs. 1 und 2 BEEG bestimmten Zwecken (Vertretung und Einarbeitung) zu entnehmen sein (§ 21 Abs. 3 BEEG).

---

574 BAG v. 19.9.2012 – 5 AZR 627/11 (Rn. 28), NZA 2013, 101, 103.

575 BAG v. 19.9.2012 – 5 AZR 627/11 (Rn. 27), NZA 2013, 101, 103.

576 So jedenfalls BAG v. 12.7.2006 – 5 AZR 277/06 (Rn. 23), NZA 2006, 1094, 1096, für den Fall der Kündigung eines Geschäftsführers.

577 BAG v. 25.11.1992 – 7 AZR 191/92, NZA 1993, 1081, 1085.

578 So auch LAG Mecklenburg-Vorpommern v. 21.4.2009 – 5 Sa 251/07 (zu I), BeckRS 2009, 67062; Lüderitz/Pawlak, NZA 2011, 313.

Zulässig sind damit zum einen **Zeitbefristungen.** Kalendermäßig bestimmbar ist eine nach Zeitabschnitten (z. B. nach einer Anzahl von Monaten) vereinbarte Vertragslaufzeit.[579]

Die Befristungsabrede muss schriftlich erfolgen (§ 14 Abs. 4 TzBfG). Der Befristungsgrund muss aber nicht angegeben sein.[580] Die fehlende Angabe des Befristungsgrundes hat auch keine Auswirkungen auf die Beweislast des Arbeitgebers. Die Angabe ist aber erforderlich, wenn sich der Arbeitgeber später auf seine besonderen Kündigungsmöglichkeiten gem. § 21 Abs. 4 und 5 BEEG berufen will (s. o. 3.1), und ist damit immer anzuraten.

Die Fristberechnung richtet sich nach den §§ 187 Abs. 2 Satz 1, 188 Abs. 2 BGB.

Zulässig und ratsam ist eine konservative Vorgehensweise mit eher kurzen Fristen und ggf. Fristverlängerungen.[581] „Einstellung" i. S. des § 21 Abs. 1 BEEG ist auch der Beginn des Verlängerungszeitraums. In Verlängerungsfällen ist das dann der maßgebliche Zeitpunkt für die Prüfung der Voraussetzungen einer zulässigen Befristung nach § 21 BEEG.[582]

Zulässig sind zum anderen **Zweckbefristungen.**[583] Hierzu muss der Beendigungstatbestand verdeutlicht werden und darf nicht auf unabsehbare Zeit angelegt sein.[584] Dies ist auch mit einer generellen Fassung der Befristungsabrede möglich.

Beispiel: (nach LAG Rheinland-Pfalz v. 5. 8. 2004 – 11 Sa 340/04): Befristung „für die Dauer des Mutterschutzes und daran anschließender Elternzeit von Frau V".

Die Zweckbefristung muss ebenfalls schriftlich erfolgen; hier ist zudem der Befristungsgrund zu nennen (s. 3.1).

Bei bloßer Zweckabrede sollte eine Höchstfrist angegeben sein. Ohne diese Absicherung (sog. **Doppelbefristung**) läuft das Arbeitsverhältnis unbefristet weiter, wenn der/die Beschäftigte nach Beendigung der Elternzeit oder aus anderen Gründen (Eigenkündigung, Erwerbsunfähigkeit, Tod) nicht mehr in den Betrieb zurückkehrt;[585] im Fall der Eigenkündigung des Elternzeiters besteht das Risiko, dass eine Kündigung der Vertretungskraft nach

579 Vgl. BAG v. 9. 11. 1994 – 7 AZR 243/94, NZA 1995, 575, 576.

580 BAG v. 15. 8. 2001 – 7 AZR 263/00, NZA 2002, 85, 87.

581 Vgl. BAG v. 13. 10. 2004 – 7 AZR 654/03, NZA 2005, 469, 471.

582 LAG Köln v. 24. 10. 1997 – 11 Sa 385/97, NZA-RR 1998, 292, 293 (zur gleichlautenden Vorgängerfassung des § 21 Abs. 1 BErzGG); KR/Lipke, Rn. 18 zu § 21 BEEG.

583 Zum Sinn einer Zweckbefristung BT-Drs. 13/4612, S. 18 f.

584 KR/Lipke, Rn. 19 zu § 21 BEEG.

585 BAG v. 26. 6. 1996 – 7 AZR 674/95, NZA 1997, 200, 201; BAG v. 5. 6. 2002 – 7 AZR 201/01, AP Nr. 235 zu § 620 BGB – Befristeter Arbeitsvertrag.

§ 21 Abs. 4 BEEG nicht möglich ist (dazu 3.5). Doppelbefristungen werden aufgrund der Vertragsfreiheit von der Rspr. für zulässig gehalten.[586]

Die Unwirksamkeit der einen Frist hindert die Wirksamkeit der anderen nicht. Beide Fristen sind unabhängig voneinander zu prüfen.[587] Voraussetzung ist, dass beide Beendigungstatbestände nicht verschränkt sind.

Beispiel: „Die Arbeitnehmerin A wird ab dem 9. 3. 2023 als Angestellte befristet nach § 21 BEEG für die Dauer der Elternzeit der Inhaberin der Stelle 40 25 0200 090 als Schulsekretärin, längstens jedoch bis zum 11. 1. 2025 eingestellt.“, nicht aber: „Die Arbeitnehmerin A wird ab dem 9. 3. 2023 als Angestellte befristet nach § 21 BEEG für die Dauer der Elternzeit der Inhaberin der Stelle 40 25 0200 090 als Schulsekretärin bis zum 11. 1. 2025 eingestellt.“

Andernfalls riskiert der Arbeitgeber, dass die Zeitbefristung im Rahmen der Zweckbefristung ausgelegt wird und zusammen mit dieser scheitert.[588]

Eine **auflösende Bedingung**

Beispiel: „Das Arbeitsverhältnis endet mit Rückkehr des/der Elternzeitberechtigten X in den Betrieb.“

kann nicht auf § 21 BEEG, sondern nur auf § 14 TzBfG gestützt werden (arg. § 21 Abs. 3 BEEG).[589] Fragen zur auflösenden Bedingung werden in diesem Buch daher nicht erörtert.[590]

3.4 Mitbestimmung

Besteht ein Betriebsrat, ist sein Beteiligungsrecht zu beachten, da mit der Verpflichtung einer Vertretungskraft eine **Einstellung** i. S. des § 99 BetrVG vorliegt.[591] Dies gilt auch dann, wenn der Vertretene selbst vorübergehend zur Aushilfe eingesetzt war und nicht von einem Recht auf Teilzeit Gebrauch gemacht hat.[592] Gleiches gilt nach Personalvertretungsrecht (z. B. gem. § 75 BPersVG), wenn ein Personalrat besteht.[593] Abschluss eines befristeten

586 BAG v. 27. 6. 2001 – 7 AZR 157/00, NJOZ 2002, 651, 652; BAG v. 13. 6. 2007 – 7 AZR 700/06 (Rn. 28), NZA 2008, 108, 110.

587 BAG v. 10. 5. 1989 – 7 AZR 455/88 (Rn. 42); BAG v. 15. 8. 2001 – 7 AZR 263/00, NZA 2002, 85, 87; BAG v. 13. 6. 2007 – 7 AZR 700/06 (Rn. 28), NZA 2008, 108, 111.

588 Vgl. LAG Düsseldorf v. 31. 8. 2007 – 9 Sa 685/07, NZA-RR 2008, 64 f.

589 Dörner, Rn. 646; KR/Lipke, Rn. 56 zu § 21 BEEG; Schlachter, Anh. 2 F. Rn. 12; a. A.wohl Gaul, Rn. 8 zu § 21 BEEG, für den Fall, dass der Eintritt der Bedingung Einfluss auf den Beschäftigungsbedarf hat.

590 Dazu Bruns, Rn. 211 ff., 462 f.

591 BAG v. 28. 4. 1998 – 1 ABR 63/97, NZA 1998, 1352, 1353.

592 Vgl. KR/Lipke, Rn. 31 zu § 21 BEEG.

593 BAG v. 27. 9. 2000 – 7 AZR 412/99, NZA 2001, 339, 340.

Arbeitsverhältnisses ist auch seine Verlängerung.[594] Auf dieses Recht kann die Vertretungskraft nicht verzichten.[595] Dies gilt umso mehr, als sich der Betriebsrat auch gegen die Einstellung wenden kann.

Ohne Mitbestimmung des Betriebsrats ist die Befristungsabrede nach der Theorie der Wirksamkeitsvoraussetzung[596] unwirksam; das Arbeitsverhältnis besteht auf unbestimmte Zeit (§ 16 Satz 1 TzBfG).[597] Ein Beteiligungsmangel kann daher auch nicht im laufenden Arbeitsverhältnis oder während des Bestandsschutzverfahrens geheilt werden.

Der Arbeitgeber muss zunächst nur durch „typologisierende Bezeichnung des Befristungsgrundes“ unterrichten, also nicht das gesamte Vertretungskonzept darlegen.[598] Das erfasst im Wesentlichen nur die Angabe des in Aussicht genommenen Arbeitsplatzes und die vorgesehene Eingruppierung.[599] Zweckmäßigerweise wird der Arbeitgeber dazu den Arbeitsvertrag als Entwurf vorlegen. Nicht erforderlich ist jedoch die Angabe, ob die Befristung mit oder ohne Sachgrund erfolgen soll, bei einer Sachgrundbefristung nur die typisierende Bezeichnung des Befristungsgrundes, sodass der Sachgrund seiner Art nach hinreichend deutlich wird.[600] Dies liegt daran, dass das Mitteilungsrecht nur so weit geht, wie der Betriebsrat gem. § 99 Abs. 2 Nr. 1 BetrVG widersprechen kann. Diese Möglichkeit hat er aber nur, wenn die Einstellung als solche untersagt ist; der Betriebsrat darf seine Verweigerung hingegen nicht darauf stützen, die Befristung sei unwirksam.[601] Ebenfalls nicht angegeben werden braucht die Befristungsdauer.[602] Denn auch hier würde ein Verstoß nicht die Einstellung verhindern, sondern nur die vorgesehene Art der Beendigung des Arbeitsverhältnisses. Der Betriebsrat hat gegen den Arbeitgeber auch keinen Anspruch auf Auskunft zu den Rechtfertigungsgründen für den Abschluss des befristeten Arbeitsvertrags, weder über § 80 Abs. 2 Satz 1 Hs. 1 BetrVG, da er nur die Durchführung von Gesetzen zu überwachen hat, noch nach dem Gebot der vertrauensvollen Zusammenarbeit gem. § 2 Abs. 1 BetrVG, auch wenn der Arbeitgeber bis-

594 BAG v. 8. 7. 1998 – 7 AZR 308/97, NZA 1998, 1296, 1297.

595 BAG v. 18. 6. 2008 – 7 AZR 214/07 (Rn. 30), NZA 2009, 35, 38.

596 Dazu Wiebauer, RdA 2013, 364.

597 St. Rspr. seit BAG v. 7. 9. 1956 – 1 AZR 646/54, AP Nr. 2 zu § 56 BetrVG, s. etwa BAG v. 16. 9. 1986 – GS 1/82 (zu III 4), NZA 1987, 168, 176 f.

598 Vgl. (zum Personalvertretungsrecht) BAG v. 10. 3. 2004 – 7 AZR 397/03, NJOZ 2005, 1015, 1021; BAG v. 18. 4. 2007 – 7 AZR 293/06 (Rn. 21), NZA-RR 2008, 219, 221.

599 BAG v. 27. 10. 2010 – 7 ABR 86/09 (Rn. 20), NZA 2011, 418, 419.

600 BAG v. 18. 4. 2007 – 7 AZR 293/06 (Rn. 21), NZA-RR 2008, 219, 221.

601 BAG v. 27. 10. 2010 – 7 ABR 86/09 (Rn. 21, 23), NZA 2011, 418, 419.

602 A. A. für das Personalvertretungsrecht BAG v. 18. 4. 2007 – 7 AZR 293/06 (Rn. 21), NZA-RR 2008, 219, 221.

lang (überobligatorisch) solche Auskünfte gegeben haben mag.[603] Unabhängig davon sollte die Unterrichtung durch den Arbeitgeber ausführlich erfolgen. *Oelkers*[604] nennt folgende Informationen:

- Vorname, Nachname, Geburtsdatum, Familienstand, Kinder, Schwerbehinderung, Beschäftigungsverbote für den Bewerber
- Qualifikation des Bewerbers
- Angabe, welcher konkrete Arbeitsplatz besetzt wird
- Einstellungsbeginn
- Datum des voraussichtlich letzten Arbeitstags
- Arbeitsumfang (Wochenstunden)
- Verteilung der Arbeitszeit
- Eingruppierung (ohne Gehaltsangabe)
- Auswirkungen der Einstellung auf die Belegschaft
- Nachweis der internen Ausschreibung, sofern vom Betriebsrat zuvor verlangt (vgl. § 93 BetrVG)
- Vorlage der Bewerbungsunterlagen aller Bewerber einschließlich Personalfragebögen (§ 94 BetrVG)
- Aufzeichnungen und Auswertungen sämtlicher Bewerbungsgespräche bzw. Einstellungstests unter Angabe der Testinhalte.

Soll als Vertretungskraft ein Leiharbeitnehmer beschäftigt werden, ist der Betriebsrat ebenfalls gem. § 99 BetrVG zu unterrichten. In diesem Fall muss der Arbeitgeber zusätzlich folgende Informationen geben:

- Ansprechpartner und weisungsbefugte Person(en)
- Dienst- bzw. Arbeitsplan
- Auswirkung des Leiharbeitnehmereinsatzes auf Arbeitsabläufe, Umkleideräume, Parkplatzsituation, sanitäre Anlagen
- zur Einsicht: Vertrag zwischen Arbeitgeber und Verleiher, Erlaubnis gem. § 1 Abs. 1 AÜG
- Angaben zum Stundenlohn des Leiharbeitnehmers bzw. Vorlage des Tarifvertrags.

Die Unterrichtung erfasst auch die Einarbeitung der Vertretungskraft, muss hierfür – unabhängig von der Einarbeitungsdauer – also nicht gesondert

603 BAG v. 27. 10. 2010 – 7 ABR 86/09 (Rn. 27 ff.), NZA 2011, 418, 420.
604 NJW-Spezial 2007, 450.

erfolgen.[605] Eine weitere Unterrichtung ist jedoch nötig, wenn die Befristung verlängert werden soll.[606]

Genügt der Arbeitgeber seiner Unterrichtungspflicht, entspricht die Befristung auch dann den mitbestimmungsrechtlichen Anforderungen, wenn Mängel bei der internen Willensbildung des Betriebs- bzw. Personalrats bestehen.[607]

3.5 Beendigung des Vertretungsverhältnisses

Mit Ablauf der vereinbarten Frist endet das Vertretungsverhältnis automatisch, ohne dass es einer Kündigung bedarf (§ 15 Abs. 1 TzBfG). Eine Verlängerungsmöglichkeit ist nur gegeben, wenn Erklärungen oder Verhaltensweisen des Arbeitgebers als Zusage für eine Fortsetzung des Arbeitsverhältnisses auszulegen sind.[608] Vor Gericht ist ein Verlängerungsanspruch im Wege einer Leistungsklage auf Abgabe einer Willenserklärung (Annahme bzw. – regelmäßig besser – Abgabe eines zum Verlängerungsvertrag führenden Angebots) zu verfolgen. Nachdem seit Einführung des § 311a Abs. 1 BGB auch Verurteilungen auf eine unmögliche Leistung erfolgen können,[609] ist der Klage unabhängig davon stattzugeben, ob der Arbeitsplatz inzwischen neu besetzt wurde.

Im Wege des Schadensersatzes lässt sich eine Vertragsverlängerung nicht erreichen, da ein solcher Anspruch (etwa aufgrund treuwidrigen Inaussichtstellens einer Vertragsverlängerung) nur zum Ersatz des Vertrauensschadens und nicht zum Ausgleich des positiven Interesses führen könnte.[610] Etwas anderes gilt, wenn die Nichterneuerung des befristeten Arbeitsvertrags eine Diskriminierung aufgrund des Geschlechts darstellt, die gegen Art. 14 Abs. 1a der Gleichbehandlungsrichtlinie[611] verstößt. Dem kann wirksam nur durch einen Kontrahierungszwang begegnet werden.[612] Zudem liegen in einem solchen Fall ausreichende Indiztatsachen für eine Umkehr der

605 Buchner/Becker, Rn. 21 zu § 21 BEEG; a. A. LAG Stuttgart v. 5. 7. 2000 – 12 Sa 89/99.

606 BAG v. 8. 7. 1998 – 7 AZR 308/97, NZA 1998, 1296, 1297.

607 So BAG v. 18. 4. 2007 – 7 AZR 293/06 (Rn. 26), NZA-RR 2008, 219, 222, für das Personalvertretungsrecht.

608 BAG v. 26. 4. 2006 – 7 AZR 190/05 (Rn. 17), NJOZ 2007, 106, 108; BAG v. 13. 8. 2008 – 7 AZR 513/07 (Rn. 18), NZA 2009, 27, 28.

609 BAG 24. 6. 2008 – 9 AZR 313/07 (Rn. 18), NZA 2008, 1309, 1310.

610 BAG v. 13. 8. 2008 – 7 AZR 513/07 (Rn. 18), NZA 2009, 27, 28.

611 RiLi 2006/54/EG vom 5. 7. 2006 zur Verwirklichung des Grundsatzes der Chancengleichheit und Gleichbehandlung von Männern und Frauen in Arbeits- und Beschäftigungsfragen (ABl. L 204 v. 26. 7. 2006, S. 23).

612 Ebenso zur Vorgängerfassung (RiLi 76/207/EWG) EuGH v. 4. 10. 2001 – C-438/99, NJW 2002, 125, 127 – Melgar.

Beweislast gem. § 22 AGG vor, sodass Schadensersatz- und Schmerzensgeldansprüche gem. § 15 AGG in Betracht kommen.[613] Aus dem Gleichbehandlungsgrundsatz lässt sich ein Verlängerungsanspruch nicht ableiten, da dieser Grundsatz nur anwendbar ist, wenn der Arbeitgeber Leistungen nach einem generalisierenden Prinzip gewährt; die Befristung des Arbeitsvertrags erfolgt immer nur aufgrund individueller Vereinbarung.[614]

Aber **Achtung:** Wird die Vertretungskraft nach Beendigung des Arbeitsvertrags arbeitslos, verlängert sich das Beschäftigungsverhältnis aus sozialrechtlicher Sicht praktisch um die abzugeltenden Urlaubstage; denn der Anspruch auf Arbeitslosengeld ruht für diese Zeit (§ 157 Abs. 2 SGB III). Diese Folge hat im Hinblick auf die Rspr. des EuGH und BAG zur Berücksichtigung von Krankheitszeiten für die Bemessung des Anspruchs auf Urlaubsabgeltung nach § 7 Abs. 4 BUrlG[615] erheblich an Bedeutung gewonnen.

Beispiel: Dauerkrankheit des schwerbehinderten AN im gesamten letzten Jahr, danach ab 1.1. Arbeitslosigkeit: Der Anspruch auf Arbeitslosengeld ruht für die Dauer des vertraglichen und gesetzlichen Erholungsurlaubs (z. B. 30 Tage vertraglicher Urlaub + 5 Tage Zusatzurlaub nach § 208 Abs. 1 Satz 1 SGB IX). Wird der Beschäftigte einen Monat nach Beginn der Arbeitslosigkeit (vgl. § 19 Abs. 2 Satz 1 SGB V) wieder arbeitsunfähig krank, ist er weder gesetzlich krankenversichert, noch erhält er in dieser Zeit bis zu sechs Wochen Arbeitslosengeld, weil die Arbeitsunfähigkeit nicht während des Leistungsbezugs eingetreten ist (vgl. § 146 Abs. 1 Satz 1 SGB III).

Eine faktische Verlängerung des befristeten Arbeitsverhältnisses bewirken auch Leistungen aus der gesetzlichen Unfallversicherung. Ein Arbeitnehmer, der während eines befristeten Arbeitsverhältnisses einen zur Arbeitsunfähigkeit führenden Arbeitsunfall erleidet, erhält Lohnersatzleistungen (z. B. Krankengeld) bis zur Beendigung der Arbeitsunfähigkeit selbst dann, wenn die Arbeitsunfähigkeit über das Ende der Beschäftigung hinaus andauert.[616]

Gleiches gilt für die Berechtigung zum Bezug von Mutterschaftsgeld (§ 24i Abs. 2 Satz 1 SGB V). Diese Vorschrift setzt voraus, dass das Arbeits-

613 LAG Köln v. 6. 4. 2009 – 5 Ta 89/09, NZA-RR 2009, 526.

614 BAG v. 13. 8. 2008 – 7 AZR 513/07 (Rn. 21), NZA 2009, 27, 28: Bei gleichzeitig befristeter Einstellung von 19 AN auch dann kein Verlängerungsanspruch, wenn der Arbeitsvertrag bei allen anderen 18 AN verlängert wird.

615 EuGH v. 20. 01. 2009 – C-350/06, NJW 2009, 495 ff. – Schultz-Hoff; BAG v. 24. 3. 2009 – 9 AZR 983/07, NZA 2009, 538 ff.

616 Küttner/Kania, Stichwort Befristetes Arbeitsverhältnis Rn. 59; Spickhoff/Nebendahl, MedizinR, 3. Aufl. 2018, Rn. 29 zu § 44 SGB V; vgl. BAG v. 17. 11. 2010 – 10 AZR 649/09 (Rn. 16), NJW 2011, 1020, 1021.

verhältnis noch besteht, wenn die Schutzfrist vor der Entbindung (§ 3 Abs. 1 MuSchG) beginnt. Unerheblich ist somit das weitere Schicksal des Arbeitsverhältnisses. Deshalb besteht die Leistungsberechtigung nach § 24i SGB V auch dann fort, wenn ein befristetes Arbeitsverhältnis nach Beginn der Schutzfrist ausläuft. Dies gilt ebenso, wenn das Arbeitsverhältnis nach diesem Zeitpunkt durch Aufhebungsvertrag aufgelöst wird.[617]

Das Vertretungsverhältnis kann von beiden Teilen außerordentlich **gekündigt** werden, wenn ein Abwarten bis zur regulären Beendigung durch Zeitablauf, Zweckerreichung oder ordentliche Kündigung dem anderen Teil nicht zuzumuten ist (§ 626 Abs. 1 BGB). Eine ordentliche Kündigung kommt in Betracht, wenn der Arbeitsvertrag hierzu die Möglichkeit gibt. Dies sollte der Arbeitgeber in Ergänzung des Sonderkündigungsrechts nach § 21 Abs. 4 Satz 1 BEEG (s. u.) anstreben. Ein solches **gewillkürtes Kündigungsrecht** erlaubt eine fristgerechte Kündigung innerhalb der Vertragslaufzeit (§ 15 Abs. 3 TzBfG; ansonsten nur gem. § 16 Satz 2 TzBfG bei Mängeln der Schriftform), auch wenn eine solche Regelung die Trennungsmöglichkeiten bei Bestehen allgemeinen oder besonderen Kündigungsschutzes nicht unbedingt erleichtert. Kündigt der Arbeitgeber ein befristetes Arbeitsverhältnis, ist die Klagefrist des § 4 Satz 1 KSchG einzuhalten, wenn die Kündigung gegen das Kündigungsverbot des § 15 Abs. 3 TzBfG verstößt, weil der befristete Vertrag weder die Möglichkeit vorsieht, das Arbeitsverhältnis ordentlich zu kündigen, noch die Anwendbarkeit eines Tarifvertrags vereinbart ist, der ein solches Kündigungsrecht enthält. Diese Konstellation ist mit der Nichteinhaltung der Kündigungsfrist, die der Arbeitnehmer auch außerhalb der Klagefrist des § 4 Satz 1 KSchG geltend machen kann,[618] nicht vergleichbar. Ansonsten gilt: Der **Arbeitgeber** darf bei Vertretung wegen Elternzeit kündigen, sofern die Voraussetzungen des **gesetzlichen Sonderkündigungsrechts** nach § 21 Abs. 4 Satz 1 oder 2 BEEG vorliegen. Diese Regelung gibt wenige und zudem eng begrenzte Kündigungsmöglichkeiten:

- Zum einen für den Fall, dass die Elternzeit ohne Zustimmung des Arbeitgebers vorzeitig endet und der Arbeitnehmer dies entsprechend mitteilt (§ 21 Abs. 4 Satz 1 BEEG); das betrifft den seltenen Fall des § 16 Abs. 4 BEEG (Tod des Kindes) und die nach § 16 Abs. 3 Satz 3 BEEG bestehende Möglichkeit, die Elternzeit zur Inanspruchnahme der Schutzfristen des § 3 MuSchG vorzeitig zu beenden. Das Kündigungsrecht ergibt nur Sinn, wenn der Arbeitgeber den vertretenen Arbeitnehmer wieder

617 Buchner/Becker, Rn. 67 zu § 13 MuSchG 1968.

618 BAG v. 22.7.2010 – 6 AZR 480/09 (Rn. 8 ff.), NJW 2010, 3258 f.; s. aber BAG v. 1.9.2010 – 5 AZR 700/09 (Rn. 20), NJW 2010, 3740, 3741: nur, wenn sich die zutreffende Frist mit Hilfe des Kündigungsschreibens nicht ermitteln lässt.

beschäftigt.[619] Verweigert der Arbeitgeber dem Elternzeitberechtigten die Rückkehr, bleibt er zur vertragsgerechten Beschäftigung des Vertreters verpflichtet.[620]

- Zum anderen für den Fall, dass der Arbeitgeber die vorzeitige Beendigung der Elternzeit in den Fällen des § 16 Abs. 3 Satz 2 BEEG nicht ablehnen darf (§ 21 Abs. 4 Satz 2 BEEG), also wegen der Geburt eines weiteren Kindes des Elternzeiters oder wegen eines besonderen Härtefalls i. S. des § 5 Abs. 1 Satz 3 BEEG (insbes. bei Eintritt einer schweren Krankheit, Schwerbehinderung, Tod eines Elternteils oder Kindes, erheblich gefährdeter wirtschaftlicher Existenz der Eltern nach Inanspruchnahme der Elternzeit).

Beispiel: Arbeitnehmerin M verrichtet während der Elternzeit Teilzeitarbeit in einem anderen Unternehmen. Dieses Arbeitsverhältnis wird durch betriebsbedingte Kündigung vorzeitig aufgelöst, so dass die alleinerziehende M in Finanznöte gerät. Gem. § 16 Abs. 3 Satz 2 BEEG hat sie Anspruch auf vorzeitige Beendigung der Elternzeit. Wenn dem keine dringenden betrieblichen Gründe entgegenstehen, darf der Arbeitgeber ihren Arbeitsplatz gem. § 21 Abs. 4 Satz 2 BEEG für sie freikündigen.

In diesen Fällen muss der Arbeitnehmer den Anspruch auf vorzeitige Beendigung der Elternzeit geltend gemacht haben, weil der Arbeitgeber gem. § 16 Abs. 3 Satz 1 BEEG nur reagiert („zustimmt"), die Initiative also vom Elternzeiter ausgeht.[621] Die Geltendmachung muss nicht schriftlich erfolgen.[622] Der Arbeitgeber kann hiernach nur kündigen, wenn er die vorzeitige Beendigung der Elternzeit nicht innerhalb von vier Wochen (nicht: ein Monat) aus dringenden betrieblichen Gründen schriftlich ablehnen darf (§ 21 Abs. 4 Satz 2 i. V. mit § 16 Abs. 3 Satz 2 BEEG). Solange hierüber Streit besteht und der Elternzeiter bei Gericht nicht obsiegt hat, gilt der Befristungsgrund und damit das Vertretungsverhältnis weiter fort.[623] Ist der Arbeitgeber zur vorzeitigen Wiederaufnahme des Elternzeitberechtigten nicht verpflichtet, hat er nur die Wahl zwischen der Ablehnung des Rückkehrgesuchs und der Doppelbeschäftigung.[624] Das Kündigungsrecht ergibt

619 KR/Lipke, Rn. 62 zu § 21 BEEG; APS/Backhaus, Rn. 36 zu § 21 BEEG; HK-ArbR/Velikova, Rn. 9 zu § 21 BEEG.

620 Schlachter, Anh. 2 F. Rn. 13.

621 Ebenso wohl Buchner/Becker, Rn. 23 zu § 21 BEEG.

622 A. A. KR/Lipke, Rn. 62 zu § 21 BEEG.

623 KR/Lipke, Rn. 63 zu § 21 BEEG; Schlachter, Anh. 2 F. Rn. 14.

624 KR/Lipke, Rn. 65 zu § 21 BEEG: Doppelbelastung selbst gewählt.

auch hier nur Sinn, wenn der Arbeitgeber den vertretenen Arbeitnehmer wieder beschäftigt.[625]

- Weitergehend soll analog § 21 Abs. 4 Satz 1 BEEG ein Kündigungsrecht gegeben sein, wenn der Elternzeiter selbst (ordentlich oder fristlos) kündigt.[626]

Diese Kündigungsmöglichkeiten gelten nur für Vertretungen während der Elternzeit und für Arbeitsverträge, die auf § 21 Abs. 1 BEEG gestützt sind (s. 3.1).

Liegt einer dieser Fälle vor, darf der Arbeitgeber den Arbeitsvertrag mit der Vertretungskraft (in Abweichung von den Regelfristen des § 622 BGB) unter Einhaltung einer Frist von **drei Wochen** kündigen, frühestens jedoch zum Ende der Elternzeit (§ 21 Abs. 4 Sätze 1 und 2 BEEG); die Kündigung darf also – anders als bei einer Kündigung des Elternzeitberechtigten (vgl. § 18 Abs. 1 Satz 1 BEEG) – schon vor Ablauf der Elternzeit erfolgen. Andererseits bleibt der Bestand des Vertretungsverhältnisses bis zum Ablauf der Elternzeit geschützt.

Aufgrund § 21 Abs. 5 BEEG findet das **KSchG** bei einer auf § 21 Abs. 4 BEEG gestützten Kündigung **keine Anwendung.** Damit wird die Sozialwidrigkeit der Kündigung nicht geprüft. Die befristet eingesetzte Ersatzkraft braucht auch die 3-wöchige Klagefrist des § 4 KSchG nicht einzuhalten, wenn sie sich gegen die Kündigung zur Wehr setzen will. Allerdings gilt insoweit die ebenfalls 3-wöchige Klagefrist des § 17 TzBfG (s. u.).[627] Anzuwenden sind zudem die sonstigen Kündigungsschutzvorschriften (vor allem § 17 MuSchG, §§ 168 ff. SGB IX, § 102 Abs. 1 Satz 1 BetrVG).[628]

Die Kündigung bedarf gem. § 623 BGB der **Schriftform** (dazu § 126 BGB; die elektronische Form ist ausgeschlossen, § 623 Hs. 2 BGB).[629]

---

625 KR/Lipke, Rn. 62 zu § 21 BEEG; APS/Backhaus, Rn. 36 zu § 21 BEEG; Schlachter, Anh. 2 F. Rn. 14.

626 BT-Drs. 14/3553, S. 23; KR/Lipke, Rn. 61 zu § 21 BEEG; LAG Nürnberg v. 2. 8. 2007 – 5 Sa 564/06 (Juris Rn. 20) – vor dem BAG verglichen; Schlachter, Anh. 2 F. Rn. 13; Rancke, Rn. 11 zu § 21 BEEG mit Hinweis auf den insoweit umfassenden Wortlaut des § 21 Abs. 4 BEEG; ebenso HK-ArbR/Velikova, Rn. 9 zu § 21 BEEG; a. A. zu Recht Pauly, Rn. 29 zu § 21 BEEG; APS/Backhaus, Rn. 35a zu § 21 BEEG (weil keine Doppelbelastung des Arbeitgebers entsteht und die Regelung nur Sinn ergibt, wenn der Vertretene seine ursprüngliche Arbeit wieder aufnimmt).

627 Gaul, Rn. 16 zu § 21 BEEG; KR/Lipke, Rn. 82 zu § 21 BEEG; ebenso (zur Vorgängervorschrift des § 1 Abs. 5 BeschFG) BAG v. 20. 1. 1999 – 7 AZR 715/97, NJW 1999, 2836.

628 Buchner/Becker, Rn. 29 zu § 21 BEEG; APS/Backhaus, Rn. 39 zu § 21 BEEG; KR/Lipke, Rn. 72 zu § 21 BEEG; HK-ArbR/Velikova, Rn. 11 zu § 21 BEEG.

629 Schlachter, Anh. 2 F. Rn. 16; HK-ArbR/Velikova, Rn. 10 zu § 21 BEEG.

§ 21 Abs. 4 BEEG verdrängt die allgemeine Fristenregelungen aus § 622 Abs. 2 und Abs. 5 BGB und entzieht dem Arbeitgeber damit auch die dort genannten Verkürzungsoptionen.[630] Das Kündigungsrecht des § 21 Abs. 4 BEEG kann jedoch vertraglich (auch durch Tarifvertrag oder Betriebsvereinbarung) ausgeschlossen werden (§ 21 Abs. 6 BEEG). Dies ist noch nicht der Fall, wenn der Arbeitsvertrag nur generell vorsieht, dass ordentliche Kündigungen ausgeschlossen sind, weil § 21 Abs. 4 BEEG kein ordentliches Kündigungsrecht gibt.[631] Für den Ausschluss gilt damit ein Zitiergebot.

Beispiel: „Das Kündigungsrecht nach § 21 Abs. 4 BEEG wird hiermit ausgeschlossen."

Dem Arbeitgeber ist ein solcher Ausschluss zu empfehlen, wenn er möglichst sichergehen will, dass der Elternzeitberechtigte bis zum Ablauf der Elternzeit nicht an seinen Arbeitsplatz zurückkehrt. Die fehlende Kündbarkeit stellt insofern regelmäßig einen dringenden betrieblichen Grund i. S. des § 15 Abs. 7 Satz 1 Nr. 4 BEEG dar. Die Vereinbarung eines Kündigungsausschlusses erfolgt aufgrund gesetzlicher Option und ist daher nicht missbräuchlich, auch dann nicht, wenn sie auf Betreiben des Arbeitgebers erfolgt.

Die Kündigungsfrist darf verlängert werden. Die abweichende Regelung muss hierzu auf § 21 Abs. 4 BEEG Bezug nehmen.[632] Eine Verkürzung ist hingegen nicht zulässig.[633]

§ 21 Abs. 4 BEEG schafft nur ein Sonderkündigungsrecht. Die ordentliche Kündigung eines befristeten Arbeitsverhältnisses ist nicht vorgesehen. Allerdings lässt das Gesetz Vereinbarungen (durch Tarifvertrag oder Arbeitsvertrag, nicht auch durch Betriebsvereinbarung) zu, die die Möglichkeit einer ordentlichen Kündigung geben (arg. § 620 Abs. 2 BGB, § 15 Abs. 3 TzBfG). Deshalb sollte im Arbeitsvertrag ergänzend aufgenommen werden, dass eine Beendigung des Arbeitsverhältnisses durch ordentliche Kündigung erfolgen darf. Wird hiernach gekündigt, kann im Gegensatz zur Kündigung nach § 21 Abs. 4 BEEG (vgl. § 21 Abs. 5 BEEG) das KSchG anwendbar sein. Dies kann eine Kündigung der Vertretungskraft im Vergleich zur Kündigungsmöglichkeit nach § 21 Abs. 4 BEEG, die aber auch nur zum Ende der Elternzeit wirkt, erheblich erschweren.

Im Fall der Zweckbefristung ist als Teil des allgemeinen Befristungsrechts (dazu 3.1) die zwingende Vorschrift des § 15 Abs. 2 TzBfG (keine Beendi-

630 KR/Lipke, Rn. 69 zu § 21 BEEG; Schlachter, Anh. 2 F. Rn. 15; APS/Backhaus, Rn. 41 zu § 21 BEEG; Rancke, Rn. 12 zu § 21 BEEG.

631 A. A. Buchner/Becker, Rn. 30 zu § 21 BEEG.

632 KR/Lipke, Rn. 70 zu § 21 BEEG.

633 Schlachter, Anh. 2 F. Rn. 15.

gung vor Unterrichtung) zu beachten.[634] Hiernach muss der Arbeitgeber der Vertretungskraft die Zweckerreichung mitteilen. Dies hat schriftlich, also nach den Vorschriften der §§ 126, 126a BGB zu erfolgen, auch wenn es sich bei der Unterrichtung nicht um eine Willens-, sondern eine Wissenserklärung handelt.[635] Die Erklärung muss daher mit Namensunterschrift eigenhändig unterzeichnet, also unter den Text gesetzt werden; eine Unterrichtung durch Telefax oder E-Mail genügt nicht. Aus dem Sinn der Unterrichtungspflicht folgt, dass die Information überprüfbar und inhaltlich korrekt sein muss. Wird ein falsches Beendigungsdatum angegeben, ist das nur dann unschädlich, wenn sich das richtige Datum aus den sonstigen Informationen im Schreiben ermitteln lässt.[636] Das Arbeitsverhältnis endet damit frühestens zwei Wochen nach Zugang (§§ 130 ff. BGB) dieser Mitteilung.

Beispiel: „Ihr Arbeitsverhältnis endet aufgrund der Zweckbefristung bei Rückkehr des Mitarbeiters M. aus der Elternzeit. Herr M. hat uns mitgeteilt, dass er die Arbeit am … wieder antreten wird. Ihr Arbeitsverhältnis endet unter Berücksichtigung der Ankündigungsfrist nach § 15 Abs. 2 TzBfG daher am …"

Auf die Mitteilung ist demnach nicht abzustellen, wenn sie früher als zwei Wochen vor Zweckerreichung erfolgt. Unterlässt der Arbeitgeber die Beendigungsmitteilung, gilt das Arbeitsverhältnis als auf unbestimmte Zeit **verlängert**, wenn er nicht unverzüglich, also ohne schuldhaftes Zögern (§ 121 Abs. 1 Satz 1 BGB), der ihm bekannten Weiterarbeit nach Zweckerreichung **widerspricht** oder der Vertretungskraft die Zweckerreichung dann nicht unverzüglich anzeigt (§ 15 Abs. 5 TzBfG = § 625 BGB, aber im Gegensatz zu dieser Vorschrift unabdingbar, § 22 Abs. 1 TzBfG). Damit kann sich das Arbeitsverhältnis trotz rechtzeitiger Unterrichtung in ein Dauerarbeitsverhältnis umwandeln.

An die Voraussetzungen des Widerspruchs sind keine hohen Anforderungen zu stellen. Der Widerspruch kann schon vor Beendigung des Arbeitsvertrags und auch mündlich bzw. konkludent erklärt werden.[637] Der Widerspruch lässt sich aber nicht schon im Arbeitsvertrag erklären. § 22 Abs. 1 TzBfG steht dem entgegen.[638] Die Rechtslage zu § 545 Satz 1 BGB (Widerspruch im Mietvertrag) ist nicht vergleichbar, da das Mietrecht an dieser

634 ErfK/Müller-Glöge, Rn. 5 zu § 21 BEEG; Gaul, Rn. 10 zu § 21 BEEG.
635 Dörner, Rn. 706; s. auch Röger, NJW 2004, 1764, 1765 f.
636 Dörner, Rn. 712, 713.
637 Ebenso (zur Parallelvorschrift des § 625 BGB) BAG v. 3. 12. 1997 – 7 AZR 651/97, NZA 1998, 1000, 1001; BAG v. 26. 7. 2000 – 7 AZR 51/99, NJW 2001, 532; BAG v. 20. 2. 2002 – 7 AZR 662/00, NJOZ 2003, 1221, 1223.
638 BAG v. 29. 6. 2011 – 7 AZR 6/10 (Rn. 36), NJW 2011, 3675, 3677.

Stelle nicht zwingend ist.[639] Für den Widerspruch reicht es etwa aus, dass der Arbeitgeber zum Ausdruck bringt, nur zu einer befristeten Fortführung des Arbeitsverhältnisses bereit zu sein.[640] Auch der Hinweis des Arbeitgebers an den Arbeitnehmer, er solle sich noch vor Fristablauf bei der Agentur für Arbeit arbeitsuchend melden, dürfte ausreichen. Erst recht genügt die Ablehnung des Wunschs des Arbeitnehmers auf einvernehmliche Fortsetzung des Arbeitsverhältnisses.[641]

Die Frage, ob § 15 Abs. 5 TzBfG auch dann anzuwenden ist, wenn der Arbeitgeber die Zweckerreichung (schuldhaft) nicht erkannt hat, hat das BAG offen gelassen.[642] Richtigerweise geht es hier nicht um eine Vertragspflicht, sondern um die Festlegung des Beendigungszeitpunktes, so dass die 2-Wochen-Frist anläuft, sobald der Arbeitgeber die Zweckerreichung erkennt. Dann muss er aber auch mitteilen und einer Weiterarbeit widersprechen.

Dem (schuldhaften) Unterlassen der Mitteilung steht die schuldhaft unrichtige Mitteilung des Endzeitpunktes gleich.[643]

Auch bei einer Zeitbefristung muss der Arbeitgeber der Weiterarbeit unverzüglich widersprechen (§ 15 Abs. 5 Alt. 1 TzBfG). Ohnehin kommt eine Weiterarbeit auf diese Weise praktisch nur im Hochschulbereich vor (der Chef lässt weiterarbeiten, ohne dass die Hochschulverwaltung das weiß).

Durch eine **Doppelbefristung** (1. Stufe als Zweckbefristung, 2. Stufe als zeitliche Höchstfrist) lässt sich der Gefahr vorbeugen, dass der Zweckinhalt oder die Zweckerreichung unklar bleiben (s. o.).[644] Der Arbeitgeber muss dann nur die Auffangfrist überwachen, also nicht befürchten, gem. §§ 21, 15 Abs. 5 TzBfG unbefristet an das Arbeitsverhältnis gebunden zu sein, wenn er die Zweckerreichung (1. Beendigungsgrund) nicht mitteilt.[645] Mit

639 Etwa OLG Köln v. 7. 9. 2012 – 1 U 50/11 (zu II. 2 e bb), BeckRS 2012, 19425.

640 BAG v. 26. 7. 2000 – 7 AZR 51/99, NJW 2001, 532.

641 BAG v. 11. 7. 2007 – 7 AZR 501/06 (Rn. 39), NJOZ 2008, 4224, 4233.

642 BAG v. 29. 6. 2011 – 7 AZR 6/10 (Rn. 27), NJW 2011, 3675, 3676.

643 LAG Sachsen v. 25. 1. 2008 – 3 Sa 458/07, BeckRS 2009, 52191; APS/Backhaus, Rn. 10 zu § 15 TzBfG; differenzierend Dörner, Rn. 716, 717.

644 S. dazu LAG Düsseldorf v. 31. 8. 2007 – 9 Sa 685/07, NZA-RR 2008, 64, 65 f., wonach eine ergänzende Vertragsauslegung geboten ist, wenn eine Vertretungsbefristung wegen Verlängerung der Elternzeit mittels Doppelbefristung verlängert wird und der Elternzeiter für die Zeit danach Sonderlaub nimmt: Der Arbeitgeber habe trotz zeitlicher Endbegrenzung eine Befristung bis zum Ende des Sonderurlaubs angeboten! Dieses Urteil hielt selbst einer eingeschränkten revisionsrechtlichen Kontrolle nicht stand: BAG v. 22. 4. 2009 – 7 AZR 768/07 (Rn. 13 ff.), AP TzBfG § 14 Nr. 4.

645 BAG v. 29. 6. 2011 – 7 AZR 6/10 (Rn. 34), NJW 2011, 3675, 3677.

der Doppelbefristung stellen die Parteien auch klar, dass sie keinen neuen Arbeitsvertrag für die Zeit zwischen Zweckerreichung bzw. Eintritt der auflösenden Bedingung und dem dadurch bestimmten Vertragsende schließen.

Die Rechtsfolgen des § 15 Abs. 5 TzBfG treten nicht ein, wenn die Weiterarbeit nicht mit Wissen des Arbeitgebers oder einer zum Abschluss von Arbeitsverträgen berechtigten Person erfolgt. Im Hochschulbereich ist nicht der Institutsleiter oder ein sonstiger Vorgesetzter des Arbeitnehmers Arbeitgeber i. S. dieser Vorschrift, sondern allein die für die Hochschule zum Abschluss von Arbeitsverträgen zuständige Stelle.[646] Das Wissen muss sich (bei einer Zeitbefristung) auf die Beendigung des Arbeitsverhältnisses **und** die Fortsetzung der Arbeitsleistung beziehen.[647] Die Rechtsfolgen des § 15 Abs. 5 TzBfG treten auch dann nicht ein, wenn der Arbeitnehmer nur an seinem Arbeitsplatz erscheint, aber anders oder nicht in bisherigem Umfang weiterarbeitet.[648] Das ist auch dann der Fall, wenn der Arbeitnehmer seine Arbeit zwar fortsetzt, aber aufgrund eines Arbeitsvertrags mit einem neuen Arbeitgeber, der dem alten Arbeitgeber die Arbeitskraft im Rahmen des AÜG überlassen hat.[649] In diesem Fall sollte sich der bisherige Arbeitgeber vom Verleiher die nach § 1 Abs. 1 AÜG erforderliche Erlaubnis vorlegen lassen, da er ohne Überlassungserlaubnis wieder in die Arbeitgeberstellung einrückt (§ 10 Abs. 1 AÜG).

Will die Vertretungskraft die Weitergeltung des Arbeitsverhältnisses wegen § 625 BGB bzw. § 15 Abs. 5 TzBfG durch das Arbeitsgericht feststellen lassen, gilt hierfür die **3-Wochen-Frist** des § 17 Satz 1 TzBfG ab dem Zeitpunkt, an dem die 2-Wochen-Frist des § 15 Abs. 2 TzBfG nach Mitteilung der Beendigung des Arbeitsverhältnisses durch den Arbeitgeber abläuft,[650] ansonsten ab dem Ende der Zeitbefristung. Im Hinblick auf die Beendigung des Vertretungsverhältnisses soll der Arbeitgeber die Vertretungskraft darauf **hinweisen**, dass sie zur Aufrechterhaltung ungekürzter Ansprüche auf Arbeitslosengeld gem. § 38 Abs. 1 Satz 1 SGB III verpflichtet ist, sich drei Monate vor Ablauf des Arbeitsverhältnisses persönlich bei der Agentur für Arbeit **arbeitsuchend zu melden** und sie hierfür freizustellen (§ 2 Abs. 2 Satz 2 Nr. 3 SGB III). Liegen zwischen der Kenntnis des Beendigungszeitpunktes und der Beendigung des Arbeitsverhältnisses weniger als drei Monate, ist diese Verpflichtung innerhalb von drei (Kalender-)Tagen nach Kenntnis zu erfüllen (§ 38 Abs. 1 Satz 2 SGB III). Klärt der Arbeitgeber nicht

646 BAG v. 11. 7. 2007 – 7 AZR 501/06 (Rn. 24), NJOZ 2008, 4224, 4230.
647 Dörner, Rn. 743.
648 BAG v. 18. 10. 2006 – 7 AZR 749/05 (Rn. 15), AP TzBfG § 14 Nr. 28.
649 BAG v. 18. 10. 2006 – 7 AZR 749/05 (Rn. 14), AP TzBfG § 14 Nr. 28.
650 Dörner, Rn. 818; ErfK/Müller-Glöge, Rn. 7 zu § 17 TzBfG.

auf, erwachsen dem Arbeitnehmer daraus aber keine Schadensersatzansprüche.[651] Der Arbeitgeber macht sich indes schadensersatzpflichtig, wenn er zwar aufklärt, dies aber nicht vollständig, eindeutig und zutreffend.[652] Vor diesem Hintergrund sollte der Hinweis im Zweifel ganz unterbleiben. Will der Arbeitgeber dennoch aufklären, sollte er dies in Befristungsfällen schon gleich bei Abschluss des befristeten Arbeitsvertrags tun.[653] Aus psychologischen Gründen empfiehlt es sich dann, diese Information in einem Formblatt (als Anlage) der Befristungsabrede beizufügen.

3.6 Verbot der Doppelzählung (§ 21 Abs. 7 BEEG)

§ 21 Abs. 7 BEEG stellt sicher, dass es bei Anwendung arbeitsrechtlicher Gesetze oder Verordnungen,[654] die auf die Beschäftigtenzahl abstellen (z. B. § 622 Abs. 5 Nr. 2 BGB, §§ 3, 17 ff., 23 KSchG; § 2 Abs. 3 Satz 2 ArbPlSchG, §§ 1, 9, 99, 110, 111 BetrVG), zu keiner Doppelzählung kommt.[655] Hierzu werden Elternzeiter und Arbeitnehmer, die zur Betreuung eines Kindes freigestellt sind, nicht mitgezählt, solange für sie aufgrund von § 21 Abs. 1 BEEG ein Vertreter eingestellt ist und dieser gezählt wird. In diesem Sinne freigestellt sind auch Betriebsratsmitglieder, die Elternzeit nehmen. Arbeiten sie während der Elternzeit im Betriebsrat weiter, rechtfertigt dies ebenfalls keine Doppelzählung.[656] Bestimmungen sind nach dem Wortlaut des § 21 Abs. 7 BEEG nur Gesetze und Verordnungen, nicht dagegen tarifrechtliche Vorschriften. Tarifverträge können diese Bestimmung aber übernehmen.[657] Eine Doppelzählung ist auch dann unzulässig, wenn der Elternzeiter die Vertretungskraft anlernt (nach Beendigung der Elternzeit auch umgekehrt) und deshalb zusammen mit ihr im Betrieb arbeitet. Denn die Einarbeitungszeit ist auf einen kurzen und damit vernachlässigbaren Zeitraum begrenzt. Gleiches gilt für Wiedereinarbeitungszeiten des Elternzeitberechtigten.

Fraglich ist, ob eine Doppelzählung auch dann verboten ist, wenn der Vertreter unbefristet eingestellt ist. Die Auffassungen dazu gehen auseinan-

---

651 BAG v. 29. 9. 2005 – 8 AZR 571/04 (Rn. 19 ff.), NZA 2005, 1406, 1408; BAG v. 16. 11. 2005 – 7 AZR 86/05 (Rn. 36 ff.), NZA 2006, 535, 538.

652 BAG v. 23. 5. 1989 – 3 AZR 257/88 (zu 2 b), NVwZ 1990, 407, 408; BAG v. 12. 12. 2002 – 8 AZR 497/01 (zu II 2 a aa), NJOZ 2003, 1601, 1603.

653 Bauer/Krets, NJW 2003, 537, 542.

654 Tarifvorschriften bleiben außen vor: BAG v. 26. 5. 1992 – 9 AZR 102/91, NZA 1993, 462, 463; HK-ArbR/Velikova, Rn. 13 zu § 21 BEEG.

655 BAG v. 15. 3. 2006 – 7 ABR 39/05 (Juris Rn. 14).

656 LAG München v. 27. 2. 1998 – 8 TaBV 98/97, BeckRS 1998, 30464051; KR/Lipke, Rn. 80 zu § 21 BEEG.

657 BAG v. 26. 5. 1992 – 9 AZR 102/91, NZA 1993, 462, 463.

der.[658] Der Wortlaut („solange") lässt dies offen. Nach Sinn und Zweck des § 21 Abs. 7 BEEG ist das abzulehnen. Vermieden werden soll eine Doppelzählung. Der Elternzeiter gehört zum Unternehmen. In seinem Arbeitsverhältnis ruhen nur die Hauptleistungspflichten. Die unbefristet eingestellte Vertretungskraft ist in jeder Hinsicht vollwertig, im Grunde nicht einmal Vertretungskraft, da sie ja auch bei Rückkehr des Elternzeitberechtigten beschäftigt bleibt. Das Verbot des § 21 Abs. 7 BEEG erfasst damit nur befristet eingestellte Vertretungskräfte.[659]

658 Bejaht von LAG Düsseldorf v. 26. 7. 2000 – 12 TaBV 35/00, NZA-RR 2001, 308, 309; LAG Nürnberg v. 16. 2. 2016 – 7 Sa 225/15 (Rn. 48), BeckRS 2016, 67373 m. zust. Anm. Göhle-Sander, juris PR-ArbR 19/2016 Anm. 3; LAG Hamm v. 21. 4. 2016 – 17 Sa 106/16 (Rn. 59), BeckRS 2016, 71240; LAG Sachsen v. 21. 9. 2016 – 8 Sa 291/16 (Rn. 24), BeckRS 2016, 111843 m. zust. Anm. Klostermann-Schneider, jurisPR-ArbR 2/2017 Anm. 3; Pauly, Rn. 37 zu § 21 BEEG; KR/Lipke, Rn. 77 zu § 21 BEEG; differenzierend Gaul, Rn. 15 zu § 21 BEEG: solange der Vertretungsbedarf reicht.

659 LAG Hamm v. 18. 3. 1998 – 3 TaBV 42/98 (Rn. 27), BeckRS 1998, 40946; LAG Rheinland-Pfalz v. 5. 2. 2004 – 6 Sa 1226/03, BeckRS 2004, 30463665; ErfK/Müller-Glöge, Rn. 11 zu § 21 BEEG; Schaub/Linck, § 172 Rn. 68.

4. Urlaub (§ 17 BEEG)

Der gesetzliche Mindesturlaub knüpft an das Bestehen eines Arbeitsverhältnisses an. Während der Elternzeit ruhen die Hauptleistungspflichten, das Arbeitsverhältnis besteht aber weiter. Wie sich aus der Kürzungsbefugnis gem. § 17 Abs. 1 BEEG ergibt, hat auch der Elternzeiter grds. Anspruch auf Erholungsurlaub. Da er, wenn er keine Elternteilzeit verrichtet, von der Erwerbsarbeit freigestellt ist und sich von dieser nicht erholen muss, bedarf es Regelungen dazu, wie sich das auf seinen Anspruch auf Erholungsurlaub auswirkt. Außerdem ist den Besonderheiten Rechnung zu tragen, die durch das ggf. mehrjährige Ruhen der Hauptleitungspflichten auftreten können. § 17 BEEG gibt hierfür Regelungen. Mit den dort getroffenen Vorschriften zur Kürzung, Übertragung, zum Ausgleich und zur Abgeltung des Erholungsurlaubs werden die Regelungen der §§ 3 Abs. 1, 5 Abs. 3, 7 Abs. 3 und 7 Abs. 4 BUrlG modifiziert.

4.1 Urlaubskürzung (§ 17 Abs. 1 BEEG)

Nimmt der Arbeitnehmer Elternzeit, steht ihm währenddessen (ebenso wie für Ausfallzeiten wegen mutterschutzrechtlicher Beschäftigungsverbote nach § 24 Satz 1 MuSchG) Erholungsurlaub zu, da das Arbeitsverhältnis weiterhin besteht. Erfasst ist jeder Erholungsurlaub, auch ein Sondererholungsurlaub, z. B. nach § 208 SGB IX oder § 19 JArbSchG. Das Kürzungsrecht erfasst auch den vertraglichen Mehrurlaub, wenn die Arbeitsvertragsparteien für diesen keine von § 17 Abs. 1 S. 1 BEEG abweichende Regelung vereinbart haben.[660] Freistellungsansprüche, die keinen Erholungsurlaub betreffen, etwa zur Teilnahme an Schulungs- und Bildungsveranstaltungen (sog. Bildungsurlaub), sind nicht erfasst.

Der Anspruch auf Erholungsurlaub entsteht zu Beginn des Jahres auch für die Monate der künftigen Elternzeit.[661] Allerdings darf der Arbeitgeber den Erholungsurlaub für jeden vollen Kalendermonat der Elternzeit um 1/12 **kürzen** (§ 17 Abs. 1 Satz 1 BEEG). Diese Regelung hat § 4 Abs. 1 Satz 1 ArbPlSchG zum Vorbild[662] und ist mit Art. 7 Abs. 1 der RiLi 2003/88/EG (Arbeitszeitrichtlinie) vereinbar.[663] Übernommen wurde auch die Regelung aus § 5 Abs. 1 BUrlG, wonach Teilurlaub nur für **volle Monate** des Bestehens

660 BAG v. 19. 3. 2019 – 9 AZR 362/18 (Rn. 16), NJW 2019, 2723, 2724.

661 BAG v. 17. 5. 2011 – 9 AZR 197/10 (Rn. 21), BeckRS 2011, 75611.

662 BT-Drs. 10/3792, S. 20.

663 EuGH v. 4. 10. 2018 – C-12/17 (Rn. 38), NJW 2019, 825, 826 – Dicu; so auch BAG v. 19. 3. 2019 – 9 AZR 495/17 (Rn. 19 ff.), NJW 2019, 2719, 2720 f.

des Arbeitsverhältnisses gewährt wird. Das heißt: Schon ein Tag ohne Elternzeit verhindert die Kürzung für den betreffenden Monat.

Beispiel: Die Elternzeit beginnt am 30.7. und endet am 10.12. des Jahres: Urlaubskürzung um 4/12 (August – November).

Selbst wenn der fehlende Tag kein Arbeitstag ist, zählt der Monat nicht mit.[664]

Ergeben sich bei der Kürzung Tagesbruchteile, sind diese weder auf- noch abzurunden; § 5 Abs. 2 BUrlG findet (anders als im Rahmen der Urlaubsabgeltung, dazu 4.4) keine Anwendung und ordnet auch keine Abrundung an.[665]

Beispiel: Die Arbeitnehmerin hat einen jährlichen Urlaubsanspruch von 30 Arbeitstagen. Das Jahr 2016 ist durch Mutterschaftszeiten und ab dem 14.3. durch Elternzeit ausgefüllt. Die Elternzeit endet bestimmungsgemäß am 31.3.2018. Urlaub für 2016 – 2018: Urlaub für 2016: Der Urlaub ist bis März in voller Höhe entstanden (§ 24 Satz 1 MuSchG, § 4 BUrlG). Für volle Monate der Elternzeit kann gekürzt werden, also um 9/12 (April – Dezember). Es verbleiben 3/12 = 7,5 Urlaubstage. Urlaub für 2017: Kürzung um 12/12 = 0 Urlaubstage. Urlaub für 2018: Kürzung um 3/12 (Januar – März); es verbleiben 9/12 = 22,5 Urlaubstage. Zusammen verbleiben 30 Urlaubstage, falls der Arbeitgeber die Kürzung für die restlichen Urlaubstage vornimmt.

Die **Kürzung erfolgt durch empfangsbedürftige Willenserklärung.**[666] Sie ist an keine Schriftform gebunden und kann vor oder während der Elternzeit ausgesprochen werden.[667] Die Erklärung muss aber deutlich sein. Dazu reicht aus, dass dem Arbeitnehmer – abweichend von seinem Urlaubsverlangen – nur der gekürzte Urlaub gewährt wird oder für ihn erkennbar ist, dass der Arbeitgeber sein Kürzungsrecht ausüben will.[668] Die Übersendung einer Lohnabrechnung, in der für die Zeit der Elternzeit 0,0 Urlaubstage ausgewiesen sind, reicht dazu nicht aus.[669]

Nach Aufgabe der Surrogatstheorie, die den Abgeltungsanspruch denselben Regeln unterwarf wie den Urlaubsanspruch, kann eine Kürzung nicht mehr erfolgen, wenn sich der Urlaubsanspruch mit Ablauf der Frist des § 17 Abs. 2 BEEG, spätestens jedoch mit Beendigung des Arbeitsverhältnisses

664 Sowka, S. 73; Buchner/Becker, Rn. 12 zu § 17 BEEG.
665 BAG v. 23.1.2018 – 9 AZR 200/17 (Rn. 30 ff.), NJW 2018, 1899, 1901.
666 BAG v. 19.5.2015 – 9 AZR 725/13 (Rn. 22), NJW 2015, 2604 (2605).
667 BAG v. 19.3.2019 – 9 AZR 495/17 (Rn. 35), NJW 2019, 2719, 2722 f.
668 BAG v. 19.3.2019 – 9 AZR 495/17 (Rn. 31), NJW 2019, 2719, 2722; BAG v. 5.7.2022 – 9 AZR 341/21 (Rn. 39), NZA 2022, 1469, 1472 f.
669 BAG v. 19.3.2019 – 9 AZR 495/17 (Rn. 38), NJW 2019, 2719, 2723.

nicht mehr besteht, sondern sich in einen (vererblichen)[670] Geldanspruch umgewandelt hat.[671] Das Gesetz unterstellt allein den „Erholungsurlaub" der Kürzungsbefugnis des Arbeitgebers, nicht dagegen den Abgeltungsanspruch.[672]

Der Arbeitgeber ist bei seiner Kürzungsentscheidung an den Gleichheitssatz gebunden, muss die Kürzung ansonsten aber nicht rechtfertigen.[673]Die Kürzung knüpft an den Urlaubsanspruch an, so dass zunächst die Dauer des Jahresurlaubs zu ermitteln ist. Dabei werden die Zeiten der Arbeitsfreistellung infolge Mutterschutzfristen und Elternzeiten bei der 6-monatigen Wartezeit des § 4 BUrlG mitberücksichtigt.[674]

Da die Geburt eines weiteren Kindes die Elternzeit nicht unterbricht, besteht das Kürzungsrecht selbst dann, wenn die Beschäftigte während der Elternzeit erneut schwanger wird und deshalb einem (bloßen) Beschäftigungsverbot unterliegt.[675]

Die Kürzungsmöglichkeit setzt voraus, dass Elternzeit genommen wird. Sie knüpft also nicht schon an die Elternzeitberechtigung an. Ansonsten könnte sich der Arbeitgeber weigern, den ungekürzten Jahresurlaub zu gewähren, wenn die Geburt des Kindes absehbar ist und schon über eine mögliche Elternzeit gesprochen wurde. Die Folge wäre ein Windhundprinzip, das dem Gesetzeszweck zuwiderliefe, dem Elternzeitberechtigten zu ermöglichen, frei zu bestimmen, wann er in Verhandlungen um die Elternzeit eintritt und die Elternzeit wahrnimmt.[676] Die Kürzungsmöglichkeit beginnt aber erst mit der Elternzeit (§ 17 Abs. 1 Satz 1 BEEG), nicht schon mit Zugang des Elternzeitverlangens.[677]

---

670 EuGH v. 6.11.2018 – C-569/16 (Rn. 45), NZA 2018, 1467, 1469 – Bauer; BAG v. 22.1.2019 – 9 AZR 45/16.

671 BAG v. 19.5.2015 – 9 AZR 725/13 (Rn. 10, 13 ff.), NJW 2015, 2604 f.; BAG v. 19.3.2019 – 9 AZR 495/17 (Rn. 32), NJW 2019, 2719, 2722; BAG v. 5.7.2022 – 9 AZR 341/21 (Rn. 38), NZA 2022, 1469, 1472.

672 BAG v. 19.3.2019 – 9 AZR 495/17 (Rn. 32), NJW 2019, 2719, 2722; BAG v. 5.7.2022 – 9 AZR 341/21 (Rn. 38), NZA 2022, 1469, 1472.

673 ErfK/Gallner, Rn. 3 zu § 17 BEEG; weitergehend Rancke, Rn. 5 zu § 17 BEEG: Ausübung nach billigem Ermessen.

674 Buchner/Becker, Rn. 11 zu § 17 BEEG.

675 Küttner/Poeche, Stichwort Elternzeit Rn. 40.

676 I. Erg. Rancke, Rn. 6 zu § 17 BEEG; ErfK/Gallner, Rn. 4 zu § 17 BEEG; Buchner/Becker, Rn. 33 zu § 17 BEEG. Auch der Anspruch auf Elternteilzeit entsteht erst mit Geltendmachung der Elternzeit, s. BAG v. 15.4.2008 – 9 AZR 380/07 (Rn. 22), NJW 2008, 2937, 2938.

677 BAG v. 19.3.2019 – 9 AZR 495/17 (Rn. 35), NJW 2019, 2719, 2722 f.

Der Arbeitgeber hat kein Kürzungsrecht, wenn der Beschäftigte bei ihm Elternteilzeitarbeit verrichtet (§ 17 Abs. 1 Satz 2 BEEG). In diesem Fall passt sich der Umfang des Urlaubsanspruchs entsprechend der tatsächlichen Verteilung der Arbeitszeit für die Zukunft automatisch an die einzelnen Wochentage an.[678]

Beispiel: Vor Antritt der Elternzeit arbeitet A an fünf, danach an drei Wochentagen. Der ursprüngliche Erholungsurlaub darf für den Zeitraum der Elternteilzeit um 40 % gekürzt werden.

Wird Elternteilzeit beim selben Arbeitgeber verrichtet, verhindert nicht nur eine Gehaltszahlung die Urlaubskürzung, sondern auch der Erhalt von Krankenbezügen oder Mutterschaftsgeld für ein weiteres Kind.[679]

Ist die Zahlung von **Urlaubsgeld** vereinbart, teilt es das Schicksal des Urlaubsanspruchs; kürzt der Arbeitgeber für die Elternzeit den Urlaub, darf er auch das Urlaubsgeld kürzen.[680] Den Parteien bzw. Tarifpartnern steht es aber frei, dies anders zu regeln.[681]

4.2 Urlaubsübertragung (§ 17 Abs. 2 BEEG)

§ 17 Abs. 2 BEEG will sicherstellen, dass die Inanspruchnahme von Elternzeit nicht zum Verfall von Erholungsurlaub führt. Diese Regelung hat aufgrund der EuGH-Rspr. zum Urlaubsrecht, wonach gesetzlicher Urlaub nicht verfällt, sondern sich automatisch in einen Geldanspruch umwandelt,[682] nur noch für **vereinbarten Zusatzurlaub** und dann Bedeutung, wenn der Arbeitgeber den Arbeitnehmer **„konkret und in völliger Transparenz“ aufgefordert hat, den Urlaub zu nehmen**, und ihm dabei vor Augen geführt hat, dass der Urlaub ansonsten verfällt.[683] Was damit gemeint ist, lässt der EuGH bislang nur in Ansätzen erkennen. Da die Mitteilung hiernach nur „erforderlichenfalls förmlich“ erfolgen muss, wird man keinen allzu hohen Maßstab anlegen dürfen, zumal es in Arbeitnehmerkreisen bekannt ist, dass der Urlaub zum Jahresende verfällt. Verbreitet wird dennoch ein persönli-

678 BAG v. 28.4.1998 – 9 AZR 314/97, NZA 1999, 156, 157.

679 BAG v. 12.2.2003 – 10 AZR 375/02 (zu II 3), AP Nr. 37 zu § 15 BErzGG.

680 BAG v. 14.8.1996 – 10 AZR 70/96, NZA 1996, 1204, 1205.

681 Vgl. BAG v. 18.3.1997 – 9 AZR 84/96, NZA 1997, 1168, 1169; BAG v. 19.1.1999 – 9 AZR 158/98, NZA 1999, 832, 833 f.; BAG v. 19.1.1999 – 9 AZR 204/98, NZA 1999, 1223, 1224; BAG v. 19.3.2002 – 9 AZR 29/01, AP Nr. 2 zu § 22 BAT – Urlaubsgeld.

682 EuGH v. 29.11.2017 – C 214/16 (Rn. 63), NJW 2018, 33, 36 – King. Zur dogmatischen Herleitung aus Art. 31 Abs. 2 GRCh s. EuGH v. 6.11.2018 – C-684/16 (Rn. 80), NZA 2018, 1474, 1480 – Shimizu.

683 EuGH v. 6.11.2018 – C-684/16 (Rn. 45), NZA 2018, 1474, 1476 – Shimizu; EuGH v. 6.11.2018 – C-619/16 (Rn. 52), NJW 2019, 36, 40 – Kreuzinger.

ches Anschreiben gefordert, das so rechtzeitig erfolgt, dass der vorhandene Urlaub im Kalenderjahr noch vollständig genommen werden kann, und damit vor allem bei hohen individuellen Urlaubskonten frühzeitig zugehen muss.[684] Auf der anderen Seite bleibt dem Arbeitgeber damit erspart, seine Mitarbeiter quasi in Zwangsurlaub schicken zu müssen. Mit diesem Inhalt geht § 17 Abs. 2 BEEG als Sonderregelung der Verfallvorschrift des § 7 Abs. 3 BUrlG und entsprechenden tariflichen Bestimmungen vor.[685] Die Elternzeit soll sich damit auf den Erholungsurlaub neutral auswirken: Zu wenig erhaltener Erholungsurlaub aus der Zeit vor Antritt der Elternzeit wird nach der Elternzeit gewährt (§ 17 Abs. 2 BEEG); Bruchteile werden dazu nicht aufgerundet.[686] Dieser Freizeitausgleich ist freilich kein Erholungsurlaub im eigentlichen Sinne.[687]

Der Resturlaub (das kann auch noch ein Rest Jugendurlaub nach § 19 Abs. 2 JArbSchG aus dem Jahr des Antritts der Elternzeit sein) muss nach der (ggf. verlängerten) Elternzeit „im laufenden oder im nächsten Urlaubsjahr" gewährt werden (§ 17 Abs. 2 BEEG), wobei das „nächste" Urlaubsjahr nicht wie in § 7 Abs. 3 Satz 3 BUrlG eingeschränkt ist, der Urlaub also bis zum Ende dieses Kalenderjahrs genommen werden kann.[688] Erfasst ist nur der vor Beginn der Elternzeit angefallene Urlaub, nicht der während der Elternzeit entstandene (und nach § 17 Abs. 1 BEEG kürzbare) Urlaub.[689]

Für die Übertragung wird die Elternzeit insgesamt betrachtet; nicht entscheidend sind die einzelnen Zeitabschnitte.

Beispiel: Die Arbeitnehmerin hat Resturlaub aus 2018 und geht vom 17. 1. 2019 bis zum 31. 3. 2020 in Elternzeit. Danach setzt sie ihre Erwerbstätigkeit fort und nimmt für dasselbe Kind vom 17. 1. 2021 bis zum 16. 1. 2022 wieder Elternzeit. Der Resturlaub aus 2018 kann bis Ende 2023 genommen werden.

Wird in oder nach Ablauf der Elternzeit vermindert weitergearbeitet, wirkt sich dies auf den Umfang des neuen, nicht aber auf den bestehenden oder übertragenen Urlaub aus. Nur der neue Urlaub richtet sich nach den neuen Arbeitszeiten. Dieses **Quotierungsverbot** folgert der EuGH aus Ziff. 4.2 der

---

684 Fuhlrott, EWiR 2018, 725, 726; Juncker, öAT 2019, 5, 6; Oberthür, ArbRB 2019, 13, 14 f.; Arnold/Zeh, NZA 2019, 1, 6.

685 BAG v. 28. 7. 1992 – 9 AZR 340/91, NZA 1994, 27, 28; BAG v. 19. 3. 2019 – 9 AZR 495/17 (Rn. 13), NJW 2019, 2719, 2720.

686 BAG v. 19. 3. 2019 – 9 AZR 362/18 (Rn. 39), NJW 2019, 2723, 2725, wonach § 5 Abs. 1 BUrlG keine Anwendung findet.

687 BT-Drs. 14/3553, S. 23.

688 BAG v. 15. 12. 2015 – 9 AZR 52/15 (Rn. 21), NJW 2016, 1462, 1463; BAG v. 23. 1. 2018 – 9 AZR 200/17 (Rn. 19), NJW 2018, 1899 f.; Rancke, Rn. 13 zu § 17 BEEG.

689 LAG Baden-Württemberg v. 7. 7. 2017 – 9 Sa 10/17 (Rn. 33), BeckRS 2017, 142884.

in der Teilzeitrichtlinie 97/81/EG implementierten Rahmenvereinbarung über Teilzeitarbeit, wonach der Pro-rata-temporis-Grundsatz nur dort gilt, wo es „angemessen“ ist. Diese Regelung steht einer nationalen Bestimmung entgegen, nach der bei einer Änderung des Beschäftigungsausmaßes eines Arbeitnehmers der Umfang des noch nicht verbrauchten Erholungsurlaubs in der Weise angepasst wird, dass der von einem Arbeitnehmer, der von einer Vollzeit- in eine Teilzeitbeschäftigung wechselt, in der Zeit der Vollzeitbeschäftigung erworbene Anspruch auf bezahlten Jahresurlaub, dessen Ausübung dem Arbeitnehmer während dieser Zeit nicht möglich war, reduziert wird oder der Arbeitnehmer diesen Urlaub nur mehr mit einem geringeren Urlaubsentgelt verbrauchen kann.[690] Diese Auslegung hat das BAG übernommen und legt so etwa § 4 Abs. 1 Satz 1 TzBfG aus. Für den Urlaub des Elternzeiters und damit die Übertragungsvorschrift des § 17 Abs. 2 BEEG kann nichts anderes gelten.

Beispiel: Arbeitnehmerin A arbeitet an fünf Wochentagen mit einem Urlaubsanspruch von 30 Arbeitstagen pro Jahr. Ohne im Jahr 2015 Erholungsurlaub verbraucht zu haben, nimmt sie vom 16. 6. 2015 bis zum 30. 5. 2017 Elternzeit. Danach arbeitet sie nur noch in Teilzeit an drei Wochentagen. Der Arbeitgeber darf den Erholungsurlaub für das Jahr 2015 um 6/12 (Juli – Dezember) kürzen (s. o.). Der Resturlaub von 15 Arbeitstagen wird gem. § 17 Abs. 2 BEEG auf die Zeit nach Beendigung der Elternzeit übertragen und bleibt trotz Wechsels von Vollzeit auf Teilzeit unverändert.

Letztlich droht der Arbeitnehmer, der nach Ablauf der Elternzeit auf eine geringfügige Teilzeit wechselt, so wochen- oder monatelang nicht am Arbeitsplatz zu erscheinen. Der Arbeitgeber ist damit gut beraten, den Urlaub vor Antritt der Elternzeit zuzuteilen, damit die Teilzeit nach Beendigung der Elternzeit gleich umgesetzt werden kann.[691]

Der übertragene Erholungsurlaub muss trotz des missverständlichen Wortlauts in § 17 Abs. 2 BEEG („zu gewähren“) bis zum Ablauf des dem Ende der Elternzeit folgenden Jahres bewilligt und genommen sein. Dabei wird der Urlaubsanspruch grds. für jede Elternzeit gesondert betrachtet, das Ende der Elternzeit also für jeden Geburtsvorgang gesondert berechnet (§ 15 Abs. 2 Satz 3 BEEG: „für jedes Kind“). Hat der Arbeitnehmer aufgrund einer weiteren Elternzeit nach der 1. Elternzeit nicht die Möglichkeit, den gesamten Urlaub bis zum Ablauf des „nächsten“ Urlaubsjahrs zu nehmen, ist dieser Urlaub zwar nicht mehr zu gewähren, wandelt sich nach der neuen

---

690 EuGH v. 22. 4. 2010 – C-486/08 (Rn. 35), NZA 2010, 557, 559 –Zentralbetriebsrat der Landeskrankenhäuser Tirols; EuGH v. 13. 6. 2013 – C-415/12 (Rn. 36), NZA 2013, 775, 777 – Brandes.

691 Rasche, öAT 2019, 26, 27.

Rspr. des EuGH zum Urlaubsrecht aber wie bei Erschöpfung des normalen Erholungsurlaubs in einen Anspruch auf Urlaubsabgeltung um.[692]

Beispiel: Arbeitnehmerin A hat übertragenen Resturlaub aus 2018. Sie geht vom 17.1.2019 bis zum 31.3.2020 in Elternzeit. Für ihr nächstes Kind nimmt sie vom 16.10.2020 bis zum 16.1.2023 Elternzeit, ohne währenddessen Urlaub genommen zu haben. Der Resturlaub für 2018 konnte nur bis Ende 2021 genommen werden und wurde dann zu einem Abgeltungsanspruch.

Anders ist die Rechtslage, wenn sich der weitere Elternzeitabschnitt unmittelbar an den vorigen anschließt und der Urlaub aus der Zeit vor der Elternzeit damit überhaupt nicht genommen werden kann. In diesem Fall muss der Arbeitgeber ihn später gewähren; der alte Urlaub wird dann nach § 17 Abs. 2 BEEG weiterübertragen.[693]

Beispiel: Arbeitnehmerin A geht, ohne Urlaub für das Jahr 2018 erhalten zu haben, vom 3.12.2018 bis zum 7.10.2021 in Elternzeit. Wegen der Geburt ihres 2. Kindes im Jahr 2020 schließt sich nahtlos eine weitere, bis 18.8.2023 verlangte Elternzeit an. Der Resturlaub für 2018 ist nicht Ende 2022 verfallen, sondern wird bis Ende 2023 übertragen. Das ergibt schon eine einfach-gesetzliche („nach der Elternzeit" bedeutet „nach der letzten Elternzeit"), jedenfalls aber eine verfassungs- und europarechtskonforme Auslegung des § 17 Abs. 2 BEEG und der allgemeine Gleichheitssatz des Art. 3 Abs. 1 GG, die Vorgaben in Art. 7 der Arbeitszeitrichtlinie, Art. 2 der Gleichbehandlungsrichtlinie und die Wertungen aus Art. 8 und Art. 11 der Mutterschutzrichtlinie.[694]

Voraussetzung für die Übertragung ist allerdings, dass der Urlaub **nur** wegen der Elternzeit (also nicht etwa krankheitsbedingt oder wegen Ablaufs des Übertragungszeitraums gem. § 7 Abs. 3 Satz 3 BUrlG) nicht genommen werden konnte.[695] Damit kommt es trotz des insoweit missverständlichen Gesetzeswortlauts (§ 17 Abs. 2 BEEG: „Urlaub vor dem Beginn der Elternzeit") auch dann nicht zu einer Übertragung von Erholungsurlaub, wenn der Elternzeiter während der Elternzeit beim selben Arbeitgeber Elternteilzeitarbeit leistet und in diesem Rahmen den Urlaub auch für die Zeit vor Antritt der Elternzeit nehmen kann.[696]

---

692 BAG v. 23.4.1996 – 9 AZR 165/95, NJW 1996, 3293; BAG v. 21.10.1997 – 9 AZR 2 67/96, NZA 1998, 648.

693 BAG v. 1.10.1991 – 9 AZR 365/90, NZA 1992, 419, 420.

694 BAG v. 20.5.2008 – 9 AZR 219/07 (Rn. 19 ff.), NZA 2008, 1237, 1239.

695 BAG v. 1.10.1991 – 9 AZR 365/90, NZA 1992, 419, 420.

696 Laux, Anh. 1 B. Rn. 56; ErfK/Gallner, Rn. 8a zu § 17 BEEG: es gilt dann § 7 Abs. 3 BUrlG; Schrader, in: BeckOK BEEG, Rn. 13 zu § 17 BEEG.

Zwischen der Elternzeit und dem nicht erhaltenen Urlaub besteht damit ein striktes Kausalitätserfordernis.[697] Auf der anderen Seite wird der Resturlaub unabhängig davon berücksichtigt, ob er in dieser Zeit (etwa unter Berücksichtigung des Anmeldungszeitraums) auch realisiert werden konnte.[698]

Beispiel: Beginn der Elternzeit am 26.3. mit drei Wochen Resturlaub aus dem Vorjahr. Zu übertragen sind wegen § 7 Abs. 3 Satz 3 BUrlG nur die Arbeitstage vom 26.3. bis zum 31.3, die aber dann insgesamt.

Lässt der Arbeitgeber die Inanspruchnahme von Erholungsurlaub aus von ihm zu vertretenden Gründen nicht zu, macht er sich schadensersatzpflichtig und hat dem Arbeitnehmer nach dem Grundsatz der Naturalrestitution (§ 249 Abs. 1 BGB) **Ersatzurlaub** zu gewähren,[699] da der Verfall des Erholungsurlaubs durch ein solches Verhalten nicht verhindert wird.

Problematisch ist das Zusammenwirken der Regelung des § 17 Abs. 1 BEEG mit der Übertragungsvorschrift des § 24 Satz 2 MuSchG. Urlaubszeiten, die nach dieser Vorschrift übertragen werden („im laufenden oder im nächsten Urlaubsjahr"), enden oft, während die Elternzeit noch andauert. Fraglich ist, ob diese Zeiten gem. § 17 Abs. 2 BEEG weiterübertragen werden, oder ob § 24 Satz 2 MuSchG für den Verfall dieser Zeiten eine abschließende Regelung trifft, § 17 Abs. 2 BEEG insoweit also verdrängt. Da der Gesetzgeber mit Einführung des § 24 Satz 2 MuSchG im Jahr 2002 (damals als § 17 Satz 2) die Mutter nur besser stellen wollte, gebührt der 1. Ansicht und damit der Anwendbarkeit des § 17 Abs. 2 BEEG der Vorrang.[700] Letztlich sorgt § 24 Satz 2 MuSchG damit sogar für eine weitergehende Übertragbarkeit von Erholungsurlaub.

Beispiel: Arbeitnehmerin A hat einen jährlichen Urlaubsanspruch von 30 Arbeitstagen, von dem sie 2018 15 Tage realisiert hat. Im Dezember 2018 beginnen die Mutterschaftsfristen, die am 29.3.2019 enden. Anschließend geht die Arbeitnehmerin bis zum 12.2.2022 in Elternzeit. Gem. § 17 Abs. 2 BEEG übertragen werden nicht nur die beiden Urlaubstage für das Jahr 2018, die wegen der Elternzeit am 30. und 31.3.2019 nicht genommen werden konnten und gem. § 7 Abs. 3 Satz 3 BUrlG dann ver-

697 Osnabrügge, Rn. 15 zu § 17 BEEG.

698 BAG v. 1.10.1991 – 9 AZR 365/90, NZA 1992, 419, 420.

699 St. Rspr. seit BAG v. 5.9.1985 – 6 AZR 86/82, NZA 1986, 394, 395; s. nur BAG v. 6.8.2013 – 9 AZR 956/11 (Rn. 14), NZA 2014, 545, 546.

700 Sowka, FS 50 Jahre BAG, 2004, 229, 240; Hk-MuSchG/BEEG/Pepping, Rn. 15 zu § 24 MuSchG; ebenso Friese, NZA 2003, 597, 602, mit dem zutreffenden Hinweis, dass dasselbe Kind betroffen sein muss. Unklar BAG v. 5.7.2022 – 9 AZR 341/21 (Rn. 34), NZA 2022, 1469, 1472, wonach die Grundsätze zu § 17 Abs. 2 BEEG „auch bei einer Mehrzahl von Mutterschutzfristen und Elternzeiten" gelten.

fallen wären, sondern die gesamten 15 Tage Resturlaub für 2018, die gem. § 24 Satz 2 MuSchG auf die Zeit nach Beendigung der Mutterschaftsfristen, also in die Elternzeit hinein, übertragen wurden. Diese 15 Tage Resturlaub sind nicht gem. § 24 Satz 2 MuSchG Ende 2020 verfallen, sondern können noch bis Ende 2023 genommen werden.

4.3 Urlaubsausgleich (§ 17 Abs. 4 BEEG)

Sofern die halbjährige Wartezeit nach § 4 BUrlG erfüllt ist, entsteht mit Beginn des darauffolgenden Kalenderjahrs der Anspruch auf den vollen Jahresurlaub. Die zeitliche Festlegung erfolgt nach § 7 Abs. 1 BUrlG durch den Arbeitgeber. Eine möglicherweise im laufenden Jahr anfallende Elternzeit begründet keinen entgegenstehenden dringlichen betrieblichen Belang i. S. des § 7 Abs. 1 Satz 1 BUrlG. Dem Arbeitgeber ist es deshalb versagt, den Jahresurlaub im Hinblick auf eine zu erwartende Elternzeit dem Arbeitnehmer auch nur teilweise vorzuenthalten (s. o.).

Um Missbräuchen zu begegnen und den Erholungsurlaub für die Dauer der Elternzeit auch insoweit zu neutralisieren, bestimmt § 17 Abs. 4 BEEG, dass zuviel erhaltener Urlaub nach der Elternzeit vom neuen Urlaub abgezogen werden darf. Das gilt jedoch nicht bei einem Wechsel des Arbeitgebers.[701] Reichen die nach Beendigung der Elternzeit bis zum Jahresende vorhandenen Urlaubstage zum Ausgleich nicht aus, kann die Übermenge auch noch vom Erholungsurlaub für das Folgejahr abgezogen werden.

Beispiel: Resturlaub nach Beendigung der Elternzeit am 22. 12. 2022: eine Woche, zuviel erhaltener Urlaub aus dem Jahr des Antritts der Elternzeit (2019): zwei Wochen. Hier kann der Mehrurlaub für 2019 abgezogen werden, so dass kein Urlaub mehr verbleibt.

Der Arbeitgeber darf sich die Verrechnungsmöglichkeit nicht für längere Zeit vorbehalten; spätestens im Folgejahr muss die Verrechnung erfolgt sein (vgl. auch § 17 Abs. 2 BEEG).[702]

Wird zuviel Urlaubsentgelt gewährt, scheidet im Umkehrschluss zu § 17 Abs. 4 BEEG, der nur eine Abzugsmöglichkeit vorsieht, eine Rückbelastung aus; andernfalls würde sich die Urlaubskürzung doppelt auswirken, was nicht gewollt sein kann. Etwas anderes gilt nur dann, wenn der Abzug wegen Beendigung des Arbeitsverhältnisses nicht mehr möglich ist. Dieser Fall ist von § 17 Abs. 4 BEEG nicht erfasst. Es greift dann § 5 Abs. 3 BUrlG, wonach

701 ErfK/Gallner, Rn. 7 zu § 17 BEEG.

702 Buchner/Becker, Rn. 27 zu § 17 BEEG; Gaul, Rn. 11 zu § 17 BEEG; Osnabrügge, Rn. 12, 26 zu § 17 BEEG; a. A. ErfK/Gallner, Rn. 7 zu § 17 BEEG: Abzug, sobald der nächste Urlaub erteilt wird.

sich eine Rückforderung nur für das erste halbe Jahr des Arbeitsverhältnisses verbietet; ansonsten gilt § 812 Abs. 1 Satz 1 Alt. 1 BGB.[703]

Urlaubsgeld, das wegen der Elternzeit zuviel gezahlt wurde, ist zurückzuzahlen, da es wie der Urlaubsanspruch zu behandeln ist (dazu 4.1). Den Parteien bzw. Tarifpartnern steht es aber frei, dies anders zu regeln.

4.4 Urlaubsabgeltung (§ 17 Abs. 3 BEEG)

Endet das Arbeitsverhältnis während oder mit Ablauf der Elternzeit, ist eine Nachgewährung von Erholungsurlaub nicht möglich. Der (ggf. nach Kürzung verbleibende) Erholungsurlaub ist dann wie nach § 7 Abs. 4 BUrlG abzugelten (§ 17 Abs. 3 BEEG). Für den gesetzlichen Mindesturlaub spielt diese Regelung aufgrund der EuGH-Rspr. zum Urlaubsrecht keine Rolle (s. o. 4.2.). Resturlaub ist in diesem Umfang immer abzugelten. Dies lässt sich auch durch eine Ausschlussfrist nicht verhindern.[704]

Beispiel: Arbeitnehmerin A hat Anspruch auf tariflichen Zusatzurlaub von 8 Arbeitstagen pro Jahr. Bis zum 10. 3. 2021 befindet sie sich im Mutterschutz, vom 11. 3. 2021 bis zum 24. 4. 2023 in Elternzeit. Gem. § 19 BEEG kündigt sie das Arbeitsverhältnis zum Ende der Elternzeit und verlangt Abgeltung des Resturlaubs. Wie viele Urlaubstage sind abzugelten, wenn A für 2021 keinen Urlaub erhalten hat und der Arbeitgeber alle Kürzungen vornimmt?

Der Urlaub für 2021 ist in voller Höhe entstanden (§ 24 Satz 1 MuSchG, § 4 BUrlG). Für volle Monate der Elternzeit kann gekürzt werden, also um $^{9}/_{12}$ (April – Dezember). Es verbleiben $^{3}/_{12}$ = $2^{2}/_{3}$ abzugeltende Urlaubstage. Urlaub für 2022: Kürzung um $^{12}/_{12}$ = 0 Urlaubstage, keine Abgeltung. Urlaub für 2023: Abzugelten sind gem. § 5 Abs. 1c BUrlG die Tage bis zum 24.4. Fraglich ist, ob gem. § 24 Abs. 1 Satz 1 MuSchG davon $^{3}/_{12}$ (Januar – März) des Jahresurlaubs[705] oder nur des für das Urlaubsjahr tatsächlich zustehenden Urlaubs abzuziehen sind.[706] Richtig ist die 1. Lösung, da § 17 Abs. 1 Satz 1 BEEG allein auf das Urlaubsjahr abstellt. Damit verbleiben für die Abgeltung nur die 24 Apriltage. Allerdings greift nun § 5 Abs. 1 BUrlG, wonach für den Teilurlaub (und die darauf beruhende Abgeltung nach § 7 Abs. 4 BUrlG) nur volle Monate anzusetzen sind, so dass für 2023 nichts abzugelten ist. Ergebnis: Abzugelten sind insgesamt $2^{2}/_{3}$ Urlaubstage.

---

703 Sowka, S. 75; Osnabrügge, Rn. 13 zu § 17 BEEG; Buchner/Becker, Rn. 28 zu § 17 BEEG; Gaul, Rn. 12 zu § 17 BEEG.

704 BAG v. 23. 4. 1996 – 9 AZR 165/95, NJW 1996, 3293.

705 So Sowka, FS 50 Jahre BAG, 2004, 229, 242.

706 So Rancke, Rn. 20 zu § 17 BEEG.

Auf den Grund der Beendigung des Arbeitsverhältnisses kommt es nicht an.[707] Steht bei Beendigung des Arbeitsverhältnisses noch übertragener Urlaub aus, ist auch dieser abzugelten.[708]

Voraussetzung der Abgeltung ist wie im Rahmen der Übertragung (dazu 4.2), dass der Urlaub allein wegen der Elternzeit nicht genommen werden konnte.

Eine Abgeltung ist auch dann noch möglich, wenn der Elternzeiter nach Beendigung der Elternzeit noch kurzzeitig weiterarbeitet und das Arbeitsverhältnis dann kündigt.[709] Die Berechnung erfolgt mangels besonderer Anhaltspunkte nach den allgemeinen Vorschriften des BUrlG, also auch nach § 11 BUrlG. Im Gegensatz zur Berechnung des gekürzten Urlaubs (s. 4.1) gilt für die Abgeltung die Rundungsvorschrift des § 5 Abs. 2 BUrlG.[710] Bruchteile von Urlaubstagen, die mindestens einen halben Tag ausmachen, sind hiernach auf volle Urlaubstage aufzurunden.

Beispiel: Im vorigen Beispiel sind die 2 2/3 Urlaubstage auf drei Tage aufzurunden und entsprechend abzugelten.

Nach Auffassung des BAG ist hingegen nicht abzurunden, sondern ggf. stundenweise abzugelten.[711]

---

707 Schaub/Linck, § 172 Rn. 30.

708 LAG Nürnberg v. 4. 10. 2011 – 7 Sa 169/11 (Juris Rn. 30); LAG Mecklenburg-Vorpommern v. 16. 6. 2017 – 4 Sa 7/17 (Rn. 30), BeckRS 2017, 128834.

709 Gaul, Rn. 9 zu § 17 BEEG; Osnabrügge, Rn. 20 zu § 17 BEEG; ebenso wohl HK-ArbR/Velikova, Rn. 13 zu § 17 BEEG.

710 Sowka, FS 50 Jahre BAG, 2004, 229, 242.

711 BAG v. 26. 1. 1989 – 8 AZR 730/87, NZA 1989, 756, 757.

5. Sonderkündigungsschutz

5.1 Kündigung durch den Arbeitgeber (§ 18 BEEG)

5.1.1 Anwendungsbereich

Grds. können auch ruhende Arbeitsverhältnisse gekündigt werden. Damit ist der Elternzeiter ohne besondere gesetzliche oder tarifvertragliche Anordnung nicht allein wegen seines ruhenden Arbeitsverhältnisses (vgl. 1.5.1) besser geschützt als der „aktive" Arbeitnehmer.[712] Um die Durchführung der Elternzeit zu sichern, gibt § 18 BEEG dem Elternzeiter aber Kündigungsschutz vor und während der Elternzeit. Geschützt sind damit alle Beschäftigten i. S. der §§ 15 Abs. 1 Satz 1, 20 BEEG. Anders als nach § 17 MuSchG gelten für Heimarbeiterinnen keine Einschränkungen. Der Schutz knüpft nicht an die Elternzeitberechtigung (Ausnahme: § 18 Abs. 2 Nr. 2 BEEG), sondern an die **berechtigterweise angemeldete** (ggf. auch verlängerte) **Elternzeit** an.[713] Versäumt es der Arbeitnehmer etwa, die Elternzeit in der gesetzlich vorgeschriebenen Form zu beantragen, besteht grds. kein gesetzlicher Sonderkündigungsschutz nach § 18 Abs. 1 BEEG. Erfolgt die Anmeldung der Elternzeit unter der (aufschiebenden oder auflösenden) **Bedingung**, dass der Arbeitgeber einer Elternteilzeit zustimmt, besteht der Kündigungsschutz aus § 18 BEEG nur dann, wenn die Zustimmung erfolgt, andernfalls nicht einmal für den Schwebezeitraum zwischen Stellung und Ablehnung des bedingten Antrags.[714] Der Arbeitgeber kann auch zusammen mit der Ablehnung kündigen.[715] Auf der anderen Seite endet das Kündigungsverbot, wenn auch die Elternzeit endet, weil eine der materiellen Voraussetzungen der Elternzeit gem. § 15 Abs. 1, Abs. 1a BEEG nachträglich wegfällt (z. B. wegen Wechsels der Betreuungsperson).[716]

Eine Wartefrist wie für den allgemeinen Kündigungsschutz (vgl. § 1 Abs. 1 KSchG) sieht § 18 BEEG nicht vor. Daher schützt § 18 BEEG auch gegen Kündigungen in der Probezeit gem. § 622 Abs. 3 BGB.[717] § 18 BEEG gilt in der Insolvenz des Arbeitgebers,[718] ferner bei Massenentlassungen i. S. der §§ 17 ff. KSchG sowie bei Arbeitskämpfen.[719]

---

712 Vgl. BAG v. 9. 9. 2010 – 2 AZR 493/09 (Rn. 14), BeckRS 2010, 75378.

713 BAG v. 26. 6. 2008 – 2 AZR 23/07 (Rn. 23), NZA 2008, 1241, 1243.

714 BAG v. 12. 5. 2011 – 2 AZR 384/10 (Rn. 35 f.), NZA 2012, 208, 210.

715 A. A. LAG Köln v. 29. 1. 2010 – 4 Sa 943/08, Juris Rn. 99.

716 LAG Baden-Württemberg v. 17. 9. 2021 – 12 Sa 23/21 (Rn. 28), NZA-RR 2022, 74, 75.

717 Rancke, Rn. 6 zu § 18 BEEG.

718 BAG v. 27. 3. 2003 – 2 AZR 272/02, NZA 2003, 1391; BAG v. 3. 7. 2003 – 2 AZR 487/02, NJW 2004, 244.

719 KR/Bader, Rn. 24 zu § 18 BEEG; ErfK/Gallner, Rn. 1a zu § 18 BEEG.

Entscheidend ist, dass die Voraussetzungen für den Kündigungsschutz tatsächlich vorliegen; Irrtümer spielen keine Rolle.[720] Erfasst sind alle Kündigungen, ordentliche wie außerordentliche, auch Änderungskündigungen.

Den Regelfall beschreibt § 18 Abs. 1 Satz 1 BEEG. Diese Vorschrift erfasst Elternzeitberechtigte, die in Elternzeit gehen. Das Gesetz unterscheidet nicht danach, ob die Elternzeit wegen Betreuung eines eigenen oder eines angenommenen Kindes angetreten wird. Eine Anpassung für Adoptiveltern, die einen Kindervorschlag angenommen haben und die behördliche Freigabe noch abwarten müssen, ist nicht möglich und angesichts des ergänzenden Kündigungsschutzes des § 612a BGB (dazu 5.1.4) auch nicht erforderlich.[721]

Der besondere Kündigungsschutz kommt dem Elternzeitberechtigten auch dann zu, wenn er während der Elternzeit beim selben Arbeitgeber **Teilzeitarbeit leistet** (§ 18 Abs. 2 Nr. 1 BEEG).[722] Dabei spielt es keine Rolle, ob während der Elternzeit die Teilzeit fortgesetzt (vgl. § 15 Abs. 5 Satz 4 Alt. 1 BEEG) oder die Arbeitszeit reduziert wird. Ohnehin darf der Arbeitgeber das Elternteilzeitverhältnis nicht isoliert kündigen (oben 2.2). Voraussetzung für den Kündigungsschutz nach § 18 BEEG ist allerdings, dass die Teilzeitarbeit die in § 15 Abs. 4 Satz 1 BEEG normierte Grenze von 32 Wochenstunden im Monatsdurchschnitt nicht überschreitet.[723] Auch muss der Arbeitgeber mehr als 15 Arbeitnehmer beschäftigen (vgl. § 15 Abs. 7 Satz 1 Nr. 1 BEEG); ist der Elternzeiter bei einem Unternehmen beschäftigt, das nicht so viele Beschäftigte hat, nimmt er für die Elternteilzeit also den Verlust des Kündigungsschutzes in Kauf. Der besondere Kündigungsschutz setzt hingegen nicht voraus, dass die in § 15 Abs. 7 Satz 1 Nr. 3 BEEG angegebene Grenze von 15 Wochenstunden nicht unterschritten wird. Da diese Untergrenze nur aus sozialversicherungsrechtlichen Gründen eingeführt wurde und inzwischen auch überholt ist (s. 2.2), ist eine weite Sichtweise geboten.

Der Sonderkündigungsschutz gilt auch für ein während der Elternzeit (z. B. nach der Geburt des Kindes) neu begründetes Arbeitsverhältnis.[724] Der Folgearbeitgeber hat auch nicht die Möglichkeit, das Arbeitsverhältnis gem. § 123 Abs. 1 BGB anzufechten, weil der Arbeitnehmer arglistig gehan-

720 APS/Rolfs, Rn. 13 zu § 18 BEEG.

721 LAG Niedersachsen v. 12. 9. 2005 – 5 Sa 396/05, NZA-RR 2006, 346, 347 f.

722 BAG v. 27. 3. 2003 – 2 AZR 627/01, NZA 2004, 155, 156.

723 Stahlhacke/Preis/Vossen, Rn. 1442; HK-ArbR/Velikova, Rn. 11 zu § 18 BEEG; Buchner/Becker, Rn. 34 zu § 18 BEEG (nur im gesetzlich zulässigen Rahmen); APS/Rolfs, Rn. 6 zu § 18 BEEG; Gaul, Rn. 9 zu § 18 BEEG.

724 BAG v. 11. 3. 1999 – 2 AZR 19/98, NZA 1999, 1047, 1048; BAG v. 27. 3. 2003 – 2 AZR 627/01, NZA 2004, 155, 156.

delt hat, weil er seine Elternzeitberechtigung dort nicht ungefragt offenbart hat.[725]

§ 18 Abs. 1 Satz 1 BEEG erfasst ferner die Elternzeitberechtigten, die Elternzeit wahrnehmen und während dieser bei einem anderen Arbeitgeber teilzeitbeschäftigt oder als Selbständige erwerbstätig sind (Fälle des § 15 Abs. 4 Satz 3 BEEG). Im Hinblick auf die Auffangregelung des § 18 Abs. 1 Satz 1 BEEG lässt sich dem Umstand, dass diese Variante in Abs. 2 nicht erwähnt ist, nichts Gegenteiliges entnehmen. Der Sonderkündigungsschutz entfällt aber, sobald der Elternzeitberechtigte auf diese Weise mehr als 32 Wochenstunden arbeitet.[726] Für das Zweitarbeitsverhältnis gilt das Kündigungsverbot des § 18 BEEG nicht.[727]

Nimmt der Elternzeitberechtigte **keine Elternzeit**, hat er besonderen Kündigungsschutz nur für die Zeit, in der er **Anspruch auf Elterngeld** hat (§ 18 Abs. 2 Nr. 2 BEEG). Dazu darf der Arbeitnehmer nicht mehr als 32 Wochenstunden Erwerbsarbeit leisten (vgl. § 1 Abs. 6 BEEG). Das Gesetz nimmt in § 18 Abs. 2 Nr. 2 BEEG Bezug auf Abs. 1 Satz 1 und damit „das" Arbeitsverhältnis, so dass Arbeitszeiten aus weiteren Beschäftigungsverhältnissen unschädlich sind.[728] Obwohl § 15 Abs. 7 Satz 1 Nr. 3 BEEG die gleiche Frage aufwirft (dazu 2.2), ist die Lösung hier eine andere, da es dort um die Grundlagen der Elternzeit geht, hier aber um den Bezug von Elterngeld. Das Kündigungsverbot des § 18 Abs. 2 Nr. 2 BEEG gilt auch für ein erst nach Geburt bzw. Aufnahme des Kindes begründetes Arbeitsverhältnis, wenn der Elternzeitberechtigte für diese Zeit Anspruch auf Elterngeld hat.[729]

§ 18 BEEG ist zwingendes Recht. Sofern der Arbeitgeber das Kündigungsverbot nicht beachtet und den Arbeitsvertrag kündigt, ist die **Kündigung unwirksam** (§ 134 BGB).[730] Sie lässt sich auch nicht in eine nach Ablauf der Elternzeit erklärte Kündigung umdeuten.[731] Das schließt Vereinbarungen zwischen den Parteien, mit denen während der Elternzeit das Arbeitsverhältnis umgestaltet oder beendet wird, nicht aus.[732] Zudem kann das Arbeitsverhältnis anders als durch arbeitgeberseitige Kündigung enden, nämlich durch Ausübung des Lossagungsrechts bei nichtigem

---

725 Buchner/Becker, Rn. 16 zu § 18 BEEG; Rancke, Rn. 4 zu § 18 BEEG; vgl. EuGH v. 27. 2. 2003 – C-320/01, NJW 2003, 1107 – Busch.

726 KR/Bader, Rn. 34 zu § 18 BEEG; Rancke, Rn. 15 zu § 18 BEEG.

727 BAG v. 2. 2. 2006 – 2 AZR 596/04, NJW 2006, 2347 f.; für die Zeit ab 1. 1. 2007 im Gesetz auch klargestellt: „bei demselben".

728 A. A. Rancke, Rn. 7 zu § 18 BEEG.

729 BAG v. 27. 3. 2003 – 2 AZR 627/01, NZA 2004, 155, 156.

730 BAG v. 17. 2. 1994 – 2 AZR 616/93, NZA 1994, 656, 657.

731 ErfK/Gallner, Rn. 9 zu § 18 BEEG.

732 Buchner/Becker, Rn. 6 zu § 18 BEEG; APS/Rolfs, Rn. 2 zu § 18 BEEG.

Arbeitsvertrag, durch Anfechtung,[733] Zeitablauf, Zweckerfüllung, Eintritt einer auflösenden Bedingung, Tod oder Eigenkündigung des Arbeitnehmers.

Achtung: Da die Kündigung ohne Einholung einer Zustimmungserklärung offenbar unwirksam ist, führen Vereinbarungen, die das Arbeitsverhältnis dennoch beenden, beim Arbeitslosengeld zu einer bis zu 12-wöchigen Sperrzeit (§ 159 Abs. 1 Satz 1, Abs. 3 SGB III) und dauerhaften Kürzung der Höhe nach.[734]

5.1.2 Zeitlicher Geltungsbereich

Der besondere Kündigungsschutz des § 18 BEEG hat zum Inhalt, dass der Arbeitgeber das Beschäftigungsverhältnis bis zum Ablauf der Elternzeit nicht kündigen darf (§ 18 Abs. 1 Satz 1 BEEG). Damit ist eine Kündigung für den gesamten Zeitraum der Elternzeit („während"), also auch zum Ablauf der Elternzeit, nicht möglich.[735]

§ 18 Abs. 1 Satz 1 BEEG lässt den besonderen Kündigungsschutz mit **Zugang des Elternzeitverlangens,**[736] **frühestens** jedoch (für Väter wichtig, die Mutter hat oft noch Sonderkündigungsschutz nach § 17 Abs. 1 Satz 1 MuSchG) **acht Wochen vor Antritt der Elternzeit** beginnen. Die Schutzfrist läuft damit unabhängig von der 7-wöchigen Anmeldungsfrist des § 16 Abs. 1 Satz 1 BEEG. Die zusätzliche Woche schafft einen Puffer für die Anmeldung. Ansonsten wäre der Elternzeitberechtigte gezwungen, punktgenau Elternzeit anzumelden, wenn er sich den Sonderkündigungsschutz sichern will und nicht die Unsicherheiten auf sich nehmen will, die § 612a BGB mit sich bringt (s. 5.1.4). Dies gilt umso mehr, als § 193 BGB für die Anmeldung der Elternzeit keine Anwendung findet (dazu 1.4).

Beispiel: Die Elternzeit soll am Montag, den 1. 8. 2011, beginnen. Im Betrieb wird am Pfingstmontag nicht gearbeitet. Die Anmeldung muss dem Arbeitgeber daher spätestens am Freitag, den 10. 6. 2011, zugehen. Kündigungsschutz nach § 18 BEEG besteht dann gerade einmal vier Tage vorher (ab dem 6. 6. 2011), auch wenn die Anmeldung vor diesem Zeitpunkt erfolgt. Die Situation verschärft sich aber nicht, wenn der Vater Eltern-

---

733 S. dazu EuGH v. 27. 2. 2003 – C-320/01, NJW 2003, 1107 f.: Zustimmung des Arbeitgebers zur vorzeitigen Rückkehr aus der Elternzeit ist nicht wegen erneuter Schwangerschaft anfechtbar.

734 Ziff. 159.1.2.1 t) FW (Fachliche Weisungen) zu § 159 SGB III (Stand 20. 4. 2018); s. auch LSG Hessen v. 2. 9. 2011 – L 9 AL 120/11, info also 2012, 160, 162; LSG Nordrhein-Westfalen v. 16. 11. 2011 – L 9 AL 82/11, info also 2012, 163, 164; näher dazu u. 7.4.

735 Anders beim Schwerbehindertenschutz, der nach § 173 Abs. 1 Nr. 1 SGB IX zeitlich mit dem allg. Kündigungsschutz gleichläuft (Arbeitsverhältnis muss seit 6 Monaten bestehen).

736 Auch des verspäteten: BAG v. 17. 2. 1994 – 2 AZR 616/93, NZA 1994, 656, 658.

zeit ab dem veranschlagten Geburtstermin verlangt und sich die Geburt verspätet.

Nunmehr hat der Gesetzgeber die **Vorlaufzeit** des Kündigungsschutzes für Elternzeiten, die **für die Betreuung von Kindern ab dem 3. Lebensjahr** gelten, auf **14 Wochen** verlängert. Diese Regelung gilt für Kinder, die ab dem 1.7.2015 geboren oder mit dem Ziel der Adoption aufgenommen wurden (§ 27 Abs. 1 Satz 2 BEEG). Hierzu wurde der 1. Satz des § 18 Abs. 1 BEEG in drei Sätze geteilt und die ursprüngliche (umfassende) Vorlaufregelung in zwei Ziffern aufgeteilt. Satz 1 regelt das Kündigungsverbot ab dem Zeitpunkt der Anmeldung der Elternzeit, Satz 3 für die Zeit während der Elternzeit und Satz 2 den Vorlaufschutz. Nach der nunmehr 1. Variante beginnt der Kündigungsschutz frühestens acht Wochen vor Beginn einer Elternzeit bis zum vollendeten 3. Lebensjahr des Kindes (§ 18 Abs. 1 Satz 2 Nr. 1 BEEG), nach der (neuen) 2. Variante frühestens 14 Wochen vor Beginn einer Elternzeit zwischen dem 3. Geburtstag und dem vollendeten 8. Lebensjahr des Kindes (§ 18 Abs. 1 Satz 2 Nr. 2 BEEG).[737] In der Gesetzesbegründung heißt es dazu, die Neuregelung diene der Gewährleistung eines effektiven Kündigungsschutzes als Folge der geänderten gesetzlichen Fristen für die Anmeldung der Elternzeit zwischen dem 3. und dem 8. Lebensjahr des Kindes, die nun 13 Wochen beträgt (§ 16 Abs. 1 Satz 1 BEEG).[738] Entscheidend für das Eingreifen des Sonderkündigungsschutzes ist der Zeitpunkt des Zugangs der (schriftlichen) Kündigungserklärung (§§ 623, 130 BGB).[739] Maßgeblich für die Frage, welche Alternative gilt, ist das Alter des Kindes bei Antritt („vor Beginn“) der gemeldeten Elternzeit.

Beispiel: Arbeitnehmerin A verlangt am 14.4.2023 Elternzeit für ihr 2-jähriges Kind ab dem 10.6.2023, nachdem sie am 30.3.2023 eine Kündigung zum 30.6.2023 erhalten hat. A hat keinen besonderen Kündigungsschutz nach § 18 BEEG. Unerheblich ist, dass der Kündigungstermin in die Elternzeit fällt. Das Kündigungsverbot richtet sich nur gegen die Kündigungserklärung. Dies ändert sich auch nicht dadurch, dass sie Elternzeit für zwei Jahre nimmt, das Kind während der Elternzeit also sein 3. Lebensjahr vollendet.

Ausgangspunkt für die Berechnung der **Vorlauffrist** ist der Beginn der Elternzeit (§ 18 Abs. 1 Satz 1 BEEG). Das ist der Tag, an dem gemäß dem Verlangen des Elternzeitberechtigten die Elternzeit angetreten werden soll (1. Tag), frühestens der (berechnete) Tag der Geburt bzw. Aufnahme des Kindes.

---

737 Art. 1 Nr. 18 a) aa) und bb) des Gesetzes zur Einführung des Elterngeld Plus mit Partnerschaftsbonus und einer flexibleren Elternzeit im BEEG v. 8.12.2014, BGBl. I S. 2325.

738 BT-Drs. 18/2583, S. 33.

739 APS/Rolfs, Rn. 15 zu § 18 BEEG; Rancke, Rn. 11 zu § 18 BEEG.

Die Geburt als Bezugspunkt für den Sonderkündigungsschutz schafft für den Elternzeit begehrenden Vater eine Schutzlücke, wenn das Kind später als am prognostizierten Geburtstermin zur Welt kommt. Da dies nicht selten vorkommt, ist der Fall nicht unwahrscheinlich, dass eine direkt nach der Anmeldung der Elternzeit erfolgte Kündigung durch den Arbeitgeber vor dem 8-Wochen-Zeitraum liegt. Die zusätzliche Woche reicht als Puffer hier ersichtlich nicht. Zudem fehlt in § 18 Abs. 1 BEEG eine Regelung wie in § 5 Abs. 2 Satz 2 MuSchG 1968, wonach sich die Frist entsprechend verkürzte oder verlängerte, wenn sich die Prognose des Arztes nicht bewahrheitete. Auf der anderen Seite sind keine verständigen Arbeitgeberinteressen zu sehen, die einen solchen Vorteil rechtfertigen könnten. Das Ziel des Kündigungsschutzes würde in sein Gegenteil verkehrt, weil diese Möglichkeit die eine oder andere Arbeitgeberkündigung sogar provozieren würde. Die Rspr. löst dieses Problem nicht mehr über § 612a BGB (dazu unten 5.1.4),[740] sondern indem sie für die Berechnung der 8-Wochen-Frist auf den vom Arzt prognostizierten Entbindungstermin abstellt, wenn dieser vor dem Tag der tatsächlichen Geburt liegt, da eine Vorfrist schon vor dem Tag, an dem sie endet, sicher berechnet werden können muss, wenn der Gesetzgeber eine solche für ein auszuübendes Recht – hier auf das Geltendmachen von Elternzeit – bestimmt.[741] Für den Bereich des § 18 BEEG ist eine mutmaßliche Schwangerschaftsdauer von 280 Tagen zugrunde zu legen.[742] Dies ist auch richtig. Denn bestimmt der Gesetzgeber eine Vorfrist und räumt er dem Arbeitnehmer ein innerhalb der Vorfrist auszuübendes Recht – hier auf das Geltendmachen von Elternzeit – ein, so muss die Vorfrist schon vor dem Tag, an dem sie endet, sicher berechnet werden können. Das setzt voraus, dass es nicht auf den tatsächlichen, sondern auf den voraussichtlichen Tag der Entbindung ankommt. So bleibt dem Vater, der in Elternzeit gehen will, das Risiko erspart, erst zum geplanten Geburtstermin in Elternzeit gehen zu dürfen, wenn das Kind als Frühgeburt zur Welt kommt.

Die Berechnung der Frist erfolgt gem. §§ 187 Abs. 2, 188 Abs. 2 Alt. 2 BGB.

Beispiel: Beginn der Elternzeit am Dienstag, den 2. 10. 2023. Der Schutz beginnt am Dienstag, den 7. 8. 2023.

Der **Vorlaufschutz** gilt für die gesetzlichen Mindestzeiträume (vgl. § 18 Abs. 1 Satz 2 Nr. 1 BEEG: Beginn „einer" Elternzeit), also **auch für den**

740 So noch LAG Niedersachsen v. 12. 9. 2005 – 5 Sa 396/05, NZA-RR 2006, 346, 348.

741 BAG v. 12. 5. 2011 – 2 AZR 384/10 (Rn. 32), NZA 2012, 208, 210.

742 BAG v. 12. 5. 2011 – 2 AZR 384/10 (Rn. 33), NZA 2012, 208, 210.

2. und 3. Abschnitt.[743] Sofern die Gegenansicht den Vorlaufschutz nur für den 1. Abschnitt der Elternzeit bejaht, ist dies für den Elternzeitberechtigten aber ungefährlich, da er auch in den Arbeitsphasen dazwischen über § 612a BGB geschützt ist.[744] Kein Vorlaufschutz besteht für die Fälle der Verlängerung der Elternzeit nach § 16 Abs. 3 Satz 1 und Satz 4 BEEG, da hierfür schon kein Kündigungsschutz besteht.[745]

Der Kündigungsschutz des Elternzeitberechtigten, der bei seinem Arbeitgeber **Teilzeit** verrichtet, **ohne Elternzeit** wahrzunehmen (Fall des § 18 Abs. 2 Nr. 2 BEEG), beginnt an dem Tag, an dem er die Elternzeit frühestens hätte antreten können, also mit Geburt bzw. Aufnahme des Kindes.[746] Für einen Vorlaufschutz fehlt die gesetzliche Anordnung. Gewährt wird damit nur ein Minimalschutz.

Die Dauer des Kündigungsschutzes nach § 18 Abs. 2 Nr. 2 BEEG ist auf den Bezugszeitraum nach § 4 Abs. 1 BEEG begrenzt.[747] Das Gesetz spricht mit der Bezugnahme auf § 4 Abs. 1 BEEG eine klare Sprache, so dass für eine Erstreckung des Kündigungsschutzes über den Zeitraum des Bezugs von Elterngeld hinaus kein Raum ist.[748] Insbesondere erweitert die Verlängerungsmöglichkeit des § 6 BEEG (Erstreckung des Auszahlungszeitraums auf bis zu 28 Monate) nicht den Zeitraum des Kündigungsschutzes, da § 18 Abs. 2 Nr. 2 BEEG nur auf § 4 BEEG und nicht auf § 6 BEEG Bezug nimmt. Gleiches gilt für den Zeitraum, in dem ein Landeserziehungsgeld gezahlt wird (dies kann in Baden-Württemberg, Bayern, Sachsen und Thüringen für das 3. Lebensjahr des Kindes beansprucht werden), da Grundlage hierfür Regelungen des Landesrechts sind, die auf das Bundesrecht (BEEG) keinen Einfluss haben.[749]

Der Anspruch auf Elterngeld besteht nach § 4 Abs. 1 BEEG regelmäßig für die Dauer von zwölf Monaten (sog. Basiselterngeld). 2007 erweiterte der

743 LAG Mecklenburg-Vorpommern v. 13. 4. 2021 – 2 Sa 300/20 (Rn. 27), BeckRS 2021, 11786; Küttner/Poeche, Stichwort Elternzeit Rn. 44; Hanau, FS Buchner, 2009, 281, 286; APS/Rolfs, Rn. 19 zu § 18 BEEG;a. A. LAG Berlin v. 15. 12. 2004 – 17 Sa 1729/04, NZA-RR 2005, 474, 475.

744 Buchner/Becker, Rn. 22 zu § 18 BEEG; APS/Rolfs, Rn. 19 zu § 18 BEEG.

745 ErfK/Gallner, Rn. 9 zu § 18 BEEG.

746 APS/Rolfs, Rn. 18 zu § 18 BEEG; Buchner/Becker, Rn. 37 zu § 18 BEEG; KR/Bader, Rn. 52 zu § 18 BEEG.

747 LAG Berlin v. 15. 12. 2005 – 17 Sa 1729/04, NZA-RR 2005, 474, 475; befürwortend, aber zu Recht kritisch Buchner/Becker, Rn. 37 zu § 18 BEEG; a. A. KR/Bader, Rn. 39 zu § 18 BEEG; APS/Rolfs, Rn. 14 zu § 18 BEEG: 3-Jahres-Grenze.

748 Küttner/Poeche, Stichwort Elternzeit Rn. 48.

749 Böhm, Rn. 18 zu § 18 BEEG; offen gelassen in BAG v. 27. 3. 2003 – 2 AZR 627/01, NZA 2004, 155, 156.

Gesetzgeber den Bezugszeitraum um 2 Monate bei partnerschaftlicher Betreuung (sog. Partnermonate). Im Jahr 2014 hat der Gesetzgeber diesen Umfang nochmals erheblich ausgeweitet, indem es das sog. Elterngeld Plus eingeführt hat, das eine Bezugsdauer von bis zu 28 Monaten (**24 Monate plus 4 Partnerschaftsmonate**) ermöglicht.[750] Diese Regelung gilt für Kinder, die ab dem 1. 7. 2015 geboren oder mit dem Ziel der Adoption aufgenommen wurden (§ 27 Abs. 1 Satz 2 BEEG). Hierzu wurden die bisherigen Absätze 2–4 des § 4 BEEG völlig umgestaltet. Dies ging mit einer Erweiterung des Sonderkündigungsschutzes einher. Deshalb sieht § 18 Abs. 2 Nr. 2 BEEG nunmehr vor, dass der Sonderkündigungsschutz nur soweit reicht, wie Anspruch auf Elterngeld „während des Zeitraums nach § 4 Abs. 1 Satz 1 und 3“ besteht.[751] Das heißt, in den Fällen, in denen der Arbeitnehmer unter 32 Wochenstunden erwerbstätig ist und die übrigen Anspruchsvoraussetzungen erfüllt, besteht nach § 18 Abs. 2 Nr. 2 BEEG **Kündigungsschutz bis zum 14. Lebensmonat** des Kindes bzw. **für angenommene Kinder und Kinder i. S. des § 1 Abs. 3 Satz 1 Nr. 1 bis zu 14 Monate ab Aufnahme** des Kindes bei der berechtigten Person, **längstens jedoch bis zum vollendeten 8. Lebensjahr** des Kindes.[752]

Um den Kündigungsschutz des § 18 Abs. 2 Nr. 2 BEEG nicht zu verlieren, muss der Beschäftigte (nicht unbedingt persönlich) dem Arbeitgeber **unverzüglich nach Kündigungserhalt mitteilen**, dass er Elternzeit wahrnehmen könnte und sein Arbeitsverhältnis daher nach § 18 BEEG geschützt ist.[753] Dies lässt sich auf eine entsprechende Anwendung des § 16 Abs. 5 BEEG stützen, wonach der Arbeitnehmer dem Arbeitgeber Änderungen in der Anspruchsberechtigung unverzüglich mitzuteilen hat. Zu ähnlichen Ergebnissen kommen diejenigen, die sich für eine entsprechende Anwendung des § 17 Abs. 1 Satz 1 MuSchG (2 Wochen)[754] oder die Heranziehung der vom BAG für den Schwerbehindertenschutz nach §§ 168 ff. SGB IX entwickelten Grundsätze[755] aussprechen. Nach hiesiger Auffassung beginnt sich der

---

750 Art. 1 Nr. 6 des Gesetzes zur Einführung des Elterngeld Plus mit Partnerschaftsbonus und einer flexibleren Elternzeit im BEEG v. 8. 12. 2014, BGBl. I S. 2325.

751 Art. 1 Nr. 18 b) des Gesetzes zur Einführung des Elterngeld Plus mit Partnerschaftsbonus und einer flexibleren Elternzeit im BEEG v. 8. 12. 2014, BGBl. I S. 2325.

752 BT-Drs. 18/2583, S. 33.

753 Ähnlich auf den Einzelfall abstellend unter Ansatz der 2-Wochen-Frist aus § 17 Abs. 1 Satz 1 (= § 9 Abs. 1 Satz 1 a.F.) MuSchG als Regelfrist Buchner/Becker, Rn. 38 zu § 18 BEEG.

754 So LAG Berlin v. 15. 12. 2004 – 17 Sa 1463/04, LAGReport 2005, 147; KR/Bader, Rn. 40 zu § 18 BEEG; Schaub/Linck, § 172 Rn. 53; Sowka, S. 53; Heenen, § 308 Rn. 35; APS/Rolfs, Rn. 9 zu § 18 BEEG; Laux, Anh. 1 B. Rn. 62; ErfK/Gallner, Rn. 9 zu § 18 BEEG.

755 Dazu BAG v. 23. 2. 2010 – 2 AZR 659/08 (Rn. 21), NZA 2011, 411, 412 f.: 3-Wochen; für eine 3-Wochen-Frist auch Rancke, Rn. 20 zu § 18 BEEG.

Begründungsaufwand schon ab einer Woche zu erhöhen. Ein 3-wöchiges Zuwarten dürfte in der Tat kaum noch zu erklären sein.[756] Wird die Erklärungsfrist nicht eingehalten, ist das jedoch in entsprechender Anwendung des § 17 Abs. 1 Satz 1 MuSchG, der eine Anforderung des Art. 6 Abs. 4 GG umsetzt,[757] unschädlich, wenn den Arbeitnehmer insoweit kein Verschulden trifft und die Mitteilung unverzüglich nachgeholt wird.[758]

Der Kündigungsschutz des Elternzeiters hat im Gegensatz zu dem der (werdenden) Mutter gem. § 17 Abs. 1 Satz 1 MuSchG oder eines Mitglieds des Betriebsrats gem. § 15 Abs. 1 Satz 2 KSchG **keine Nachwirkung** (§ 18 Abs. 1 Satz 1 BEEG: „während" der Elternzeit; ebenso § 18 Abs. 2 Nr. 1 und 2 BEEG); er endet zusammen mit der Elternzeit. Das gilt auch dann, wenn die Elternzeit verkürzt worden ist. Im Zweifel endet er drei Jahre nach Antritt der Elternzeit, spätestens jedoch mit Vollendung des 8. Lebensjahres des leiblichen oder angenommenen Kindes. Wird die Elternzeit nach § 16 Abs. 3 Sätze 1 und 4 BEEG verlängert, besteht für diese Zeit auch der Sonderkündigungsschutz.[759]

5.1.3 Zulässigkeitserklärung

In „besonderen Fällen" kann eine Kündigung trotz des Sonderkündigungsschutzes für zulässig erklärt werden (§ 18 Abs. 1 Satz 4 BEEG). Hierzu muss der Arbeitgeber – wie in Mutterschutzfällen – eine **Zulässigkeitserklärung** bei der für den Arbeitsschutz zuständigen obersten Landesbehörde oder der von ihr bestimmten Stelle[760] einholen (§ 18 Abs. 1 Satz 5 BEEG). Der Arbeitgeber ist dann vom Kündigungsverbot befreit.[761] Die Behörden machen von der Möglichkeit der Zulässigkeitserklärung eher selten Gebrauch.[762]

756 A. A. HK-ArbR/Velikova, Rn. 15 zu § 18 BEEG, wonach eine Mitteilung in der Klageschrift genügen soll.

757 BVerfG v. 13. 11. 1979 – 1 BvL 24/77 u.a., NJW 1980, 824, 825.

758 Ebenso Böhm, Rn. 19 zu § 18 BEEG.

759 Zutreffend LAG Berlin v. 15. 12. 2004 – 17 Sa 1729/04, NZA-RR 2005, 474, 475, wonach der bloße Verlängerungsantrag den Sonderkündigungsschutz noch nicht bewirkt; ebenso HK-ArbR/Velikova, Rn. 8 zu § 18 BEEG.

760 In den Flächenländern ist das delegiert, in Baden-Württemberg z. B. auf den Kommunalverband für Jugend und Soziales Baden-Württemberg (§ 1 VO der Landesregierung und des Sozialministeriums v. 28. 2. 2011, GBl. 2011, S. 79).

761 BAG v. 20. 1. 2005 – 2 AZR 500/03, NJW 2005, 2109; BAG v. 24. 11. 2011 – 2 AZR 429/10 (Rn. 22), NJW 2012, 2135, 2136.

762 So auch die Einschätzung von Sowka, S. 48.

Soll die Kündigung außerordentlich (fristlos) erfolgen, muss der Antrag innerhalb der 2-Wochen-Frist des § 626 Abs. 2 BGB gestellt werden.[763]

Ein **besonderer Fall** im Sinne des § 18 Abs. 1 Satz 4 BEEG ist nur dann anzunehmen, wenn außergewöhnliche Umstände es rechtfertigen, die vom Gesetz als grds. vorrangig angesehenen Interessen des Elternzeitberechtigten hinter die Interessen des Arbeitgebers an der Auflösung des Arbeitsverhältnisses zurücktreten zu lassen.[764] Gemeint sind vor allem

- die dauerhafte Stilllegung des Betriebs oder eines Betriebsteils bei fehlender Möglichkeit zur Weiterbeschäftigung;[765] dem gleichgestellt ist eine dieser Wirkung gleichkommende Restrukturierung des Betriebs (z. B. bei erheblicher Personalreduzierung);[766]
- die Verlagerung des Betriebs oder eines Betriebsteils bei fehlender Möglichkeit zur Weiterbeschäftigung;
- die Gefährdung der Existenz des Betriebs;
- schwere Verletzungen der arbeitsrechtlichen Pflichten durch den Beschäftigten.

Diese Aufzählung zeigt, dass es hier – anders als im Schwerbehindertenschutz nach § 174 Abs. 4 SGB IX – nicht nur um Bezüge zum Sonderkündigungsschutz geht, sondern um einen allgemeinen Schutz des Elternzeiters. § 18 Abs. 1 Satz 6 BEEG ermächtigt die Bundesregierung, allgemeine Verwaltungsvorschriften zur Durchführung des § 18 Abs. 1 Satz 4 BEEG, also zur Bestimmung des „besonderen Falls", zu erlassen. Zu diesem Zweck besteht eine hin und wieder aktualisierte **Allgemeine Verwaltungsvorschrift** (VV),[767] in deren Ziff. 2 **Regelbeispiele** genannt sind.[768]

---

763 LAG Köln v. 21. 1. 2000 – 11 Sa 1195/99, NZA-RR 2001, 303; Gaul, Rn. 19 zu § 18 BEEG.

764 BVerwG v. 30. 9. 2009 – 5 C 32/08 (Rn. 15), NJW 2010, 2074, 2075.

765 BVerwG v. 30. 9. 2009 – 5 C 32/08 (Rn. 17), NJW 2010, 2074, 2075; BAG v. 20. 1. 2005 – 2 AZR 500/03, NJW 2005, 2109, 2110; nicht aber die bloße Eröffnung eines Insolvenzverfahrens: Hess, Sanierungshandbuch, 4. Aufl. 2008, Kap. 25 Rn. 23.

766 VG Oldenburg v. 20. 2. 2012 – 13 A 451/11, BeckRS 2012, 48605.

767 Aktuelle Fassung vom 3. 1. 2007 (BAnz. v. 9. 1. 2007, S. 247); im Folgenden kurz: VV. Aufgrund der Entscheidung des BVerfG v. 2. 3. 1999 – 2 BvF 1/94, NVwZ 1999, 977, dürfen solche Verwaltungsvorschriften nicht mehr vom Fachministerium erlassen werden, sondern gem. Art. 85 Abs. 2 Satz 1 GG ausschließlich von der Bundesregierung als Kollegium mit Zustimmung des Bundesrats. § 18 Abs. 1 Satz 6 (damals noch Satz 4) BEEG wurde danach entsprechend geändert.

768 Hierzu BT-Drs. 10/3792, S. 20 f.: Erfasst werden sollen allgemein Fälle der Existenzgefährdung, aber auch Fälle, in denen der Arbeitgeber eine Ersatzkraft einstellt, auf die er dringend angewiesen ist (vgl. § 2 Abs. 3 Satz 2 Hs. 2 ArbPlSchG). Zum Fall der Betriebsschließung BAG v. 20. 1. 2005 – 2 AZR 500/03, NJW 2005, 2109; VGH Mannheim v.

Die VV, die auch vorsieht, dass der Antrag auf Zulässigkeitserklärung schriftlich zu stellen und dem Arbeitnehmer sowie der Arbeitnehmer- bzw. Personalvertretung Gelegenheit zur Stellungnahme zu geben ist, bindet nur die Behörde, nicht die Verwaltungsgerichte.[769] Ohne Anhörung der Personalvertretung ist die Zulässigkeitserklärung aber rechtswidrig und damit aufzuheben.[770]

Die Gerichte haben den auf der Tatbestandsseite des § 18 Abs. 1 Satz 4 BEEG genannten unbestimmten Rechtsbegriff des „besonderen Falls" eigenständig in vollem Umfang zu prüfen.[771] Das kann zu Abweichungen vom Inhalt der VV oder zu Präzisierungen führen. So ist etwa für die Beurteilung der Möglichkeit zur Weiterbeschäftigung auf einem anderen Arbeitsplatz nicht der Zeitpunkt der vom Arbeitgeber begehrten Zulässigkeitserklärung maßgeblich, sondern der erwartete Zeitpunkt der Beendigung der Elternzeit.[772]

Aus der VV können die Arbeitsvertragsparteien keine Rechte herleiten. Weicht die Behörde von der durch die VV konkretisierten Verwaltungspraxis ab, können sie aber rügen, durch die Verwaltungsentscheidung in ihrem Grundrecht auf Gleichbehandlung gem. Art. 3 Abs. 1 GG verletzt zu sein.[773]

Die Entscheidung über das Vorliegen eines „besonderen Falls" i. S. des § 18 Abs. 1 Satz 4 ist aufgrund einer **Abwägung** der Belange des Arbeitgebers einerseits, des Elternzeitberechtigten andererseits zu treffen. Dabei deckt sich die Prüfung zum Teil mit derjenigen, die das Arbeitsgericht im Rahmen der Sozialwidrigkeit der Kündigung vornimmt, z. B. zur Feststellung einer Betriebsstilllegung oder eines besonders schweren Fehlverhaltens des Beschäftigten (vgl. § 2 Abs. 1 Nr. 1 und 6 VV). Wenn mitunter darauf hingewiesen wird, die Verwaltungsgerichte überprüften nicht, ob die beabsichtigte Kündigung arbeitsrechtlich Bestand haben wird oder nicht,[774] so ist das missverständlich. Den „besonderen Fall" prüft das Verwaltungsgericht selbst dann uneingeschränkt, wenn die Frage Gegenstand des Kündigungs-

---

[Fortsetzung Fußnote 768]
20. 2. 2007 – 4 S 2436/05, NZA-RR 2007, 290, 291 (Vermutung für sachlichen Grund bei Umstrukturierung).

769 Buchner/Becker, Rn. 29 zu § 18 BEEG; KR/Bader, Rn. 64 zu § 18 BEEG; Schaub/Linck, § 172 Rn. 57.

770 VG Hannover v. 4. 12. 2007 – 3 A 1850/07 (Juris Rn. 38).

771 BVerwG v. 30. 9. 2009 – 5 C 32/08 (Rn. 14), NJW 2010, 2074, 2075.

772 LAG Niedersachsen v. 14. 10. 2015 – 16 Sa 281/15 (Rn. 23), BeckRS 2015, 73489; VG Karlsruhe v. 28. 6. 1993 – 12 K 11318/91, n. v.

773 APS/Rolfs, Rn. 29 zu § 18 BEEG; Rancke, Rn. 32 zu § 18 BEEG.

774 Rancke, Rn. 30 zu § 18 BEEG; ErfK/Gallner, Rn. 12 zu § 18 BEEG; Kittner, NZA 2010, 198, 202.

schutzverfahrens sein sollte. Das Verwaltungsgericht kann auch nicht offen lassen, ob eine Betriebsschließung oder ein Betriebsübergang vorliegt.[775] Vor allem lässt sich dies nicht nach Art einer Wahlfeststellung damit begründen, dass beide Fälle durch die Zulässigkeitserklärung zum richtigen Ergebnis gebracht werden können; im Fall der Betriebsschließung sei die Kündigung nicht sozialwidrig, im Fall des Betriebsübergangs nicht erforderlich.[776] Diese Begründung ist schon deshalb verfehlt, weil keine Betriebsschließung angenommen werden kann, wenn ein Betriebsübergang vorliegt. Eine vorübergehende Betriebsschließung zum Zweck des Betriebsübergangs bildet ebenfalls noch keinen „besonderen Fall" i. S. des § 18 Abs. 1 Satz 4 BEEG.

Soziale Aspekte dürfen im Rahmen der Ermessensentscheidung keine Rolle spielen. Deshalb geht es nicht an, im Fall der Betriebsstilllegung eine Auslauffrist bis zur Betriebsaufgabe einzuräumen, nur weil die beitragsfreie Mitgliedschaft in der Krankenversicherung gem. § 224 Abs. 1 SGB V (dazu 7.1) ein den Elternzeitern vom Gesetzgeber bewusst gewährter Vorteil ist.[777] Ebenso ist eine vom Insolvenzverwalter nach § 113 Satz 2 InsO ausgesprochene Kündigung nicht deshalb unwirksam, weil der Arbeitnehmer in der Elternzeit aufgrund der Regelung in § 192 Abs. 1 Nr. 2 SGB V sonst nicht gesetzlich krankenversichert ist.[778]

Verwaltungs- und Arbeitsgericht prüfen die Rechtmäßigkeit der Kündigung unabhängig voneinander, wobei das Verwaltungsgericht zusätzlich noch die Umstände zu würdigen hat, die die elternzeitbedingte Konfliktlage prägen. Das Arbeitsgericht ist an die bestandskräftige Verwaltungsentscheidung gebunden (sog. **Tatbestandswirkung**),[779] nicht hingegen an die Lösung von Vorfragen durch die Behörde oder das Verwaltungsgericht.

Neben betrieblichen Gründen bilden einen „besonderen Fall" besonders schwere Verstöße des Arbeitnehmers gegen arbeitsvertragliche Pflichten oder vorsätzliche strafbare Handlungen des Arbeitnehmers, sofern dadurch dem Arbeitgeber die Aufrechthaltung des Arbeitsverhältnisses unzumutbar

775 Ebenso wohl OVG Greifswald v. 30. 6. 2000 – 1 L 209/99, NordÖR 2000, 513, 515; VG Aachen v. 21. 12. 2004 – 2 K 2411/03; Küttner/Poeche, Stichwort Elternzeit Rn. 49; a. A. Wiebauer, BB 2013, 1784, 1786.

776 So aber OVG Münster v. 21. 3. 2000 – 22 A 5137/99, NZA-RR 2000, 406, 408; HK-ArbR/Velikova, Rn. 16 zu § 18 BEEG.

777 BAG v. 20. 1. 2005 – 2 AZR 500/03, NJW 2005, 2109, 2110; BVerwG v. 30. 9. 2009 – 5 C 32/08 (Rn. 23), NJW 2010, 2074, 2076.

778 BAG v. 27. 2. 2014 – 6 AZR 301/12 (Rn. 20), NZA 2014, 897, 899; anders, wenn eine beitragsfreie Familienversicherung nach § 10 SGB V möglich ist.

779 BAG v. 20. 1. 2005 – 2 AZR 500/03, NJW 2005, 2109; vgl. BAG v. 11. 5. 2000 – 2 AZR 276/99, NZA 2000, 1106, 1108 (zum Schwerbehindertenrecht). Zur Tatbestandswirkung eines Verwaltungsakts s. auch BGH v. 14. 6. 2007 – I ZR 125/04, NVwZ-RR 2008, 154 f.

wird (Nr. 2.1.6 VV).[780] Ein solcher Fall ist regelmäßig anzunehmen, wenn der Elternzeitberechtigte ohne Zustimmung seines Arbeitgebers eine Teilzeittätigkeit in einem Konkurrenzbetrieb aufnimmt.[781] Das entsprechende Verhalten muss nachgewiesen sein. Der bloße Verdacht einer Straftat reicht nicht aus.[782]

Liegt ein „besonderer Fall" vor (z. B. Betriebsschließung), ist die Zulässigkeitserklärung noch nicht auszusprechen; vielmehr wird das **Entschließungsermessen** der Behörde dadurch erst **eröffnet**. Die Behörde muss eine Ermessensentscheidung damit auch treffen; andernfalls ist die Zulässigkeitserklärung schon aus diesem Grund rechtswidrig.[783] Hierbei handelt es sich somit nicht um ein sog. intendiertes Ermessen, das der Behörde jede weitere Prüfung und Begründung ersparen würde;[784] ohnehin ist die Rechtsfigur des intendierten Ermessens abzulehnen, weil sie die Dogmatik der Ermessensbetätigung vernebelt.[785] Allerdings ist die Zulässigkeitserklärung auszusprechen, wenn auf Arbeitnehmerseite keine Gesichtspunkte vorgetragen oder ersichtlich sind, die gegen eine Beendigung des Arbeitsverhältnisses schon während der Elternzeit sprechen.[786] Die Behörde kann zu Gunsten des/der Beschäftigten etwa in Ansatz bringen, dass der Arbeitgeber mit dem Antrag längere Zeit zugewartet hat.[787] Immer jedoch sind für die Entscheidung nach Sinn und Zweck des Kündigungsverbots nur Gesichtspunkte maßgeblich, die sich auf den Fortbestand des Arbeitsverhältnisses beziehen.[788]

780 Dazu OLG Düsseldorf v. 17. 10. 1991 – 18 U 78/91, NVwZ 1992, 96 (betr. kirchliche Loyalitätspflichten); VGH München v. 30. 11. 2004 – 9 B 03 2878 – BayVBl. 5, 409 (rufschädigende Äußerungen über den Arbeitgeber durch Flugblattaktion).

781 Weitergehend Buchner/Becker, Rn. 26 zu § 18 BEEG; KR/Bader, Rn. 66 zu § 18 BEEG: Aufnahme einer Teilzeittätigkeit bei einem anderen Arbeitgeber reicht aus.

782 OVG Münster v. 13. 6. 2013 – 12 A 1659/12, BeckRS 2013, 53084; VG Frankfurt am Main v. 16. 11. 2001 – 7 E 5031/99 (3), NZA-RR 2002, 638, 641; ebenso wohl VG Düsseldorf v. 29. 6. 2012 – 13 K 556/11, BeckRS 2012, 55884.

783 OVG Greifswald v. 30. 06. 2000 – 1 L 209/99, NordÖR 2000, 513, 515; VG Hannover v. 4. 12. 2007 – 3 A 1850/07 (Juris Rn. 31).

784 So aber VG Ansbach v. 1. 7. 2010 – AN 14 K 10 00605 (Juris Rn. 47); Kittner, NZA 2010, 198, 203; offen gelassen in BVerwG v. 30. 9. 2009 – 5 C 32/08 (Rn. 28), NJW 2010, 2074, 2077; unklar BAG v. 20. 1. 2005 – 2 AZR 500/03, NJW 2005, 2109, 2110, wonach die dauerhafte Betriebsstilllegung einen besonderen Fall i. S. des § 18 Abs. 1 BEEG darstelle, der „regelmäßig" nur die Ermessensentscheidung zulasse, die beabsichtigte Kündigung des in der Elternzeit befindlichen Arbeitnehmers für zulässig zu erklären.

785 Maurer, Allg. Verwaltungsrecht, 17. Aufl. 2009, § 7 Rn. 12; Erbguth, JuS 2002, 333, 334; Voßkuhle, JuS 2008, 117, 118.

786 BVerwG v. 30. 9. 2009 – 5 C 32/08 (Rn. 28), NJW 2010, 2074, 2077.

787 APS/Rolfs, Rn. 30 zu § 18 BEEG; ErfK/Gallner, Rn. 13 zu § 18 BEEG.

788 BVerwG v. 30. 9. 2009 – 5 C 32/08 (Rn. 21), NJW 2010, 2074, 2076.

Die Behörde erteilt oder versagt die Zustimmung durch Bescheid, der als Verwaltungsakt i. S. des jeweiligen § 35 LVwVfG schriftlich mit Begründung ergeht (§§ 37 Abs. 2 Satz 1, 39 Abs. 1 Satz 1 LVwVfG). Diese Entscheidung ist von den Verwaltungsgerichten nur auf Ermessensfehler zu überprüfen (§ 40 LVwVfG, § 114 VwGO). So besteht etwa ein zur Aufhebung der Entscheidung führendes Ermessensdefizit, wenn die Behörde nicht prüft, ob die Zulässigkeit der Kündigung mit einer Nebenbestimmung hätte versehen werden können, etwa einer Bedingung, wonach die Kündigung erst zum Ende der Elternzeit ausgesprochen werden darf[789] oder nur mit der Maßgabe, dass der Betrieb bis zum Kündigungstermin tatsächlich stillgelegt wird.[790] Auch hierfür bedarf es jedoch entsprechender, vom Beschäftigten vorzutragender Gesichtspunkte (s. o.).

Achtung: Hat der Arbeitgeber eine Zulässigkeitserklärung nach § 18 BEEG eingeholt, braucht er eine weitere nach § 17 Abs. 3 MuSchG, falls der Schutz des MuSchG noch greift (vgl. § 17 Abs. 1 Satz 1 MuSchG: Kündigungsschutz bis vier Monate nach der Entbindung, sofern die Schwangerschaft oder Entbindung dem Arbeitgeber bei Kündigungsausspruch bekannt war oder bis zu zwei Wochen nach Kündigungszugang mitgeteilt worden ist).[791] Dies gilt selbst dann, wenn – was oft der Fall ist – eine Behörde für beide Genehmigungen zuständig ist. Diese Doppelspurigkeit ist deswegen gerechtfertigt, weil § 17 MuSchG eigene Anforderungen aufstellt und insofern über § 18 BEEG hinausgeht, als die durch Schwangerschaft und Niederkunft körperlich und seelisch belastete Arbeitnehmerin in besonderem Maße vor einer Kündigung des Arbeitgebers zu schützen ist.[792] Zudem können **andere Genehmigungen** (z. B. nach § 168 SGB IX im Fall einer Schwerbehinderung) einzuholen sein (zur Frage der Kündigungserklärungsfrist in solchen Fällen s. u.). Die Genehmigungsverfahren sind voneinander unabhängig. Liegt eine Genehmigung vor, muss kein anderes Verfahren deshalb neu aufgerollt werden.[793] Auf der anderen Seite sollen, wenn ein besonderer

789 Vgl. OVG Münster v. 26. 11. 2008 – 12 A 2553/07, NJOZ 2009, 2372, 2373 f. – Kirchenaustritt einer kirchlichen Mitarbeiterin während der Elternzeit.

790 Wiebauer, NZA 2011, 177, 178; ablehnend Kittner, NZA 2010, 198, 203, der darin eine unzulässige soziale Auslauffrist sieht; unklar insoweit BAG v. 20. 1. 2005 – 2 AZR 500/03, NJW 2005, 2109, 2110.

791 BAG v. 31. 3. 1993 – 2 AZR 595/92, NZA 1993, 646, 648; vgl. auch BAG v. 25. 3. 2004 – 2 AZR 295/03, NJOZ 2004, 3024, 3029; auch im Insolvenzfall: LAG Berlin-Brandenburg v. 6. 4. 2011 – 15 Sa 2454/10, DB 2011, 1587, 1588.

792 KR/Bader, Rn. 61 zu § 18 BEEG. Nach Wiebauer, ZfA 2012, 507, 514, zwingt das jedoch nicht dazu, das Tatbestandsmerkmal des „besonderen Falls“ in BEEG und MuSchG unterschiedlich auszulegen.

793 Vgl. BAG v. 24. 11. 2011 – 2 AZR 429/10 (Rn. 37), NJW 2012, 2135, 2138.

Grund nach § 17 Abs. 2 Satz 1 MuSchG fehlt, Maßnahmen zu unterlassen sein, die der Vorbereitung eines Kündigungsverfahrens während der Zeit des Mutterschutzes dienen; in diesem Fall soll ein Verfahren auf Zulässigkeitserklärung nach § 18 Abs. 1 Satz 2 BEEG für die Dauer der Mutterschutzfrist einzustellen sein.[794]

Liegt eine Zulässigkeitserklärung vor, darf der Arbeitgeber die Kündigung aussprechen.[795] Das heißt zum einen, dass die Zulässigkeitserklärung **vor** Erklärung der Kündigung getroffen sein muss; ansonsten ist die Kündigung unwirksam (§ 125 Satz 1 BGB). Hinzukommen muss, dass die Behörde ihre Entscheidung dem Antragsteller bekanntgegeben hat (§ 41 Abs. 1 LVwVfG). Entscheidend ist der Zeitpunkt der förmlichen Zustellung.[796] Zum anderen folgt daraus, dass die **Bestandskraft** des Freistellungsbescheids **keine Voraussetzung für die Kündigung** ist.[797] Zwar haben nach § 80 Abs. 1 VwGO Widerspruch und Anfechtungsklage gegen einen Verwaltungsakt aufschiebende Wirkung, wenn nicht die sofortige Vollziehung angeordnet ist, was aber wohl nie geschieht. Eine analoge Anwendung des § 171 Abs. 4 SGB IX, wonach beim Schwerbehindertenschutz Widerspruch und Anfechtungsklage keine aufschiebende Wirkung haben, kommt nicht in Betracht.[798] Die aufschiebende Wirkung bezieht sich auch nur auf die Vollziehbarkeit und nicht auf die Wirksamkeit des Verwaltungsakts. Trotz Suspensiveffekts ist der Freistellungsbescheid wirksam und eröffnet die Kündigungsmöglichkeit.[799] Deshalb ist auch eine Anordnung des Sofortvollzugs entbehrlich.

Die Rechtmäßigkeit der dann ausgesprochenen Kündigung steht unter der auflösenden Bedingung, dass der Bescheid bestandskräftig wird. Bei Aufhebung des Freistellungsbescheids wird die Kündigung rückwirkend unwirksam.[800]

---

794 So VG Darmstadt v. 26. 3. 2012 – 5 K 1830/11.DA, BeckRS 2012, 53528, aber zw.

795 BAG v. 24. 11. 2011 – 2 AZR 429/10 (Rn. 22), NJW 2012, 2135, 2136; ebenso (zu § 17 Abs. 2 MuSchG) BAG v. 17. 6. 2003 – 2 AZR 245/02, NZA 2003, 1329, 1330.

796 Ebenso (zu §§ 174 Abs. 1, 168 SGB IX) BAG v. 24. 11. 2011 – 2 AZR 429/10 (Rn. 26), NJW 2012, 2135, 2136; anders (ebenfalls zu §§ 174 Abs. 1, 168 SGB IX) BAG v. 19. 6. 2007 – 2 AZR 226/06 (Rn. 13), NJW 2007, 3454; mündliche Information reicht.

797 S. auch BAG v. 24. 11. 2011 – 2 AZR 429/10 (Rn. 22), NJW 2012, 2135, 2136.

798 BAG v. 25. 3. 2004 – 2 AZR 295/03, NJOZ 2004, 3024, 3027.

799 BAG v. 25. 3. 2004 – 2 AZR 295/03, NJOZ 2004, 3024, 3028.

800 BAG v. 25. 3. 2004 – 2 AZR 295/03, NJOZ 2004, 3024, 3029.

Der Freistellungsbescheid deckt auch eine erneute Kündigung (mit gleichem Inhalt), wenn nach seinem Erhalt zunächst eine (z.B. wegen § 174 BGB) unwirksame Kündigung ausgesprochen wurde.[801]

Liegt ein Freistellungsbescheid nach § 18 BEEG vor, stellt das BEEG einer Kündigung keine weiteren Hindernisse entgegen. Der Arbeitgeber muss auch keine Auslauffrist bis zum Ende der Elternzeit einräumen.[802] Für die Kündigung sind freilich die weiteren Anforderungen zu beachten, z.B. die einschlägigen Formvorschriften, insbesondere die Schriftform des § 623 BGB (dazu § 126 BGB; die elektronische Form ist ausgeschlossen, § 623 Hs. 2 BGB). Regelmäßig kann die Kündigungserklärung nicht als Angebot zum Abschluss eines Aufhebungsvertrags umgedeutet werden, zumal § 623 BGB auch für den Auflösungsvertrag die Schriftform vorschreibt und kaum einmal beide Unterschriften auf dem Schriftstück gesetzt sind, wie § 126 BGB dies fordert.[803]

Die behördliche Freistellung setzt – anders als nach § 171 (bis 2018: § 88) Abs. 3 SGB IX – nicht voraus, dass die Kündigung nunmehr zeitnah erfolgt.[804] Schwieriger wird die Beurteilung der **Kündigungserklärungsfrist**, wenn mehrere behördliche Zustimmungen einzuholen sind (s.o.). Nach Auffassung des BAG muss der Arbeitgeber, wenn er einem schwerbehinderten Elternzeiter kündigen will, im Sinne „praktischer Konkordanz" die Fristenregelung des § 171 Abs. 3 SGB IX berücksichtigen, obwohl das Elternzeitrecht eine solche Bindung nicht vorgibt.[805] Genauere Anforderungen erkennt das BAG nur für den Fall der **fristlosen Kündigung**. Hiernach muss der Arbeitgeber nach Vorliegen der nach § 168 SGB IX erforderlichen

801 LAG Köln v. 21.4.2006 – 11 Sa 143/06 (Rn. 31 f.), NZA-RR 2006, 469 (LS); ebenso (zu § 171 Abs. 3 SGB IX) BAG v. 8.11.2007 – 2 AZR 425/06 (Rn. 20 ff.), NJW 2008, 1757, 1758.

802 BAG v. 20.1.2005 – 2 AZR 500/03, NJW 2005, 2109, 2110.

803 Der Zusatz „Einverstanden" o.ä. genügt nicht, vgl. APS/Rolfs, Rn. 58 zu § 9 MuSchG 1968.

804 BAG v. 22.6.2011 – 8 AZR 107/10 (Rn. 24 f.), NZA-RR 2012, 119, 121; BAG v. 24.11.2011 – 2 AZR 429/10 (Rn. 27), NJW 2012, 2135, 2136 f.; s. auch LAG Köln v. 21.4.2006 – 11 Sa 143/06 (Rn. 33), NZA-RR 2006, 469 (LS): 2-monatiges Zuwarten unschädlich.

805 BAG v. 24.11.2011 – 2 AZR 429/10 (Rn. 30), NJW 2012, 2135, 2137; ablehnend zu Recht Baumeister, AP Nr. 10 zu § 85 SGB IX 1986. Die Dogmatik der „praktischen Konkordanz" wurde vom Freiburger Verfassungsrechtler Konrad Hesse entwickelt, s. dazu seine in 20 Auflagen (zuletzt 1999) erschienenen „Grundzüge des Verfassungsrechts der Bundesrepublik Deutschland", dort zuletzt in Rn. 72: „Verfassungsrechtlich geschützte Rechtsgüter müssen in der Problemlösung einander so zugeordnet werden, daß jedes von ihnen Wirklichkeit gewinnt. [...] beiden Gütern müssen Grenzen gesetzt werden, damit beide zu optimaler Wirksamkeit gelangen können."

Zustimmung innerhalb eines Monats die Zustimmung nach § 18 Abs. 1 BEEG beantragen.[806] Liegt diese Zustimmung vor, muss der Arbeitgeber die Kündigung in entsprechender Anwendung des § 174 Abs. 5 SGB IX unverzüglich aussprechen.[807] Für den Fall der **ordentlichen Kündigung** wird man wohl von einer entsprechenden Anwendung des § 171 Abs. 3 SGB IX ausgehen müssen, so dass der Arbeitgeber sich einen weiteren Monat Zeit lassen darf, um die Kündigung zu erklären. Wird die Kündigung verspätet erklärt, ist sie nichtig (§ 134 BGB); eine Wiedereinsetzung in den vorigen Stand kommt selbst bei schuldloser Fristversäumung nicht in Betracht.[808]

Besteht eine **Mitarbeitervertretung**, steht es dem Arbeitgeber frei, ob er den Betriebs- bzw. Personalrat vor oder erst nach Erteilung der Zulässigkeitserklärung gem. § 102 Abs. 1 Satz 1 BetrVG anhört bzw. gem. § 79 BPersVG beteiligt.[809] Soll einem schwerbehinderten Elternzeiter gekündigt werden, muss die Einleitung des Anhörungs- bzw. Beteiligungsverfahrens aber vor Ablauf der Monatsfrist des § 88 Abs. 3 SGB erfolgen.[810] Unabhängig davon sollte der Arbeitgeber dies schon gleich mit Einleitung der behördlichen Verfahren tun, da die Behörden die Mitarbeitervertretung um Stellungnahme bitten (s. etwa Ziff. 5.1. VV), so dass der Betriebs- bzw. Personalrat mit dem Vorgang schon befasst und entsprechend vorbereitet ist. Ändert sich der Sachverhalt nicht, braucht das Anhörungsverfahren nach Erteilung der behördlichen Genehmigungen nicht nochmals durchgeführt werden; der Arbeitgeber muss die Mitarbeitervertretung von den erteilten Bescheiden nicht einmal in Kenntnis setzen.[811] Für den Fall, dass einem Elternzeiter gekündigt werden soll, der bis zum Antritt der Elternzeit leitender Angestellter war, ist streitig, ob hierfür das Anhörungserfordernis des § 102 Abs. 1 BetrVG gilt.[812] Sicherheitshalber sollte auch hier eine Anhörung des Betriebsrats stattfinden, bei Bestehen eines Sprecherausschusses gem. § 31 Abs. 2 Satz 1 SprAuG zusätzlich auch dieses Gremium.

806 BAG v. 24.11.2011 – 2 AZR 429/10 (Rn. 35), NJW 2012, 2135, 2138; ablehnend zu Recht Baumeister, AP Nr. 10 zu § 85 SGB IX 1986.

807 In diese Richtung tendierend BAG v. 24.11.2011 – 2 AZR 429/10 (Rn. 39), NJW 2012, 2135, 2138.

808 BAG v. 24.11.2011 – 2 AZR 429/10 (Rn. 26), NJW 2012, 2135, 2136.

809 BAG v. 24.11.2011 – 2 AZR 429/10 (Rn. 21), NJW 2012, 2135, 2136.

810 BAG v. 24.11.2011 – 2 AZR 429/10 (Rn. 25), NJW 2012, 2135, 2136. Befindet sich der Schwerbehinderte nicht in Elternzeit, verfährt die Rspr. rigider und verlangt, dass die Beteiligung der Mitarbeitervertretung spätestens „unverzüglich" nach behördlicher Zustimmung eingeleitet wird, ebda., Rn. 33.

811 BAG v. 24.11.2011 – 2 AZR 429/10 (Rn. 21), NJW 2012, 2135, 2136.

812 Dazu Verstege, RdA 2011, 99 ff.

Ist die Kündigung wegen Nichtvorliegens oder fehlerhafter Zustimmungserklärung gem. § 134 BGB i.V. mit § 18 BEEG nichtig, bildet dies einen sonstigen Unwirksamkeitsgrund i.S. des § 13 Abs. 3 KSchG. Auf eine solche Kündigung finden die §§ 4–7 KSchG Anwendung. Dies gilt unabhängig davon, ob die Anwendungsvoraussetzungen des KSchG im Übrigen vorliegen, z.B. die Mindestbetriebsgröße nach § 23 Abs. 1 Satz 2 KSchG oder die 6-monatige Betriebszugehörigkeit nach § 1 Abs. 1 KSchG. § 21 Abs. 5 BEEG, der die Anwendbarkeit des KSchG ausschließt, gilt nur für die Vertretungskraft. Unabhängig davon, ob eine Zulässigkeitserklärung vorliegt oder nicht, muss der/die Beschäftigte nach Erhalt der Kündigung gem. § 4 Satz 1 und Satz 4 KSchG binnen 3 Wochen Kündigungsschutzklage erheben. Ansonsten darf er sich auf die Unwirksamkeit der Kündigung nicht berufen.[813] Wird das Beschäftigungsverhältnis vom Arbeitgeber gekündigt, läuft die 3-Wochen-Frist des § 4 Satz 1 KSchG aber erst an, wenn auch der/die Beschäftigte den Freistellungsbescheid durch Bekanntmachung (§ 41 LVwVfG) erhalten hat (§ 4 Satz 4 KSchG).[814] § 4 Satz 4 KSchG behandelt nur den Fall, dass der Zugang der behördlichen Entscheidung dem der Kündigung nachfolgt. Nach Sinn und Zweck des § 4 KSchG als Kündigungsschutzvorschrift kann die Klagefrist jedoch nicht vor Erhalt der Kündigung beginnen. Erhält der Arbeitnehmer nur den Bescheid, darf er also abwarten.[815] Umgekehrt muss der Elternzeitberechtigte wegen § 4 Satz 4 KSchG nicht erst dann reagieren, wenn er den Freistellungsbescheid erhalten hat, sondern darf die Unwirksamkeit der Kündigung (bis zur Grenze der Verwirkung) auch dann gerichtlich geltend machen, wenn ihm der Freistellungsbescheid nicht zugeht oder der Arbeitgeber gekündigt hat, ohne einen Freistellungsbescheid zu beantragen.[816]

Eine Ausnahme gilt allerdings im Fall des § 18 Abs. 2 Nr. 2 BEEG. Hier wird die Anwendung des § 4 Satz 4 KSchG abgelehnt und die Einhaltung der 3-Wochen-Frist des § 4 Satz 1 KSchG nach Eingang der Kündigung gefordert.[817] Dem ist beizupflichten, weil § 4 Satz 4 KSchG einem Informationsdefizit des Arbeitnehmers im Hinblick auf den Ausgang des Verfahrens zur Erlangung der Zulässigkeitserklärung Rechnung trägt. Ein solches Informationsdefizit besteht aber nicht, wenn der Arbeitgeber durch den Arbeitnehmer über das Bestehen der Elternzeitberechtigung nicht informiert war und

813 Vgl. BAG v. 3.7.2003 – 2 AZR 487/02, NJW 2004, 244, 245.

814 Ebda.

815 Rancke, Rn. 23 zu § 18 BEEG.

816 BAG v. 25.3.2004 – 2 AZR 295/03, NJOZ 2004, 3024, 3029; ebenso (zu § 113 Abs. 2 Satz 2 InsO a.F.) BAG v. 3.7.2003 – 2 AZR 487/02, NJW 2004, 244, 245; (zu § 168 SGB IX) BAG v. 13.2.2008 – 2 AZR 864/06 (Rn. 32), NZA 2008, 1055, 1058.

817 Rancke, Rn. 20 zu § 18 BEEG m.N.

ein Freistellungsverfahren deshalb nicht in Gang gebracht hat. Diese Lösung entspricht auch dem Anliegen des Gesetzgebers, die Frage, ob eine Kündigung das Arbeitsverhältnis beendet hat oder nicht, einer „raschen Klärung“ zuzuführen.[818] Im Mutterschutzrecht, das in § 17 (bis 2018: § 9) Abs. 1 MuSchG eine Parallelproblematik aufweist, wird die Anwendbarkeit des § 4 Satz 4 KSchG verbreitet ebenfalls verneint.[819] Gleiches gilt bei entsprechendem Schutzbedarf des Arbeitnehmers im Schwerbehindertenrecht, das diese Problematik in § 168 (bis 2018: § 85) Abs. 1 SGB IX ebenfalls kennt.[820]

5.1.4 Situation vor Gericht

Das **Arbeitsgericht**, das über die Kündigungsschutzklage befindet, darf die erforderliche Zustimmung weder erteilen noch versagen. An die bestandskräftige Entscheidung der Behörde ist es gebunden (sog. Tatbestandswirkung, s. o.).

Wurde die Kündigungsschutzklage aufgrund des Freistellungsbescheids rechtskräftig abgewiesen, stellt die spätere Zustimmungsversagung einen **Restitutionsgrund** dar (entsprechend § 580 Nr. 6 ZPO), der den Weg einer Restitutionsklage eröffnet.[821] Zweckmäßigerweise wird das Arbeitsgericht es von vornherein nicht zu einem Urteil kommen lassen, sondern das Verfahren gem. § 46 Abs. 2 Satz 1 ArbGG i. V. mit § 148 ZPO **aussetzen.**[822] Ob es das tut, steht in seinem unüberprüfbaren Ermessen. Dabei ist der Beschleunigungsgrundsatz in Bestandsschutzstreitigkeiten (§§ 9 Abs. 1, 64 Abs. 8, 61a ArbGG) zu berücksichtigen. Regelmäßig wird das Arbeitsgericht nur dann nicht aussetzen, wenn es z. B. das Zustimmungserfordernis nach § 18 BEEG verneint oder die Sozialwidrigkeit der Kündigung bejaht, so dass es auf die Zustimmung nicht ankommt.

---

818 BT-Drs. 15/1204, S.9.

819 LAG Düsseldorf v. 10. 2. 2005 – 15 Ta 26/05, NZA-RR 2005, 382; LAG Köln v. 6. 7. 2006 – 8 Ta 150/06; Schmidt, NZA 2004, 79, 81; Raab, RdA 2004, 321, 331; Zwanziger, BB 2004, 824, 825; Keßeler, RdA 2007, 252, 253; Fornasier/Werner, NJW 2007, 2729, 2731.

820 BAG v. 12. 1. 2006 – 2 AZR 539/05 (Rn. 16), NZA 2006, 1035, 1036; BAG v. 13. 2. 2008 – 2 AZR 864/06 (Rn. 19), NZA 2008, 1055, 1056 f.; Schmidt, NZA 2004, 79, 81; Bauer/Powietzka, NZA-RR 2004, 505, 514; Zwanziger, BB 2004, 824, 825; Griebeling, NZA 2005, 494, 502; Fornasier/Werner, NJW 2007, 2729, 2731.

821 Vgl. BAG v. 17. 6. 2003 – 2 AZR 245/02, NZA 2003, 1329, 1332 f. (zu § 17 MuSchG = § 9 MuSchG a. F.); LAG Köln v. 21. 7. 2011 – 7 Sa 1155/09, BeckRS 2011, 77191 (zu §§ 85, 91 SGB XI); zurückverwiesen durch BAG v. 23. 5. 2013 – 2 AZR 991/11, NJW 2013, 3597; nachgehend LAG Köln v. 20. 2. 2014 – 7 Sa 1155/09, BeckRS 2015, 66403.

822 Vgl. BAG v. 17. 6. 2003 – 2 AZR 245/02, NZA 2003, 1329, 1331 (zu § 17 MuSchG = § 9 MuSchG a. F.); differenzierend Rancke, Rn. 31 zu § 18 BEEG.

Führt das Arbeitsgericht den Kündigungsschutzprozess weiter und wird der Bescheid mit der Zulässigkeitserklärung währenddessen (z. B. durch Einspruchsrücknahme) bestandkräftig oder scheidet der Arbeitnehmer aus dem Betrieb aus, erledigt sich der Kündigungsschutzprozess, weil der klagende Arbeitnehmer dadurch sein Rechtsschutzbedürfnis verliert. Er würde nun im Kündigungsschutzprozess unterliegen und darf deshalb die Klage für erledigt erklären (vgl. § 46 Abs. 2 ArbGG i. V. mit § 91a Abs. 1 Satz 1 ZPO). Schließt sich der beklagte Arbeitgeber dieser Erklärung nicht an, stellt das Gericht fest, dass sich der Rechtsstreit in der Hauptsache erledigt hat. Da die Gerichtskosten des Arbeitsgerichtsprozesses überschaubar sind und jede Partei ihre Rechtsverfolgungskosten in 1. Instanz ohnehin allein zu tragen hat (vgl. § 12a Abs. 1 Satz 1 ArbGG), wird der Kläger in 1. Instanz nicht das Verfahren für erledigt erklären, sondern die Klage einfach nur zurücknehmen. Damit bleibt es bei einer Gerichtsgebühr, während der Kostenbeschluss drei Gerichtsgebühren auslösen würde.

Eine Auflösung des Arbeitsverhältnisses nach § 9 KSchG kommt in diesem Verfahren kaum in Betracht, da Verschärfungen im Umgang zwischen den Parteien regelmäßig nur im „Kampf ums Recht“[823] erfolgen und allein dann einen Auflösungsgrund bilden, wenn sich die Rechtswidrigkeit der Kündigung auf die Sozialwidrigkeit nach § 1 KSchG beschränkt.[824]

Ergeht der Freistellungsbescheid zu Unrecht, muss der/die Beschäftigte zudem diesen, ggf. nach Durchführung eines Widerspruchsverfahrens,[825] vor dem **Verwaltungsgericht** mit der **Anfechtungsklage** angehen.

Beispiel: „Der Bescheid des Beklagten vom 13.6.2023 in Gestalt des Widerspruchsbescheids vom 18.9.2023 wird aufgehoben.“

In diesem Verfahren muss der Arbeitnehmer alle Einwände gegen die Kündigung vorbringen, da er mit ihnen im Kündigungsschutzverfahren sonst präkludiert ist.[826] Der betroffene Arbeitgeber ist notwendig beizuladen (§ 65 Abs. 2 VwGO). Für eine Anfechtungsklage fehlt freilich das Rechtsschutzbedürfnis, wenn sich der/die Beschäftigte mit der Beendigung des Arbeitsverhältnisses (z. B. durch vorbehaltlose Annahme einer Abfindung) einverstanden erklärt hat.[827]

---

823 S. dazu BVerfG v. 29.2.2012 – 1 BvR 2883/11 (Rn. 16), NJW-RR 2012, 1002, 1003.

824 BAG v. 9.10.1976 – 6 AZR 1059/77, NJW 1980, 1484; BAG v. 10.11.1994 – 2 AZR 207/94, NJW 1995, 1981, 1982.

825 Ein solches ist z. B. in Baden-Württemberg seit dem 1.1.2006 nicht mehr vorgesehen.

826 Vgl. BAG v. 11.5.2000 – 2 AZR 276/99, NZA 2000, 1106, 1108 (zum Schwerbehindertenrecht).

827 Vgl. BVerwG v. 18.8.1977 – V C 8.77, AP Nr. 5 zu § 9 MuSchG 1968.

Wird die Zustimmung zu Unrecht versagt, muss der Arbeitgeber hiergegen, ggf. nach Durchführung eines Widerspruchsverfahrens, beim Verwaltungsgericht **Verpflichtungsklage** erheben. Aufgrund des der Behörde zustehenden Ermessens kommt dabei regelmäßig nur eine Bescheidungsklage in Betracht (vgl. § 113 Abs. 5 Satz 2 VwGO). In diesem Verfahren ist der betroffene Elternzeitberechtigte notwendig beizuladen (§ 65 Abs. 2 VwGO).

Beispiel: „Der Beklagte wird unter Aufhebung seines Bescheids vom 13. 6. 2023 in Gestalt seines Widerspruchsbescheids vom 18. 9. 2023 verpflichtet, über den Antrag der Klägerin auf Zustimmung zur Kündigung der Beigeladenen unter Beachtung der Rechtsauffassung des Gerichts neu zu entscheiden."

Endet das Arbeitsverhältnis mit der Elternzeit oder später, steht das Schicksal des Verwaltungsstreitverfahrens in Frage. In diesem Fall mag der Arbeitgeber ein Interesse an der Prüfung eines Schadensersatzanspruchs nach § 839 Abs. 1 BGB haben, da nach Beendigung der Elternzeit unnötigerweise Lohnkosten angefallen sind. In diesem Fall darf er die ursprüngliche Verpflichtungsklage in eine Fortsetzungsfeststellungsklage nach § 113 Abs. 5, Abs. 1 Satz 4 VwGO analog umstellen.[828]

Beispiel: „Es wird festgestellt, dass der Bescheid des Beklagten vom 13. 6. 2023 in Gestalt seines Widerspruchsbescheids vom 18. 9. 2023 rechtswidrig und der Beklagte verpflichtet gewesen ist, über den Antrag der Klägerin auf Zustimmung zur Kündigung der Beigeladenen unter Beachtung der Rechtsauffassung des Gerichts neu zu entscheiden."

Die darin liegende **Klageänderung**[829] ist sachdienlich und damit auch in der Berufungsinstanz zulässig (§ 64 Abs. 6 Satz 1 ArbGG i. V. mit § 533 Nr. 1 ZPO); auf eine Einwilligung der anderen Beteiligten kommt es daher nicht an.[830]

Stellt der Kläger die Klage nicht um, wird er den Rechtsstreit in der Hauptsache für erledigt erklären. Die Beendigung des Arbeitsverhältnisses steht einer Überprüfung der Berechtigung der Zulässigkeitserklärung nicht entgegen. Der Kläger verliert wegen der Beendigung des Arbeitsverhältnisses sein Rechtsschutzinteresse, würde im Verwaltungsprozess unterliegen und darf die Klage deshalb für erledigt erklären (vgl. § 161 Abs. 2 VwGO). Schließt sich der beklagte Behördenträger dieser Erklärung nicht an, stellt das Gericht fest, ob sich der Rechtsstreit in der Hauptsache erledigt hat oder nicht.[831]

828 OVG Greifswald v. 30. 6. 2000 – 1 L 209/99, NordÖR 2000, 513, 515.
829 Vgl. BVerwG v. 28. 4. 1999 – 4 C 4–98, NVwZ 1999, 1105, 1106.
830 OVG Greifswald v. 30. 6. 2000 – 1 L 209/99, NordÖR 2000, 513, 514.
831 BVerwG v. 17. 12. 1993 – 3 B 134/92, NVwZ-RR 1994, 547.

Wird die Anfechtungs- bzw. Verpflichtungsklage abgewiesen, ist eine Überprüfung des Urteils in einer weiteren Instanz nur schwer möglich.[832] Eine Berufung muss zugelassen werden, was aber nur bei grundsätzlicher Bedeutung der Rechtssache i. S. von § 124 Abs. 2 Nr. 3 VwGO in Frage kommt.

5.1.5 Flankierender Kündigungsschutz des Elternzeitberechtigten

Arbeitgeberkündigungen im zeitlichen Zusammenhang mit der Wahrnehmung von Elternzeit sind auch ohne den besonderen Kündigungsschutz des § 18 BEEG nur selten zulässig. Dies liegt daran, dass § 612a BGB ein Maßregelungsverbot aufstellt, wonach der Arbeitgeber einen Arbeitnehmer bei einer Vereinbarung oder Maßnahme nicht deshalb benachteiligen darf, weil dieser in zulässiger Weise seine Rechte ausübt. Insofern ist anerkannt, dass Maßnahmen i. S. des § 612a BGB auch Kündigungen sein können.[833] Folge eines Verstoßes gegen § 612a BGB ist die Nichtigkeit der Kündigung (§ 134 BGB).[834] Für arbeitnehmerähnliche Personen wie etwa Heimarbeiter, die in den Anwendungsbereich des BEEG fallen (vgl. § 20 Abs. 2 BEEG), jedoch vom Schutz des § 612a BGB nicht erfasst sind, gilt dasselbe über § 138 BGB.[835] Dieser Schutz wird europarechtlich durch Art. 1 der RiLi 2010/18/EU i. V. mit § 5 Nr. 4 der (neuen) Rahmenvereinbarung über den Elternurlaub flankiert („Schutz der Arbeitnehmer gegen Benachteiligung oder Kündigung aufgrund der Beantragung oder Inanspruchnahme des Elternurlaubs“).

Der flankierende Kündigungsschutz kommt für die Zeit vor Beginn der Elternzeit vor allem den Vätern zugute, da die Mütter besonderen Kündigungsschutz zunächst noch aufgrund der Schwangerschaft haben (gem. § 17 Abs. 1 Satz 1 MuSchG bis zum Ablauf von vier Monaten nach der Geburt des Kindes).

Die Darlegungs- und Beweislast für eine Benachteiligung i. S. des § 612a BGB liegt zwar beim Arbeitnehmer. § 1 Abs. 2 Satz 4 KSchG, wonach der Arbeitgeber die Tatsachen zu beweisen hat, die die Kündigung bedingen, findet außerhalb des KSchG keine Anwendung; es gelten aber die Grund-

---

832 S. etwa VGH München v. 13. 8. 2014 – 12 ZB 14 1225, BeckRS 2014, 55283.

833 BAG v. 2. 4. 1987 – 2 AZR 227/86, NZA 1988, 18 f.; BAG v. 20. 4. 1989 – 2 AZR 498/88 (zu II 2 a aa), BeckRS 1989, 30730622; BAG v. 19. 4. 2012 – 2 AZR 233/11 (Rn. 47), NJW 2012, 3740, 3743.

834 LAG Berlin v. 15. 12. 2004 – 17 Sa 1729/04, NZA-RR 2005, 474, 475; ErfK/Gallner, Rn. 9 zu § 18 BEEG.

835 BAG v. 24. 3. 1998 – 9 AZR 218/97, NZA 1998, 1001, 1003; vgl. auch BAG v. 14. 12. 2004 – 9 AZR 23/04, NZA 2005, 637, 638.

sätze der abgestuften Darlegungs- und Beweislast.[836] Sind entsprechende Anhaltspunkte dargelegt und bewiesen, dürfte überdies § 22 AGG analog anzuwenden sein, der insoweit eine Beweislastumkehr bestimmt.[837] Zudem dürfte bei einem engen zeitlichen Zusammenhang zwischen Geltendmachung der Elternzeit und Kündigung ein Anscheinsbeweis für eine unzulässige Maßregelung streiten.[838]

Beispiel: Die Elternzeit des Arbeitnehmers M soll am 29.9. beginnen. Um sicherzugehen, meldet der Arbeitnehmer Elternzeit schon Ende Juli an. Sonderkündigungsschutz steht ihm jetzt noch nicht zu, weil die 8-Wochen-Frist vor Beginn der Elternzeit noch nicht begonnen hat. Kündigt der Arbeitgeber den Arbeitsvertrag nach Erhalt des Elternzeitverlangens noch im Juli, spricht eine tatsächliche Vermutung dafür, dass dies als Reaktion auf das Elternzeitverlangen erfolgte und der Arbeitnehmer damit gemaßregelt werden sollte.

Da der flankierende Kündigungsschutz zeitlich nicht beschränkt ist, wirkt er zudem nach Ablauf der Elternzeit.[839] Dieser Schutz ist jedoch recht schwach, da sich während der Elternzeit ein Kündigungsgrund ergeben haben kann, der nach Beendigung der Elternzeit umzusetzen ist. In solchen Fällen lässt sich mit dem zeitlichen Zusammenhang nicht gut argumentieren. Dies steht vor dem Hintergrund, dass das Maßregelungsverbot nicht dazu dienen kann, den Arbeitsvertragsparteien die anerkannt zulässigen Möglichkeiten zur Gestaltung der Arbeits- und Ausscheidensbedingungen zu nehmen.[840]

Beispiel: Der Arbeitnehmer nimmt Elternzeit für 2 Jahre und kehrt dann in den Betrieb zurück. Wenn der Arbeitgeber nunmehr kündigt, ist noch nicht zu vermuten, dass dies geschieht, um zu verhindern, dass sich der Arbeitnehmer für einen weiteren Elternzeitabschnitt freistellen lässt. Hier bedarf es weiterer Anhaltpunkte für eine Maßregelung, die der Arbeitnehmer darlegen und ggf. beweisen muss.

Der flankierende Kündigungsschutz beruht letztlich auf Treu und Glauben (§ 242 BGB). Umgekehrt ist fraglich, ob der besondere Kündigungsschutz nach § 18 BEEG zu versagen ist, wenn ein Beschäftigter Elternzeit beantragt,

836 BAG v. 21.2.2001 – 2 AZR 15/00 (zu 4c), NZA 2001, 833, 835.

837 Zu § 22 AGG s. Grobys, NZA 2006, 898 ff.; Windel, RdA 2007, 1 ff.; skeptisch zur analogen Anwendbarkeit dieser Norm Kamanabrou, RdA 2007, 199, 204 f.m.N.

838 LAG Schleswig-Holstein v. 28.6.2005 – 5 Sa 64/05, BB 2006, 112 (LS); ErfK/Preis, Rn. 22 zu § 612a BGB; a.A. LAG Niedersachsen v. 12.9.2005 – 5 Sa 396/05, NZA-RR 2006, 346, 348: tatsächliche Vermutung, sofern der Arbeitnehmer entsprechende Anknüpfungstatsachen darlegt und beweist; ebenso in einem Fall von Whistleblowing LAG Baden-Württemberg v. 30.10.2013 – 13 Sa 45/13 (zu II 2a, b), BeckRS 2014, 67173: „Sachverhalt indiziert eine unzulässige Maßregelung“.

839 Buchner/Becker, Rn. 22 zu § 18 BEEG.

840 BAG v. 14.2.2007 – 7 AZR 95/06 (Rn. 22), NZA 2007, 803, 806.

nachdem er kurz zuvor erfahren hat, dass sein Arbeitsplatz wegfallen wird. Dies ist regelmäßig zu verneinen, da kaum einmal Anhaltspunkte dafür vorliegen, dass die Elternzeit nur aufgrund dieser Ankündigung wahrgenommen wird. Allein der enge zeitliche Zusammenhang reicht für die Annahme eines Missbrauchsfalls nicht aus (dazu 1.3 a. E.).[841]

Neben dem Schutz über § 612a BGB sind ggf. auch andere Kündigungsschutzvorschriften zu berücksichtigen, z. B. § 17 MuSchG, wenn die Mitarbeiterin, die die Kündigung erhalten soll, schwanger ist, ferner § 168 SGB IX, sofern das Arbeitsverhältnis eines Schwerbehinderten gekündigt werden soll, oder § 17 KSchG, wonach die Kündigung im Rahmen einer Massenentlassung voraussetzt, dass eine Massenentlassungsanzeige vorgenommen wurde. Maßgeblich für den Massenentlassungsschutz ist grds., dass der Arbeitgeber innerhalb von 30 Tagen mindestens die in § 17 Abs. 1 Satz 1 Nr. 1 bis 3 KSchG genannte Anzahl von Kündigungen erklärt. Hat er die nach § 17 Abs. 1 KSchG erforderliche Anzeige nicht erstattet, führt dies gem. § 17 Abs. 1, Abs. 3 Satz 2 KSchG i.V. mit § 134 BGB zur Unwirksamkeit der Beendigungs- bzw. Änderungskündigung.[842] Geht einem Arbeitnehmer, dessen Kündigung einer behördlichen Zustimmung bedarf, eine Kündigung nach dieser Zustimmung erst außerhalb des 30-Tage-Zeitraums des § 17 Abs. 1 Satz 1 KSchG zu, kann er sich nach der unionsrechtlichen Ausgestaltung des Massenentlassungsschutzes auf Fehler im Konsultationsverfahren nicht berufen, was jedoch eine verfassungskonforme Auslegung des § 17 KSchG auf den Plan ruft: Arbeitnehmer, deren Kündigung allein deshalb außerhalb des 30-Tage-Zeitraums erfolgt, weil zuvor ein anderes behördliches Verfahren, das keinen dem Massenentlassungsschutz gleichwertigen Schutz bietet, durchgeführt werden musste, sind so zu behandeln wie Arbeitnehmer, für deren Kündigungen § 17 KSchG gilt; der 30-Tage-Zeitraum gilt in solchen Fällen auch dann als gewahrt, wenn die Antragstellung auf Zustimmung der zuständigen Behörde innerhalb dieses Zeitraums erfolgt ist.[843]

5.2 Kündigung durch den Elternzeitberechtigten (§ 19 BEEG)

Der Elternzeitberechtigte darf im Gegensatz zum Arbeitgeber während der Elternzeit nach den tariflichen, gesetzlichen oder vereinbarten Fristen kündigen. Nach Beendigung der Elternzeit kehrt von den Beschäftigten, die in

841 LAG Niedersachsen v. 2. 7. 2004 – 16 Sa 440/04, NZA-RR 2005, 250, 251.

842 BAG v. 20. 2. 2014 – 2 AZR 346/12 (Rn. 46), NZA 2014, 1069, 1073.

843 BAG v. 26. 1. 2017 – 6 AZR 442/16 (Rn. 23), NZA 2017, 577, 579, im Anschluss an BVerfG v. 8. 6. 2016 – I BvR 3634/13 (Rn. 25), NZA 2016, 939, 941.

Elternzeit gehen, nur etwa die Hälfte in den Betrieb zurück.[844] Da ihr Beschäftigungsverhältnis während der Elternzeit nur ruht, also Bestand hat, muss es während der Elternzeit beendet, regelmäßig also gekündigt werden, wenn es nach Ablauf der Elternzeit nicht fortgeführt werden soll. Das Sonderkündigungsrecht gem. § 19 BEEG dient der nahtlosen Betreuung des Kindes, da die Beendigung des Arbeitsverhältnisses nicht – wie bei den Kündigungsmöglichkeiten nach § 622 Abs. 1 BGB – zur Monatsmitte oder zum Ende eines Monats erfolgen muss. Damit kann der Elternzeitberechtigte seinen **Ausstieg** aus dem Arbeitsverhältnis **zum Ende der Elternzeit** punktgenau planen. Auf der anderen Seite steht im Zeugnis dann möglicherweise ein unrundes Beendigungsdatum, so dass der Verdacht aufkommen kann, das Arbeitsverhältnis sei fristlos beendet worden. Im Zeugnis sollte deshalb wenigstens der Hinweis nicht fehlen, dass das Arbeitsverhältnis mit Ablauf der Elternzeit endet.

Will der Arbeitnehmer gem. § 19 BEEG zum Ende der Elternzeit kündigen, hat dies unabhängig von der sonst geltenden (u. U. längeren) Kündigungsfrist unter Einhaltung einer Kündigungsfrist von **drei Monaten** zu erfolgen (§ 19 BEEG). Für eine Kündigung zum Ende der Elternzeit gilt diese Kündigungsmöglichkeit exklusiv (vgl. § 19 BEEG: „nur").[845] Mit der Bezugnahme auf das „Ende der Elternzeit" in § 19 BEEG ist deren endgültiger Schluss (letzter Abschnitt) gemeint, was dann Bedeutung hat, wenn die Elternzeit in mehreren Abschnitten oder unter Wechsel der Berechtigten genommen wird.[846]

Für die Fristberechnung gelten die §§ 187 Abs. 2 Satz 1, 188 Abs. 2 Alt. 1 BGB. Die Kündigung muss damit spätestens an dem Tag zugehen (§ 130 BGB), der seiner Benennung nach dem letzten Tag (des letzten Abschnitts) der Elternzeit entspricht und drei Monate vorausgeht.[847]

Beispiel: Ende der Elternzeit 15. 7. 2023, Zugang der Kündigung des Elternzeiters bis zum 15. 4. 2023.

§ 193 BGB findet weder unmittelbare noch entsprechende Anwendung.[848] Eine unmittelbare Anwendung des § 193 BGB scheitert daran, dass die Kündigung gem. § 19 BEEG weder an einem bestimmten Tag noch innerhalb

844 Sowka, S. 11.

845 Buchner/Becker, Rn. 8 zu § 19 BEEG; Gaul, Rn. 2 zu § 19 BEEG; a. A. HK-ArbR/Velikova, Rn. 4 zu § 19 BEEG.

846 Rancke, Rn. 10 zu § 19 BEEG; ErfK/Gallner, Rn. 3 zu § 19 BEEG; HK-ArbR/Velikova, Rn. 3 zu § 19 BEEG.

847 Buchner/Becker, Rn. 7 zu § 19 BEEG; Sowka, S. 94.

848 Buchner/Becker, Rn. 7 zu § 19 BEEG; KR/Bader, Rn. 11 zu § 19 BEEG; Gaul, Rn. 4 zu § 19 BEEG; vgl. auch BAG v. 5. 3. 1970 – 2 AZR 112/69, NJW 1970, 1470, 1471 f.

einer Frist abzugeben ist. Eine analoge Anwendung ist nicht möglich, weil § 193 BGB nur denjenigen schützt, der die Willenserklärung abgibt.[849] Die Kündigungsfrist des § 19 BEEG dient jedoch allein dem Schutz des Arbeitgebers. Der Arbeitnehmer muss also dafür Sorge tragen, dass die Kündigung am letzten Arbeitstag vor dem letzten rechnerisch möglichen Datum zugeht (z. B. Freitag statt Sonntag). Akzeptiert der Arbeitgeber die nicht fristgerechte Kündigung, so steht dem allerdings auch § 19 BEEG nicht entgegen.[850]

Umstritten ist die Geltung des Sonderkündigungsrechts im Fall der vorzeitigen Beendigung der Elternzeit.[851] Der Gesetzgeber hat dieses Problem nicht gesehen. Da § 19 BEEG zwingend ist, muss die Kündigungsvorschrift so weit wie möglich zur Geltung kommen.[852] Bei verkürzter Elternzeit ist § 19 BEEG daher anzuwenden, falls die 3-Monats-Frist (mit Wirkung zum früheren Ende) eingehalten werden kann; ansonsten entfällt das Sonderkündigungsrecht ersatzlos.

§ 19 BEEG, der in Anlehnung an § 10 Abs. 1 MuSchG 1968 geschaffen wurde,[853] gilt nur für das Arbeitsverhältnis beim eigenen Arbeitgeber, nicht hingegen für ein Teilzeitverhältnis bei einem anderen Arbeitgeber i. S. des § 15 Abs. 4 Satz 3 BEEG.[854]

§ 19 BEEG gibt nur ein Sonderkündigungsrecht. Eine Kündigung aus wichtigem Grund ist immer möglich. Freilich müssen hierfür die (auch zeitlich) engen Anforderungen des § 626 BGB gegeben sein. Den Parteien bleibt es unbenommen, das Arbeitsverhältnis einvernehmlich, also durch Aufhebungsvertrag, zu lösen. Andere Beendigungsformen sind die Ausübung des Lossagungsrechts bei nichtigem Arbeitsvertrag, die Anfechtung, Zweckerfüllung, Kündigung durch den Arbeitgeber, der Zeitablauf, Eintritt einer auflösenden Bedingung oder der Tod des Arbeitnehmers. Vor allem besteht das Sonderkündigungsrecht nach § 19 BEEG neben den sonstigen Kündigungsmöglichkeiten des Arbeitnehmers.[855]

Eine nach § 19 BEEG ausgesprochene, die Voraussetzungen dieser Vorschrift aber nicht einhaltende Kündigung lässt sich ggf. umdeuten (§ 140 BGB), und zwar in eine ordentliche Kündigung, die das Arbeitsverhältnis

849 BAG v. 24. 10. 2013 – 2 AZR 1057/12 (Rn. 48), NZA 2014, 725, 729.
850 KR/Bader, Rn. 5 zu § 19 BEEG; ErfK/Gallner, Rn. 5 zu § 19 BEEG.
851 Für die Anwendbarkeit ErfK/Gallner, Rn. 4 zu § 19 BEEG; dagegen Buchner/Becker, Rn. 6 zu § 19 BEEG.
852 Vgl. APS/Rolfs, Rn. 8 zu § 19 BEEG.
853 BT-Drs. 10/3792, S. 21.
854 Rancke, Rn. 9 zu § 19 BEEG.
855 BAG v. 11. 3. 1999 – 2 AZR 19/98, NZA 1999, 1047, 1048.

zu dem Termin beendet, der dem Tag der Beendigung der Elternzeit am nächsten folgt.[856] Hierdurch wird auch nicht die Rspr. des BAG[857] hinfällig, wonach die Kündigung bei Nichteinhaltung der Kündigungsfrist erst zum nächstmöglichen Termin endet. Diese ist nur für die Fälle relevant, in denen eine frühere Beendigung des Arbeitsverhältnisses nicht möglich ist.

Beispiel: Liegt keine wirksame Kündigung zum Ende der Elternzeit am 2.1. vor, beendet die Kündigung vom 25.11. des Vorjahres das Arbeitsverhältnis bei Anwendbarkeit des § 622 Abs. 1 BGB zum 31.1.

Gleichwohl ist Vorsicht geboten. Die Erklärung des Elternzeiters, er werde das Arbeitsverhältnis nach Ablauf der Elternzeit nicht fortsetzen, ist regelmäßig weder als Kündigungserklärung gem. § 19 BEEG noch als Angebot zum Abschluss eines Aufhebungsvertrags auszulegen.[858]

Nach alledem kommt der Kündigungsmöglichkeit nach § 19 BEEG in der Praxis nur geringe Bedeutung zu.

Das Gesetz regelt nicht, ob das Kündigungsrecht den Antritt der Elternzeit voraussetzt. Die Auffassungen hierzu sind geteilt. Da sich der Elternzeitberechtigte schon mit der Anmeldung der Elternzeit bindet und ab diesem Zeitpunkt das Kündigungsrecht seinen Sinn hat, dürfte der Antritt der Elternzeit keine Bedingung sein.[859]

Fraglich ist auch, ob § 19 BEEG auf die in § 18 Abs. 2 Nr. 2 BEEG genannten Personen Anwendung findet.[860] Eine direkte Anwendung scheitert daran, dass dieser Personenkreis keine Elternzeit nimmt und daher an sich nicht zum Ende der Elternzeit kündigen kann. Da § 19 BEEG nur den Zweck verfolgt, den nahtlosen Austritt aus der Elternzeit zu ermöglichen, besteht aber auch für eine analoge Anwendung auf diesen Personenkreis kein Raum.[861]

Für die Kündigung sind die einschlägigen Formvorschriften zu beachten, insbesondere die Schriftform des § 623 BGB (dazu § 126 BGB; die elektronische Form ist ausgeschlossen, § 623 Hs. 2 BGB). Einer Begründung bedarf

---

856 ErfK/Gallner, Rn. 3 zu § 19 BEEG; unklar Buchner/Becker, Rn. 13 zu § 19 BEEG; HK-ArbR/Velikova, Rn. 3 zu § 19 BEEG: Kündigung zum nächstmöglichen Zeitpunkt.

857 BAG v. 9. 5. 1959 – 2 AZR 474/58, NJW 1959, 1702.

858 LAG Köln v. 14. 2. 2002 – 5 Sa 1276/01 (Juris).

859 Buchner/Becker, Rn. 4 zu § 19 BEEG; KR/Bader, Rn. 8 zu § 19 BEEG; a. A. Meisel/Sowka, Rn. 2 zu § 19 BErzGG.

860 So Rancke, Rn. 9 zu § 19 BEEG: Kündigung zum Ende des Bezugszeitraums nach § 4 Abs. 1 BEEG.

861 KR/Bader, Rn. 10 zu § 19 BEEG; Stahlhacke/Preis/Vossen, Rn. 1453; Buchner/Becker, Rn. 5 zu § 19 BEEG; ErfK/Gallner, Rn. 2 zu § 19 BEEG; HK-ArbR/Velikova, Rn. 2 zu § 19 BEEG; Schaub/Linck, § 172 Rn. 61.

die Kündigung nicht; daher ist auch kein Missbrauch möglich.[862] Die Benennung eines exakten Endtermins ist entbehrlich; ausreichend ist eine Beendigung „zum Ende der Elternzeit".[863]

Sofern Rückzahlungsklauseln in Arbeits- oder Tarifverträgen auf die Eigenkündigung des Arbeitnehmers Bezug nehmen, gelten sie auch für die Ausübung des Sonderkündigungsrechts nach § 19 BEEG.[864]

5.3 Sonderproblem: Zeugnis

Der Elternzeiter hat bei Vorliegen eines **triftigen Grundes** Anspruch auf Erteilung eines (wohlwollenden) qualifizierten, auf seine Leistungen und sein Verhalten im Arbeitsverhältnis bezogenen **Zwischenzeugnisses.** Sofern sich dies nicht aus tariflichen Regeln ergibt (vor allem nach § 35 Abs. 2 TVöD), ist anerkannt, dass nach Treu und Glauben (§ 242 BGB) auch während eines laufenden Arbeitsverhältnisses ausnahmsweise ein Anspruch auf ein Zwischenzeugnis bestehen kann, etwa bei einem Vorgesetztenwechsel, bei einer Versetzung des Arbeitnehmers oder nach dem Ausspruch einer Kündigung mit längerer Kündigungsfrist. Wegen des nicht abschließenden Charakters der gesetzlichen Zeugnisregelung in § 109 Satz 1 GewO wird damit der Rechtsgedanke von § 35 Abs. 2 TVöD zur Lückenfüllung entsprechend herangezogen.[865] Auch die Elternzeit bildet einen solchen Grund, da aufgrund der Kindesbetreuung Anlass zu einer beruflichen vorübergehenden (vgl. § 15 Abs. 4 Satz 3 BEEG) oder dauerhaften Neuorientierung bei einem anderen Arbeitgeber bestehen kann.

Nach Beendigung des Arbeitsverhältnisses hat der Elternzeiter auch ohne besonderen Grund Anspruch auf Erteilung eines (wohlwollenden) qualifizierten **Abschlusszeugnisses** (§ 109 Satz 1 GewO). Elternzeiten dürfen dort nur aufgeführt werden, sofern sie eine erhebliche Zeit (z. B. von mehr als 50 %) der Betriebszugehörigkeit ausmachen.[866] So hat das LAG Köln entschieden: „Wegen der Lage des mehr als einjährigen Elternurlaubs am Ende des Arbeitsverhältnisses, welches nur 5½ Jahre dauerte und unter Berücksichtigung der Tatsache, dass es sich bei der Softwarebranche, in der die Klägerin tätig war, um eine sich schnell und dynamisch entwickelnde Branche handelt, durfte die Beklagte das Interesse eines potenziellen neuen

862 KR/Bader, Rn. 17 zu § 19 BEEG.

863 BAG v. 25. 3. 2004 – 2 AZR 295/03, NJOZ 2004, 3024, 3026.

864 KR/Bader, Rn. 27 zu § 19 BEEG; vgl. BAG v. 17. 7. 1969 – 5 AZR 499/68, BB 1969, 1225 (zu § 10 Abs. 1 MuSchG 1968).

865 LAG Hessen v. 28. 3. 2003 – 12 SaGa 1744/02, BeckRS 2003, 30449289; ErfK/Müller-Glöge, Rn. 49 zu § 109 GewO.

866 BAG v. 10. 5. 2005 – 9 AZR 261/04, NJW 2005, 3659, 3660 f.

Arbeitgebers, zu wissen, ob der Bewerber auf dem neuesten Stand des von ihm ausgeübten Berufs ist, dahingehend werten, dass sie die Ausfallzeit der Klägerin erwähnte."[867]

867 LAG Köln v. 4. 5. 2012 – 4 Sa 114/12, NZA-RR 2012, 563.

6. Übersicht zu den 16 Fristen/Zeiträumen nach BEEG

→ 1 Woche

- Verkürzte Ankündigungsfrist für die Elternzeit bei wichtigem Grund (§ 16 Abs. 2 BEEG)

→ 3 Wochen

- Ende der Elternzeit nach dem Tod des betreuten Kindes (§ 16 Abs. 4 BEEG)
- Frist für die arbeitgeberseitige Kündigung des Vertretungsverhältnisses (§ 21 Abs. 4 Satz 1 BEEG)
- Frist für den Antrag gem. § 18 Abs. 1 BEEG auf Zustimmung zur fristlosen Kündigung eines schwerbehinderten Elternzeiters nach Zustellung der Zustimmung des Integrationsamtes (entsprechend § 171 Abs. 3 SGB IX, dazu 5.1.3)

→ 4 Wochen

- Einigungsfrist für den Antrag des Beschäftigten auf Elternteilzeit beim selben Arbeitgeber (§ 15 Abs. 5 Satz 2 BEEG)
- Ablehnungsfrist für den Antrag des Beschäftigten auf Elternteilzeit beim selben Arbeitgeber hinsichtlich der Betreuung von Kindern bis zur Vollendung des 3. Lebensjahres (§ 15 Abs. 7 Satz 5 Nr. 1 BEEG)
- Ablehnungsfrist für den Antrag des Beschäftigten auf Elternteilzeit außerhalb des Betriebs (§ 15 Abs. 4 Satz 4 BEEG)
- Ablehnungsfrist für den Antrag auf vorzeitige Beendigung der Elternzeit wegen Geburt eines weiteren Kindes oder wegen eines besonderen Härtefalls (§ 16 Abs. 3 Satz 2 BEEG)

→ 7 Wochen

- Ankündigungsfrist für die Elternzeit hinsichtlich der Betreuung von Kindern bis zur Vollendung des 3. Lebensjahres (§ 16 Abs. 1 Satz 1 Nr. 1 BEEG)
- Ankündigungsfrist für die Elternteilzeit hinsichtlich der Betreuung von Kindern bis zur Vollendung des 3. Lebensjahres (§ 15 Abs. 7 Satz 1 Nr. 5a BEEG)

→ 8 Wochen

- Vorlauffrist für den Kündigungsschutz des Elternzeitberechtigten hinsichtlich der Betreuung von Kindern bis zur Vollendung des 3. Lebensjahres (§ 18 Abs. 1 Satz 3 Nr. 1 BEEG)
- Ablehnungsfrist für den Antrag des Beschäftigten auf Elternteilzeit beim selben Arbeitgeber hinsichtlich der Betreuung von Kindern zwischen dem 3. Geburtstag und dem vollendeten 8. Lebensjahr (§ 15 Abs. 7 Satz 5 Nr. 2 BEEG)

→ 13 Wochen

- Ankündigungsfrist für die Elternzeit hinsichtlich der Betreuung von Kindern zwischen dem 3. Geburtstag und dem vollendeten 8. Lebensjahr (§ 16 Abs. 1 Satz 1 Nr. 2 BEEG)
- Ankündigungsfrist für die Elternteilzeit hinsichtlich der Betreuung von Kindern zwischen dem 3. Geburtstag und dem vollendeten 8. Lebensjahr (§ 15 Abs. 7 Satz 1 Nr. 5b BEEG)

→ 14 Wochen

- Vorlauffrist für den Kündigungsschutz des Elternzeitberechtigten hinsichtlich der Betreuung von Kindern zwischen dem 3. Geburtstag und dem vollendeten 8. Lebensjahr (§ 18 Abs. 1 Satz 3 Nr. 2 BEEG)

→ 2 Monate

- Mindestdauer der Elternteilzeit (§ 15 Abs. 7 Satz 1 Nr. 3 BEEG)

→ 3 Monate

- Kündigungsfrist für den Elternzeitberechtigten zum Ablauf der Elternzeit (§ 19 BEEG)

→ 6 Monate

- Mindestbestandsdauer des Beschäftigungsverhältnisses bei Inanspruchnahme von Elternteilzeit (§ 15 Abs. 7 Satz 1 Nr. 2 BEEG)

→ **Ablauf des auf das Jahr der Beendigung der Elternzeit folgenden Urlaubsjahrs**

- Ende des Übertragungszeitraums für Urlaub, der wegen der Elternzeit nicht genommen werden konnte (§ 17 Abs. 2 BEEG)

→ **14 Monate**

- Frist für den Kündigungsschutz des in § 18 Abs. 2 Nr. 2 BEEG genannten Personenkreises (§ 18 Abs. 1 Satz 1 i.V. mit §§ 18 Abs. 2 Nr. 2, 4 Abs. 1 BEEG)

→ **2 Jahre**

- Gesetzlicher Bindungszeitraum für die Elternzeit (§ 16 Abs. 1 Satz 1 BEEG)

→ **Vollendung des 3. Lebensjahrs des Kindes**

- Obergrenze der gesetzlichen Elternzeit bei leiblichem Kind (§ 15 Abs. 2 Satz 1 BEEG)

→ **3 Jahre**

- Obergrenze der Elternzeit bei angenommenem Kind (§ 15 Abs. 2 Satz 5 BEEG)

→ **Vollendung des 8. Lebensjahrs des Kindes**

- Obergrenze für die Übertragung von Elternzeit (§ 15 Abs. 2 Satz 4 BEEG)
- Obergrenze der Elternzeit bei angenommenem Kind (§ 15 Abs. 2 Satz 5 BEEG).

7. Sozialversicherungsrecht

7.1 Krankenversicherung

Gem. § 192 Abs. 1 Nr. 2 SGB V bleibt die Mitgliedschaft in der gesetzlichen Krankenkasse erhalten, solange Elternzeit in Anspruch genommen oder Elterngeld bezogen wird. Die Familienversicherung für Familienangehörige (§ 10 SGB V) bleibt auch während der Elternzeit erhalten. Ehegatten sind allerdings nur familienversichert, wenn sie vor Beginn der Mutterschutzfristen und der Elternzeit schon gesetzlich versichert waren (§ 10 Abs. 1 Satz 4 SGB V). Damit verwirklicht das Gesetz auch die Vorgabe aus Art. 1 RiLi 2010/18/EU i. V. mit Nr. 18 der Erwägungsgründe der (neuen) Rahmenvereinbarung über den Elternurlaub, wonach die Mitgliedstaaten die Aufrechterhaltung der Ansprüche auf Sachleistungen aus der Krankenversicherung während des Mindestelternurlaubs (entspricht der Elternzeit) vorsehen sollen. Bei Erkrankung behält der Elternzeiter damit seinen Anspruch auf Regelleistungen der Krankenkasse mit Ausnahme der Zahlung von Krankengeld.[868] Krankengeld erhält der/die Beschäftigte während der Elternzeit nur dann, wenn die Erkrankung vor Antritt der Elternzeit begonnen hat (§§ 45, 49 Abs. 1 Nr. 2 SGB V). Ansonsten ist nur die Elternzeit Ursache des Vergütungsausfalls.[869] Bei Zahlung von Krankengeld erfolgt für die Zeit nach der Geburt eine Verrechnung mit dem Elterngeld, sofern das Elterngeld nicht bestimmte Grenzen unterschreitet (§ 3 Abs. 1 Satz 1 Nr. 5, Abs. 2 BEEG).

Beitragsfrei ist diese Mitgliedschaft, wenn Elterngeld, Mutterschaftsgeld oder Krankengeld bezogen wird und keine beitragspflichtigen Einnahmen zu verzeichnen sind (§ 224 Abs. 1 Satz 1, 2 SGB V).

Wird Elternteilzeit im Rahmen eines geringfügigen Beschäftigungsverhältnisses erbracht, ist sozialversicherungsrechtlich eine getrennte Behandlung von ursprünglichem Arbeitsverhältnis und Teilzeitverhältnis erforderlich, weil der/die Beschäftigte ansonsten die Möglichkeit der beitragsfreien Weiterversicherung verliert.[870] Arbeitsrechtlich handelt es sich weiterhin um ein einheitliches Arbeitsverhältnis (s. o. 2.2). Sofern der Arbeitnehmer nicht auf eine andere Krankenversicherung zurückgreifen kann, sollte er einer Auflösung des Arbeitsverhältnisses aus Anlass der Elternzeit nicht zustimmen oder mindestens für eine freiwillige Weiterversicherung sorgen. Für frei-

868 Theiss, Rn. 40 zu § 15 BEEG.

869 BAG v. 17. 10. 1990 – 5 AZR 10/90, NZA 1991, 320, 322.

870 Schrader, in: BeckOK BEEG, Rn. 38 zu § 15.

willig und privat versicherte Personen besteht aber grds. keine Beitragsfreiheit.[871]

7.2 Pflegeversicherung

Für die Pflegeversicherung gelten die Vorschriften über die gesetzliche Krankenversicherung entsprechend (§ 49 Abs. 2 SGB XI i. V. mit § 192 Abs. 1 Nr. 2 SGB V).

7.3 Rentenversicherung

Ohne Rücksicht auf die Elternzeit besteht für Zeiten der Kindererziehung Versicherungspflicht (§§ 3 Satz 1 Nr. 1, 56 SGB VI). Kindererziehungszeiten sind Zeiten der Erziehung eines Kindes in dessen ersten drei Lebensjahren (§ 56 Abs. 1 Satz 1 SGB VI). Der Begriff der Erziehung ist dahingehend zu verstehen, dass die Erziehungsperson gewillt und in der Lage sein muss, für die Entwicklung des Kindes zu sorgen.[872] Das reicht aus. An die Erziehung eines Neugeborenen ist in der Tat nicht zu denken.

In der Rentenversicherung gelten sog. Kindererziehungszeiten als Pflichtbeitragszeiten (§ 56 SGB VI). Dadurch wird Müttern oder Vätern, die wegen der Kinderbetreuung keiner Erwerbstätigkeit nachgehen können, der Aufbau von Rentenanwartschaften ermöglicht. Diesen Vorteil bringt nicht nur die Betreuung leiblicher Kinder, sondern auch von Stief- und Pflegekindern (§ 56 Abs. 1 Satz 2 SGB VI i. V. mit § 56 Abs. 3 Nrn. 2, 3 SGB I). Für Kinder, die später als 1991 geboren sind, werden bis zu drei Jahre anerkannt. Die Kindererziehungszeit beginnt (unabhängig von der Elternzeit) nach Ablauf des Geburtsmonats (bzw. des Monats der Aufnahme des Kindes bei der berechtigten Person i. S. des § 1 Abs. 3 Satz 2 BEEG) und endet nach 36 Kalendermonaten (§ 56 Abs. 5 Satz 1 SGB VI). Im Gegensatz zur Elternzeit werden die Erziehungszeiten auch dann addiert, wenn Kinder innerhalb des 3-Jahres-Zeitraums auf die Welt kommen (§ 56 Abs. 5 Satz 2 SGB VI). Die geldmäßige Bewertung der Kindererziehungszeiten erfolgt nach dem Durchschnittsverdienst aller Versicherten.

Erziehen beide Elternteile, wird die Erziehungszeit der Mutter zugeordnet. Die Eltern können jedoch durch Erklärung ggü. dem zuständigen Rentenversicherungsträger für die Zukunft und rückwirkend bis zu zwei Kalendermonate vor Abgabe der Erklärung eine andere Zuordnung bestimmen

871 Dazu BSG v. 26. 3. 1998 – B 12 KR 45/96 R, NZS 1998, 521 ff. = SozR 3–2500 § 224 Nr. 7; BSG v. 26. 5. 2004 – B 12 P 6/03 R (Juris Rn. 15).
872 Kreikebohm/Dankelmann, SGB VI, Rn. 9 zu § 56.

(§ 56 Abs. 2 SGB VI).[873] Eine gleichzeitige Aufteilung der Erziehungszeit ist hingegen nicht möglich (vgl. § 56 Abs. 2 Satz 2 SGB VI).

7.4 Arbeitslosenversicherung

Die Auswirkungen der Elternzeit auf die Arbeitslosenversicherung sind vielschichtig. Dabei ist aus europarechtlichen Gründen sicherzustellen, dass die Elternzeit nicht zu einer Beeinträchtigung von Anwartschaften führt. Problematisch ist allerdings, ob das SGB III dem gerecht wird. Hiernach ist Bemessungsentgelt für die Berechnung des Arbeitslosengeldes das Arbeitsentgelt, das der Arbeitslose im Bemessungszeitraum erzielt hat (§ 151 Abs. 1 Satz 1 SGB III). Dieser Zeitraum richtet sich nach einem Entgeltabrechnungszeitraum (sog. Bemessungsrahmen), der ein Jahr umfasst (§ 150 Abs. 1 SGB III). Dieser Rahmen wird auf zwei Jahre erweitert, wenn der Bemessungszeitraum weniger als 150 Tage (rund 21 Wochen) mit Anspruch auf Arbeitsentgelt enthält (§ 150 Abs. 3 Nr. 1 SGB III). Kann dies nicht festgestellt werden, ist als Bemessungsentgelt ein (regelmäßig geringeres) fiktives Arbeitsentgelt zugrunde zu legen (§ 152 Abs. 1 SGB III). Das Leistungsentgelt wird auf dieser Grundlage gem. § 153 SGB III berechnet. Dies gilt auch dann, wenn die Notwendigkeit des fiktiven Maßstabs allein auf die Elternzeit zurückzuführen ist. Das SGB III sieht also keinen generellen und von der Dauer der Unterbrechung des Berufslebens unabhängigen Rückgriff auf das vor der Elternzeit erzielte Entgelt als Bemessungsentgelt vor. Etwas anderes ergibt sich nicht daraus, dass nach § 150 Abs. 2 Satz 1 Nr. 3 SGB III bei der Ermittlung „des Bemessungszeitraums“ Zeiten der Betreuung und Erziehung eines Kindes außer Betracht bleiben, wenn wegen der Betreuung und Erziehung des Kindes das Arbeitsentgelt oder die durchschnittliche wöchentliche Arbeitszeit gemindert war. Diese Regelung soll nur davor schützen, dass in die Ermittlung des Bemessungsentgelts Entgeltabrechnungszeiträume versicherungspflichtiger Beschäftigungen einfließen, die nach § 151 Abs. 1 i.V. mit § 150 Abs. 1 SGB III eigentlich zu berücksichtigen wären, in denen aber das erzielte Arbeitsentgelt wegen der Kindererziehung atypisch niedrig und daher nicht repräsentativ war. Dagegen trifft § 150 Abs. 2 Nr. 3 SGB III keine Sonderregelung zu den Voraussetzungen, von denen es nach § 150 Abs. 1 und Abs. 3 i.V. mit § 152 Abs. 1 SGB III abhängt, inwieweit das vor dem Beginn der Kindererziehung erzielte Arbeitsentgelt als Bemessungsentgelt herangezogen werden kann.[874] Nach Auffassung des BSG verstößt diese

---

873 Sinnvoll ist die Zuordnung auf den Elternteil, der Elternzeit nimmt, da der andere durch seine Arbeit rentenversichert bleibt.

874 BSG v. 29. 5. 2008 – B 11a AL 23/07 R (Rn. 23), NZS 2009, 464, 466; BSG v. 25. 8. 2011 – B 11 AL 19/10 R (Rn. 22), BeckRS 2011, 79218.

Berechnungsweise weder gegen das Grundgesetz noch gegen die Anforderungen aus der Gleichbehandlungsrichtlinie 79/7/EWG.[875] Nicht geprüft hat das BSG, ob die Berechnungsweise gegen Art. 1 der RiLi 96/34/EG i. V. mit Nr. 11 der Erwägungsgründe der Rahmenvereinbarung über den Elternurlaub (= Art. 1 der RiLi 2010/18/EU i. V. mit Nr. 19 der Erwägungsgründe der neuen Rahmenvereinbarung über den Elternurlaub), wonach die Mitgliedstaaten sicherzustellen haben, dass die Sozialleistungen während des Mindestelternurlaubs unverändert zu bleiben haben, bzw. – hinsichtlich der Anwartschaften – gegen § 2 Nr. 6 der Rahmenvereinbarung (= § 5 Nr. 2 der neuen Rahmenvereinbarung) verstößt. Dies ist zu bejahen, so dass die Berechnungsweise in den §§ 150, 152 SGB III wegen Verstoßes gegen diese Richtlinie bei Arbeitslosigkeit nach der Elternzeit unwirksam sein dürfte.

Auch während der Elternzeit besteht Versicherungspflicht, und zwar selbst dann, wenn keine Elternteilzeit geleistet wird (§ 26 Abs. 2a Satz 1 SGB III). Die Versicherungspflicht besteht nach dem Gesetz nur bis zur Vollendung des 3. Lebensjahres des Kindes, für das die Elternzeit genommen wurde. § 26 Abs. 2a SGB III besteht seit 2003 und wurde an die seit 2015 geltende Neuregelung des § 15 Abs. 2 BEEG, wonach bis zu 24 Monate der Elternzeit zwischen dem 3. Geburtstag und dem vollendeten 8. Lebensjahr des Kindes genommen werden können, nicht angepasst. Eine Harmonisierung mit § 15 Abs. 2 BEEG hält die Rspr. nicht für geboten.[876]

Nach dem Vorgesagten hat der/die Beschäftigte Anspruch auf Arbeitslosengeld, wenn er/sie innerhalb einer Rahmenfrist von zwei Jahren mindestens zwölf Monate lang versicherungspflichtig gearbeitet hat (§§ 142 Abs. 1, 143 SGB III). Die Elternzeit wird gem. § 26 Abs. 2a Satz 1 SGB III angerechnet, zählt also bei den zwölf Monaten mit, wenn sie einer Zeit der Versicherungspflicht oder des Bezuges von Lohnersatzleistungen unmittelbar folgt und die Elternzeit im Inland, unter gewissen Voraussetzungen auch im Ausland, verbracht wird (§ 26 Abs. 2a Satz 1 Nr. 1, 2 SGB III).

---

875 BSG v. 29. 5. 2008 – B 11a AL 23/07 R (Rn. 35 ff., 47 ff.), NZS 2009, 464, 467 ff.; BSG v. 21. 7. 2009 – B 7 AL 23/08 R (Rn. 21 ff.), NZS 2010, 232, 234; a. A. SG Aachen, das diese Frage mit Beschl. v. 23. 7. 2007 – S 21 AL 38/06 (BeckRS 2008, 50085) – dem BVerfG vorgelegt hat; mit Beschl. v. 14. 3. 2011 hat das BVerfG diese Vorlage für unzulässig erklärt (1 BvL 13/07). S. auch EuGH v. 22. 10. 2009 – C-116/08, NJW 2010, 1582 (Meerts), wonach Entschädigungen für einen in Vollzeit angestellten Arbeitnehmer, der während seiner Elternzeit auf Teilzeitbasis entlassen wird, nach § 2 Nr. 6 der Rahmenvereinbarung über den Elternurlaub (Anhang zur Richtlinie 96/34/EG) auf Grundlage seines Vollzeitgehalts zu berechnen sind.

876 LSG Sachsen v. 15. 1. 2015 – L 3 AL 30/13, BeckRS 2016, 72425; LSG Rheinland-Pfalz v. 30. 8. 2016 – L 1 AL 61/14, info also 2017, 69, 70 f.

Gehen beide Elternteile in Elternzeit, gilt die Versicherungspflicht nur für denjenigen, bei dem die Elternzeit rentenrechtlich als Erziehungszeit berücksichtigt wird (§ 26 Abs. 2a Satz 3 SGB III).

Da nur arbeitslos ist, wer mindestens 15 Wochenstunden für eine Erwerbstätigkeit zur Verfügung steht (§ 159 Abs. 1 Nr. 3, Abs. 5 Nr. 1 SGB III), hat der Elternzeiter Anspruch auf Arbeitslosengeld während der Elternzeit nur dann, wenn er sich vergeblich um eine Elternteilzeit von mindestens 15 Wochenstunden bemüht. Zweifel an der Verfügbarkeit dürften nach der Erweiterung der Möglichkeit zur Inanspruchnahme von Elternzeit durch beide Eltern kaum mehr erhoben werden können.

Für die Bemessung der Höhe des Arbeitslosengeldes bleibt die bis zu 3-jährige Elternzeit außer Betracht (§ 150 Abs. 2 Nr. 3 SGB III). Die Bemessung erfolgt nach § 152 SGB III fiktiv, also nach Einordnung in eine Qualifikationsgruppe, falls keine hinreichend greifbare Bemessungsgrundlage (mindestens 150 Tage) vorhanden ist.

Bei arbeitswidrigem Verhalten wird eine 12-wöchige **Sperrzeit** für das Arbeitslosengeld (I) verhängt (§ 159 Abs. 3 Satz 1 SGB III). Das Lösen des Beschäftigungsverhältnisses ist ein arbeitswidriges Verhalten (§ 159 Abs. 1 Satz 2 Nr. 1 SGB III, s. bereits o. 5.1.1 a.E.). Immer zu prüfen ist in diesen Fällen, ob ein **wichtiger Grund** i. S. des § 159 Abs. 1 Satz 1 SGB III vorliegt, der einem Ruhen des Anspruchs auf Arbeitslosengeld entgegensteht, oder ob die Sperrzeit nach § 159 Abs. 3 Satz 2 auf 3 oder 6 Wochen verkürzt werden kann – eine Aufhebung der Sperre sieht der Gesetzgeber nicht vor. Eine Verkürzung auf 6 Wochen kommt nach § 159 Abs. 3 Satz 2 Nr. 2 b) SGB III in Betracht, wenn die volle Sperrzeit für die arbeitslose Person nach den für den Eintritt der Sperrzeit maßgebenden Tatsachen eine besondere Härte bedeuten würde, mithin unverhältnismäßig wäre. Eine besondere Härte ist immer zu prüfen, wenn der Grund, den der Versicherte vorbringt, nicht „wichtig" ist, aber wenigstens eine Halbierung der Sperrzeit rechtfertigen könnte.[877] Über das Vorliegen eines wichtigen Grundes ist nach Auffassung des BSG „unter Berücksichtigung des Ziels der Sperrzeitregelung zu entscheiden. Diese soll die Versichertengemeinschaft vor Risikofällen schützen, deren Eintritt der Versicherte selbst zu vertreten hat; eine Sperrzeit soll nur eintreten, wenn dem Versicherten unter Berücksichtigung aller Umstände des Einzelfalls und unter Abwägung seiner Interessen mit den Interessen der Versichertengemeinschaft ein anderes Verhalten zugemutet werden kann."[878] Kündigt der Elternzeiter nach oder zum Ende der Elternzeit, um ein Teilzeitverhältnis zu beginnen, das ihm der bisherige Arbeitgeber verweigert, stellt

877 S. etwa LSG Hessen v. 20. 3. 2015 – L 7 AL 21/14 (Rn. 21), BeckRS 2015, 125982.
878 S. nur BSG v. 12. 9. 2017 – B 11 AL 25/16 R (Rn. 16), NZS 2018, 533, 534.

dies einen wichtigen Grund dar, der einer Sperrzeitverhängung entgegensteht.[879] Allerdings ist Bemessungsgrundlage für das Arbeitslosengeld nach § 151 Abs. 5 SGB III dann nur die angestrebte Arbeitszeit, weil der Elternzeiter nicht mehr bereit oder in der Lage ist, in Vollzeit zu arbeiten. Ein wichtiger Grund i. S. des § 159 Abs. 1 Satz 1 SGB III liegt auch dann vor, wenn der Elternzeiter in eine weiter entfernte Stadt zum anderen Elternteil ziehen will und deshalb gekündigt hat.[880]

879 Ziff. 159.1.2.1 t) FW (Fachliche Weisungen) zu § 159 SGB III (Stand 20. 4. 2018); Sowka, S. 91.

880 BSG v. 20. 4. 1977 – 7 RAr 112/75, BeckRS 1977, 30704087; BSG v. 25. 10. 1988 – 7 RAr 37/87, NJW 1989, 3036, 3037; aus neuerer Zeit LSG Niedersachsen-Bremen v. 12. 12. 2017 – L 7 AL 36/16, NZA-RR 2018, 159, 160 f.; s. auch Ziff. 159.1.2.1 k) FW (Fachliche Weisungen) zu § 159 SGB III (Stand 20. 4. 2018).

8. Querverbindungen zum PflegeZG

Zum 1.7.2008 ist das Pflegezeitgesetz (PflegeZG)[881] in Kraft getreten. Dieses ist eng am BEEG angelehnt.

PflegeZG	BEEG als Vorlage
§ 3 Abs. 1 Satz 2	§ 15 Abs. 7 Satz 1 Nr. 1
§ 3 Abs. 3 Satz 1	§ 16 Abs. 1 Satz 1
§ 3 Abs. 4 Satz 1	§ 15 Abs. 5 Satz 2
§ 4 Abs. 1 Satz 2	§ 16 Abs. 3 Satz 1
§ 4 Abs. 1 Satz 3	§ 16 Abs. 3 Satz 4
§ 4 Abs. 1 Satz 5	§ 20 Abs. 1 Satz 2
§ 4 Abs. 2 Satz 1	§ 16 Abs. 4
§ 4 Abs. 2 Satz 2	§ 16 Abs. 5
§ 4 Abs. 2 Satz 3	§ 16 Abs. 3 Satz 1
§ 4 Abs. 4	§ 17 Abs. 1 Satz 1
§ 5 Abs. 1	§ 18 Abs. 1 Satz 1
§ 5 Abs. 2 Satz 1	§ 18 Abs. 1 Sätze 2 und 3
§ 5 Abs. 2 Satz 2	§ 18 Abs. 1 Satz 4
§ 6 Abs. 1 Satz 1	§ 21 Abs. 1
§ 6 Abs. 1 Satz 2	§ 21 Abs. 2
§ 6 Abs. 2	§ 21 Abs. 3
§ 6 Abs. 3 Satz 1	§ 21 Abs. 4 Satz 1
§ 6 Abs. 3 Satz 2	§ 21 Abs. 5
§ 6 Abs. 3 Satz 3	§ 21 Abs. 6
§ 6 Abs. 4 Satz 1	§ 21 Abs. 7
§ 7 Abs. 1 Nr. 2	§ 20 Abs. 1 Satz 1
§ 7 Abs. 1 Nr. 3	§ 20 Abs. 2 Satz 1
§ 7 Abs. 2 Satz 2	§ 20 Abs. 2 Satz 2
§ 8	§ 15 Abs. 2 Satz 6
	TzBfG als Vorlage
§ 3 Abs. 4 Satz 1	§ 8 Abs. 3 Satz 2
§ 3 Abs. 4 Satz 2	§ 8 Abs. 4 Satz 1
	AGG als Vorlage
§ 7 Abs. 1	§ 6 Abs. 1 Satz 1
§ 7 Abs. 2 Satz 1	§ 6 Abs. 2 Satz 1

Das PflegeZG ermöglicht Beschäftigten (das sind gem. § 7 Abs. 1 PflegeZG Arbeitnehmer und Auszubildende, aber auch arbeitnehmerähnliche Personen i. S. des § 12a Abs. 1 Nr. 1 TVG, auch in Kleinunternehmen) zunächst, ohne Vorankündigung je nach Erfordernis bis zu zehn Arbeitstage der Er-

881 Art. 3 des Pflege-WeiterentwicklungsG vom 28.5.2008, BGBl. I S. 874, 896; Regierungsbegründung in BT-Drs. 16/7439.

werbsarbeit fernzubleiben, um in Akutfällen (auch mehrmals)[882] die bedarfsgerechte Pflege naher Angehöriger zu organisieren oder sicherzustellen (§ 2 Abs. 1 PflegeZG, sog. **kurzzeitige Arbeitsverhinderung**). Diese Vorschrift ergänzt die Freistellungsmöglichkeiten nach § 275 Abs. 3 BGB (Pflichtenkollisionen) und § 45 Abs. 3 Satz 1 SGB V (Erkrankung eines Kindes). Der Begriff der nahen Angehörigen ist in § 7 Abs. 3 PflegeZG definiert und geht weit, manchen indes nicht weit genug, obwohl der Gesetzgeber den Begriff des nahen Angehörigen mit Wirkung zum 1. 1. 2015 nochmals ausgeweitet hat. Erfasst sind nunmehr auch Stiefeltern, Partner einer lebenspartnerschaftsähnlichen Gemeinschaft, Schwägerinnen und Schwäger;[883] nicht erfasst sind weiterhin Tanten und Onkel, Enkelkinder sowie Kinder des Partners einer eheähnlichen Gemeinschaft (Stiefkinder) und alle Formen von Wahlverwandtschaften.[884] Mit der Erweiterung auf Stiefeltern sollte dem Näheverhältnis zwischen Kindern und Stiefeltern Rechnung getragen und die auf Erwachsenenseite bestehende Lücke geschlossen werden, nachdem Stiefkinder bereits im bisherigen PflegeZG als nahe Angehörige berücksichtigt waren.[885] Wenn Stiefkinder aber Kinder, Adoptiv- oder Pflegekinder des Ehegatten oder Lebenspartners sind, kann auch nur ein Ehegatte oder Lebenspartner Stiefelternteil sein.[886] Nahe Angehörige sind pflegebedürftig, wenn sie die Voraussetzungen der §§ 14 oder 15 SGB XI erfüllen (§ 7 Abs. 4 PflegeZG), also in die Pflegegrade 1 bis 5 gem. § 15 Abs. 3 Satz 4 SGB XI eingeordnet, zumindest aber einzuordnen (§ 7 Abs. 4 Satz 2 PflegeZG) sind. Für die Zeit der Akutpflege erhält der/die Beschäftigte Vergütung nur bei Eingreifen des § 616 BGB und keine staatlichen Sozialleistungen, auch kein Krankengeld wie gem. § 45 SGB V Eltern bei Erkrankung von Kindern, seit dem 1. 1. 2015 aber für bis zu zehn Arbeitstage Pflegeunterstützungsgeld als Lohnersatzleistung in Höhe von 90 % des Nettogehaltes (wie beim Kinderkrankengeld), sofern eine Pflegestufe erreicht wird (§ 44a Abs. 3 Satz 4 SGB XI i. V. mit § 45 Abs. 2 Sätze 3 bis 5 SGB V).[887] Wie die Vorschrift des § 2 Abs. 3 PflegeZG zeigt, ist dieser Zeitraum nicht schon von Gesetzes wegen unerheblich i. S. des § 616 BGB. Lohnfortzahlung nach § 616 BGB steht dem Beschäftigten nach der Rspr. nur dann zu, wenn er für bis zu etwa 5 Tagen enge Angehörige (Geschwister und direkt Unterhaltspflichtige) pfle-

882 Preis/Nehring, NZA 2008, 729, 730 f.; Linck, BB 2008, 2738, 2740; Notzon, öAT 2013, 136, 138; a. A. Freihube/Sasse, DB 2008, 1320, 1321.

883 Art. 2 Ziff. 1 und Art. 8 Ziff. 3 b) des Gesetzes zur besseren Vereinbarkeit von Familie, Pflege und Beruf v. 23. 12. 2014, BGBl. I S. 2462.

884 ErfK/Gallner, Rn. 2 zu § 7 PflegeZG.

885 BT-Drs. 18/3124, S. 41 zu Art. 2 Nr. 6a und 6b.

886 BSG v. 5. 12. 2017 – B 12 P 1/16 R (Rn. 13), BeckRS 2017, 142854.

887 Art. 2 Ziff. 6 des Gesetzes zur besseren Vereinbarkeit von Familie, Pflege und Beruf v. 23. 12. 2014, BGBl. I S. 2462.

gen bzw. deren Pflege organisieren muss;[888] nicht einmal ganze Freitage sind durch § 616 BGB ohne Weiteres gedeckt.[889] Da § 616 BGB, wie aus § 619 BGB folgt, abdingbar ist,[890] können Sondervorschriften eingreifen, z. B. § 29 Abs. 1 Satz 1e TVöD/TV-L, wonach der Arbeitnehmer Anspruch auf bezahlte Arbeitsbefreiung für einen Arbeitstag im Kalenderjahr bei schwerer Erkrankung eines im selben Haushalt lebenden Angehörigen bzw. bei Kindern bis zu vier Arbeitstage hat. Wird die notwendige Zeit überschritten, entfällt der Vergütungsanspruch über § 616 BGB insgesamt.[891] Beträge, die im Wege der Lohnfortzahlung nach § 616 BGB fließen, werden auf das Pflegeunterstützungsgeld angerechnet (§ 44 a Abs. 3 Satz 1 SGB XI).

Kernstück des Gesetzes ist das an den Regelungen der Elternzeit orientierte Recht der Beschäftigten, **Pflegezeit** wahrzunehmen, um einen pflegebedürftigen nahen Angehörigen in häuslicher Umgebung zu betreuen (§ 3 Abs. 1 PflegeZG). Pflegezeit kann nur **in Unternehmen mit regelmäßig mehr als 15 Beschäftigten** (Zählung nach Köpfen, im Gegensatz zu § 15 Abs. 7 Satz 1 Nr. 1 BEEG und nunmehr auch dem FamPflegeZG gem. § 7 Abs. 1 Nr. 2 und 3 PflegeZG, auch mit Auszubildenden und arbeitnehmerähnlichen Personen)[892] genommen werden (§ 3 Abs. 1 Satz 2 PflegeZG). Wie bei der Elternzeit macht der Beschäftigte dazu von einem Gestaltungsrecht Gebrauch, das ihm wie dort ohne Einhaltung einer Wartefrist sofort ab Beginn des Beschäftigungsverhältnisses zusteht. Auf Erforderlichkeit kommt es abgesehen von der Pflegebedürftigkeit der Pflegeperson (vgl. § 3 Abs. 2 PflegeZG) und dem häuslichen Bezug der Pflege (vgl. § 3 Abs. 1 Satz 1 PflegeZG)[893] nicht an, so dass auch mehrere Beschäftigte für eine Pflegeperson in Pflegezeit gehen können. Im Gegensatz zur Elternzeit ist die Pflegezeit nur **zehn Arbeitstage**[894] **vorher schriftlich anzukündigen** und auf reichlich

888 BAG v. 19. 4. 1978 – 5 AZR 834/76, NJW 1978, 2316, 2317; zur Obergrenze s. Joussen, NZA 2009, 69, 71: 5 – 8 Tage.

889 Freihube/Sasse, DB 2008, 1320, 1321.

890 BGH v. 6. 4. 1995 – VII ZR 36/94, NJW 1995, 2629.

891 BAG v. 11. 8. 1988 – 8 AZR 721/85 (zu B I 2 a), DB 1988, 2516, 2517, aber zw.

892 Linck, BB 2008, 2738, 2839. Die Pflegezeit wird (wie auch die Familienpflegezeit, s. § 2 Abs. 4 FamPflegeZG) auf Berufsausbildungszeiten allerdings nicht angerechnet (§ 4 Abs. 1 Satz 5 PflegeZG).

893 Die Pflege kann im Haushalt des Pflegenden (= Pflegeperson), der pflegebedürftigen Person oder eines Dritten erfolgen, so Laux, Anh. 1 C. Rn. 5; ähnlich Hanau, FS Buchner, 2009, 281, 296: Haushalt des Pflegenden oder des Gepflegten.

894 Bezogen auf eine 5-Tage-Woche; bei Teilzeitbeschäftigten, die keine fünf Tage in der Woche arbeiten, also auch nur zwei Wochen, dann aber noch um die Wochenfeiertage zu bereinigen, so Linck, BB 2008, 2738, 2742; Kleinebrink, ArbRB 2009, 306, 309; Novara, DB 2010, 503, 504. S. ferner Laux, Anh. 1 C. Rn. 9: Entscheidend sind nicht die individuellen, sondern die betrieblichen Arbeitstage.

kurze **sechs Monate** begrenzt (§ 3 Abs. 3 Satz 1, § 4 Abs. 1 Satz 1 PflegeZG). Wechselt der Arbeitnehmer während der Pflegezeit den Arbeitgeber und setzt die Pflegezeit dort fort, sind die Zeiten in beiden Arbeitsverhältnissen nach dem Sinn der Höchstfrist zusammenzurechnen.[895] Nimmt der Beschäftigte Familienpflegezeit nach § 2 FamPflegeZG, darf diese Zeit zusammen mit der Pflegezeit die Gesamtdauer von 24 Monaten je pflegebedürftigem nahen Angehörigen nicht überschreiten (§ 4 Abs. 1 Satz 4 PflegeZG = § 2 Abs. 2 FamPflegeZG);[896] der Beschäftigte hat also Anspruch auf 24 Monate Pflegezeit und Familienpflegezeit, darf jedoch höchstens 6 Monate mit der Erwerbsarbeit ganz aussetzen. Im Gegensatz zur Elternzeit darf der Beschäftigte die Pflegezeit nur einmal[897] und damit wohl auch nicht abschnittsweise nehmen, eine kürzere Pflegezeit – dies hingegen wie bei der Elternzeit (§ 16 Abs. 3 Satz 4 BEEG) – nur dann verlängern (ohne weitere Änderungen der Vertragsbedingungen), wenn ein vorgesehener Wechsel in der Person des Pflegenden aus wichtigem Grund nicht erfolgen kann (§ 4 Abs. 1 Satz 3 PflegeZG). Außerdem kann der Beschäftigte für die Zeit der Pflege – analog zur Elternteilzeit, also auch noch aus der Pflegezeit heraus – eine nur **teilweise Freistellung** in Anspruch nehmen (§ 3 Abs. 3 Satz 2, Abs. 4 PflegeZG). Hierfür steht ihm allerdings – wie bei der Elternteilzeit – kein Gestaltungsrecht zu;[898] notfalls muss er die Teilfreistellung im Wege des einstweiligen Rechtsschutzes erwirken.[899] Der Arbeitgeber darf die Pflegeteilzeit und deren Verteilung zwar nur aus dringenden betrieblichen Gründen ablehnen (§ 3 Abs. 4 Satz 2 PflegeZG). Für die Rechtsdurchsetzung wäre die Ausformung als Gestaltungsrecht aber vorzuziehen gewesen. Hinzu kommt, dass der Beschäftigte sich nach § 3 Abs. 4 Satz 1 PflegeZG um eine entsprechende Vereinbarung mit dem Arbeitgeber bemühen muss, was möglicherweise einen Subsidiaritätsgrundsatz beinhaltet.[900]

---

895 Notzon, öAT 2013, 136, 138.

896 Diese Regelung wurde durch Art. 2 Ziff. 3 b) des Gesetzes zur besseren Vereinbarkeit von Familie, Pflege und Beruf v. 23. 12. 2014, BGBl. I S. 2462, eingeführt.

897 BAG v. 15. 11. 2011 – 9 AZR 348/10 (Rn. 31), NJW 2012, 1244, 1246.

898 A. A. Joussen, NZA 2009, 69, 72.

899 Preis/Nehring, NZA 2008, 729, 735; Hexel/Lüders, NZS 2009, 264, 269; zur Wertfestsetzung s. LAG Baden-Württemberg v. 14. 9. 2010 – 5 Ta 180/10, ArbRB 2011, 48.

900 Vgl. BAG v. 19. 2. 2013 – 9 AZR 461/11 (Rn. 20, 25), NZA 2013, 909 f. – Personalreferentin, zum strukturell gleichen § 15 Abs. 5 Satz 2 BEEG. Ob die in § 3 Abs. 4 Satz 1 PflegeZG geforderte Schriftform konstitutiv ist oder nicht, wird unterschiedlich gesehen: Dafür zu Recht ErfK/Gallner, Rn. 4 zu § 3 PflegeZG; Müller, BB 2018, 249, 252; dagegen LAG München v. 20. 4. 2016 – 11 Sa 698/15 (Rn. 58), BeckRS 2016, 12469, auf Revision hin bestätigt, s. BAG v. 27. 4. 2017 – 6 AZR 367/16, NJOZ 2017, 1251.

Für die Dauer der Pflegezeit ruht das Arbeitsverhältnis.[901] Der Beschäftigte erhält daher weder Vergütung (§ 326 Abs. 1 Satz 1 Hs. 1 BGB) noch staatliche Leistungen, auch nicht Krankengeld wie gem. § 45 SGB V Eltern im Fall der Erkrankung von Kindern. Er muss sich in der Kranken- und Pflegeversicherung freiwillig weiterversichern, wenn er kranken- und pflegeversichert bleiben will.[902] Auf Antrag wird aus der gesetzlichen Pflegeversicherung jedoch ein Zuschuss in Höhe des Mindestbeitrags zur Kranken- und Pflegeversicherung gezahlt (§ 44a Abs. 1 Satz 1 SGB XI). Aus der gesetzlichen Pflegeversicherung wird ferner ein Beitrag an die Arbeitslosenversicherung entrichtet (§ 347 Nr. 10 SGB III), damit auch die Arbeitslosenversicherung erhalten bleibt (vgl. § 44a Abs. 2 SGB XI, § 26 Abs. 2c SGB III). Rentenversichert bleibt der Pflegezeiter gem. § 3 Satz 1 Nr. 1a SGB VI. Außerdem hat der Beschäftigte, der Pflegezeit bzw. eine Freistellung nach § 3 Abs. 5 oder § 3 Abs. 6 PflegeZG (s. u.) in Anspruch nimmt, seit dem 1. 1. 2015 die Möglichkeit, wie bei der Familienpflegezeit vom Staat für die Dauer bis zu 2 Jahren ein zinsloses **Darlehen** zu erhalten, das einen Großteil der Einbußen in seinem Erwerbseinkommen auffängt (§ 3 Abs. 7 PflegeZG i. V. mit §§ 3 ff. FamPflegeZG).[903]

Sofern sich Möglichkeiten zur Wahrnehmung von Elternzeit und Pflegezeit überschneiden (pflegebedürftige Kleinkinder), darf der Arbeitnehmer wählen. BEEG und PflegeZG begründen einseitig zwingenden Schutz für den Arbeitnehmer und greifen deshalb unabhängig voneinander. Die Möglichkeiten der Elternzeit reichen weiter. Die Wahrnehmung von Pflegezeit und Familienpflegezeit kann nicht parallel laufen. Mit Wirkung zum 1. 1. 2015 hat der Gesetzgeber bestimmt, dass der Beschäftigte im Zweifelsfall Pflegezeit wahrnimmt (§ 3 Abs. 3 Satz 3 PflegeZG). Beansprucht der Beschäftigte nach der Pflegezeit Familienpflegezeit oder eine Freistellung nach § 2 Abs. 5 FamPflegeZG zur Pflege oder Betreuung desselben pflegebedürftigen Angehörigen, muss sich die Familienpflegezeit oder die Freistellung nach § 2 Abs. 5 FamPflegeZG unmittelbar an die Pflegezeit anschließen (§ 3 Abs. 3 Satz 4 PflegeZG). In diesem Fall soll der Beschäftigte möglichst frühzeitig erklären, ob er Familienpflegezeit oder eine Freistellung nach § 2 Abs. 5 FamPflegeZG in Anspruch nehmen will; abweichend von § 3 Abs. 3 Satz 1 PflegeZG (10 Arbeitstage) muss die Ankündigung dann spätestens drei Monate vor Beginn der Familienpflegezeit erfolgen (§ 3 Abs. 3 Satz 5 PflegeZG). Wird Pflegezeit nach einer Familienpflegezeit oder einer Freistellung nach § 2 Abs. 5 FamPflegeZG in Anspruch genommen, ist die Pflegezeit

901 BAG v. 15. 11. 2011 – 9 AZR 348/10 (Rn. 25), NJW 2012, 1244, 1245.

902 Preis/Nehring, NZA 2008, 729, 736.

903 Eingeführt durch Art. 2 Ziff. 2 c) des Gesetzes zur besseren Vereinbarkeit von Familie, Pflege und Beruf v. 23. 12. 2014, BGBl. I S. 2462.

im unmittelbaren Anschluss an die Familienpflegezeit oder die Freistellung nach § 2 Abs. 5 FamPflegeZG zu beanspruchen und abweichend von § 3 Abs. 3 Satz 1 PflegeZG (10 Arbeitstage) dem Arbeitgeber spätestens 8 Wochen vor Beginn der Pflegezeit schriftlich anzukündigen (§ 3 Abs. 3 Satz 6 PflegeZG).[904]

Dem Pflegezeiter steht der gesetzliche Erholungsurlaub zu. Da es anders als bei der Elternzeit keine Übertragungsvorschrift gibt, verfällt der Erholungsurlaub gem. § 7 Abs. 3 Satz 1 BUrlG selbst dann zum Jahresende, wenn der Arbeitnehmer ihn wegen der Pflegezeit nicht nehmen kann.[905] Dies gilt im Hinblick auf die neue Rspr. des EuGH zum Urlaubsrecht[906] allerdings nicht für den gesetzlichen Mindesturlaub. Dieser kann nach Jahresende zwar nicht mehr genommen werden. Der Urlaubsanspruch wandelt sich dann aber in einen Urlaubsabgeltungsanspruch um. Gleich einem Elternzeiter (§ 17 Abs. 1 Satz 1 BEEG) ist der Arbeitgeber jedoch berechtigt, den Erholungsurlaub für jeden vollen Kalendermonat der vollständigen Freistellung von der Arbeitsleistung um 1/12 zu kürzen (§ 4 Abs. 4 PflegeZG).[907] Diese Regelung, die nach dem Vorgesagten nur für Beschäftigte Sinn macht, die ihre Pflegezeit unterjährig beenden, erfolgte mit Wirkung zum 1. 1. 2015 erst auf Betreiben des federführenden Ausschusses für Familie, Senioren, Frauen und Jugend.[908]

Ergänzend hat der Gesetzgeber mit Wirkung zum 1. 1. 2015 zur Betreuung pflegebedürftiger **minderjähriger naher Angehöriger** in § 3 Abs. 5 PflegeZG **und** zur Betreuung **naher Angehöriger in der letzten Lebensphase** (Sterbebegleitung) in § 3 Abs. 6 PflegeZG einen **Freistellungsanspruch** des Beschäftigten eingeführt.[909] Beide Freistellungsalternativen bestehen wie das Recht zur Wahrnehmung von Pflegezeit nur **in Unternehmen mit regelmäßig über 15 Beschäftigten** und sind wie dort spätestens **10 Arbeitstage vor Beginn schriftlich anzukündigen** (§ 3 Abs. 5 Satz 2 und § 3 Abs. 6 Satz 3, jeweils i. V. mit Abs. 1 Satz 2, Abs. 3 Satz 1 PflegeZG). Diese Möglichkeiten setzen eine Pflege in häuslicher Umgebung nicht voraus, was den Unter-

---

904 Art. 2 Ziff. 2 b) des Gesetzes zur besseren Vereinbarkeit von Familie, Pflege und Beruf v. 23. 12. 2014, BGBl. I S. 2462.

905 Nach Hanau, FS Buchner, 2009, 281, 297, soll der Arbeitnehmer in diesem Fall hingegen die Übertragungsmöglichkeit des § 7 Abs. 3 Satz 2 BUrlG nutzen können.

906 Vor allem EuGH v. 29. 11. 2017 – C 214/16 (Rn. 62, 63), NJW 2018, 33, 36 – King; EuGH v. 6. 11. 2018 – C-684/16 (Rn. 26), NZA 2018, 1474, 1475 – Shimizu; näher dazu o. 4.2.

907 Gem. Art. 2 Ziff. 3 c) des Gesetzes zur besseren Vereinbarkeit von Familie, Pflege und Beruf v. 23. 12. 2014, BGBl. I S. 2462.

908 BT-Drs. 18/3449, S. 3, 12.

909 Art. 2 Ziff. 2 c) des Gesetzes zur besseren Vereinbarkeit von Familie, Pflege und Beruf v. 23. 12. 2014, BGBl. I S. 2462.

schied zur Pflegezeit ausmacht. Die Freistellung zur Betreuung pflegebedürftiger minderjähriger naher Angehöriger ist wie die Pflegezeit auf **sechs Monate** begrenzt (§ 4 Abs. 3 Satz 1 i.V. mit Abs. 1 Satz 1 PflegeZG), die Freistellung zur Sterbebegleitung auf **drei Monate** (§ 4 Abs. 3 Satz 2 PflegeZG).[910] Auch hier gilt, dass die Freistellungszeiten zusammen mit der Pflegezeit und der Familienpflegezeit insgesamt 24 Monate je nahem Angehörigen nicht überschreiten dürfen (§ 4 Abs. 3 Satz 3 PflegeZG). Wie bei der Elternzeit (dazu 2.2) hat der Beschäftigte in beiden Alternativen Anspruch auch auf nur **teilweise Freistellung** (§ 3 Abs. 5 Satz 2 und Abs. 6 Satz 3, jeweils i. V. mit Abs. 3 Satz 2, Abs. 4 PflegeZG).[911]

Sowohl für den Fall der kurzzeitigen Arbeitsverhinderung nach § 2 PflegeZG als auch für die Fälle der Pflegezeit bzw. Freistellung nach § 3 Abs. 5 und Abs. 6 PflegeZG hat der Beschäftigte nach § 5 PflegeZG **Sonderkündigungsschutz** gleich einem Elternzeiter (dazu 5.). Aufgrund der Definition in § 7 Abs. 1 Nr. 3 PflegeZG kommen auch arbeitnehmerähnliche Personen, die nach deutschem Arbeitsrecht sonst weder allgemeinen noch besonderen Kündigungsschutz haben, in den Genuss dieses Schutzes. Der Sonderkündigungsschutz beginnt schon mit der Ankündigung,[912] höchstens zwölf Wochen vor dem angekündigten Beginn der Pflegezeit (§ 5 Abs. 1 PflegeZG),[913] wirkt aber nicht nach. Er setzt keine Wartefrist voraus, greift also schon zu Beginn des Arbeitsverhältnisses ein.[914] Vor jeder Kündigung eines Pflegezeiters ist eine Zulässigkeitserklärung der für den Arbeitsschutz zuständigen obersten Landesbehörde oder der von ihr bestimmten Stelle[915] erforderlich, die nur in „besonderen Fällen“ „ausnahmsweise“ erteilt werden darf. Anders als beim gleichlautenden Sonderkündigungsschutz aus § 18 Abs. 1 Satz 2 BEEG besteht für den Bereich des PflegeZG bislang keine Verwaltungsvorschrift, die bestimmt, wann „ausnahmsweise“ ein „beson-

910 Eingeführt durch Art. 2 Ziff. 3 c) des Gesetzes zur besseren Vereinbarkeit von Familie, Pflege und Beruf v. 23. 12. 2014, BGBl. I S. 2462.

911 Ebda.

912 S. aber LAG Thüringen v. 2. 10. 2014 – 6 Sa 345/13, BeckRS 2015, 65421: Ankündigung der Pflegezeit ist gem. §§ 242, 226 BGB rechtsmissbräuchlich und damit unwirksam, wenn sie nur den Zweck hat, eine bevorstehende Kündigung auszuhebeln; ebenso LAG Hamm v. 28. 12. 2016 – 6 SaGa 17/16 (Rn. 28), NZA-RR 2017, 176, 178.

913 Gem. Art. 2 Ziff. 4 des Gesetzes zur besseren Vereinbarkeit von Familie, Pflege und Beruf v. 23. 12. 2014, BGBl. I S. 2462. Die 12-Wochen-Grenze wurde auf Betreiben des federführenden Ausschusses für Familie, Senioren, Frauen und Jugend eingeführt, s. BT-Drs. 18/3449, S. 4, 12.

914 Preis/Nehring, NZA 2008, 729, 735.

915 In den Flächenländern ist das delegiert, in Baden-Württemberg z. B. auf den Kommunalverband für Jugend und Soziales Baden-Württemberg (§ 1 VO des Sozialministeriums v. 15. 12. 2008, GBl. 2009, S. 2).

derer Fall“ vorliegt. Es ist deshalb anzunehmen, dass die Behörden für ihre Entscheidung auf die Verwaltungsvorschrift zum Kündigungsschutz nach dem BEEG (dazu 5.1.3) zurückgreifen, solange von der Möglichkeit in § 5 Abs. 2 Satz 2 PflegeZG nicht Gebrauch gemacht worden ist, eine allgemeine Verwaltungsvorschrift für das PflegeZG zu erlassen.[916]

Für die Dauer der Pflegezeit bzw. Freistellung nach § 3 PflegeZG, aber auch der kurzzeitigen Arbeitsverhinderung nach § 2 PflegeZG, ist der Arbeitgeber berechtigt, eine **Vertretungskraft** einzustellen (§ 6 Abs. 1 Satz 1 PflegeZG). Dies umfasst eine etwaige Einarbeitungszeit (§ 6 Abs. 1 Satz 2 PflegeZG). Die Vertretungsmöglichkeit setzt voraus, dass die kurzzeitige Arbeitsverhinderung oder Pflegezeit berechtigterweise in Anspruch genommen wird.[917] Für die Befristung gilt das Schriftformerfordernis des § 14 Abs. 4 TzBfG.[918] Hinsichtlich der Einstellung einer Vertretungskraft ist davon auszugehen, dass der Wunsch von Arbeitnehmern auf Erhöhung ihrer Arbeitszeit gem. § 9 TzBfG vorrangig behandelt werden muss. Sofern ein Betriebsrat vorhanden ist, hat dieser ein Zustimmungsverweigerungsrecht gem. § 99 Abs. 2 Nr. 3 Hs. 1 BetrVG, wenn ein interner Teilzeitarbeitnehmer zu Gunsten einer externen Aushilfskraft benachteiligt wird. Der Arbeitgeber hat im Fall der vorzeitigen Beendigung der Pflegezeit (vor allem bei Wegfall des Pflegebedürfnisses durch Tod der gepflegten Person mit vorzeitigem Rückkehrrecht der Pflegeperson nach vier Wochen gem. § 4 Abs. 2 Satz 1 PflegeZG) ein Sonderkündigungsrecht hinsichtlich des Vertretungsverhältnisses, auf das das KSchG keine Anwendung findet (§ 6 Abs. 3 Satz 2 PflegeZG), sofern dies – was nach § 6 Abs. 3 Satz 3 PflegeZG zulässig ist – nicht einzelvertraglich oder durch Kollektivvereinbarung ausgeschlossen ist.

916 Ebenso Glatzel, NJW 2012, 1175, 1178, für den Sonderkündigungsschutz nach dem FamPflegeZG.

917 A. A. Schlachter, Anh. 1 H. Rn. 1.

918 Schlachter, Anh. 1 H. Rn. 5; Lembke, Rn. 4 zu § 6 PflegeZG.

9. Querverbindungen zum FamPflegeZG

Das FamPflegeZG[919] wurde geschaffen, weil die Pflege naher Angehöriger im Schnitt bis zu zwei Jahre in Anspruch nimmt und das PflegeZG mit seiner 6-monatigen Höchstfrist deshalb nur unzureichenden Schutz gewährt.[920] Gem. § 2 Abs. 1 FamPflegeZG a. F. war Familienpflegezeit (angelehnt an das Modell der Altersteilzeit) die nach § 3 FamPflegeZG a. F. förderfähige Verringerung der wöchentlichen Arbeitszeit von Beschäftigten (auch in Kleinunternehmen), die einen pflegebedürftigen nahen Angehörigen in häuslicher Umgebung pflegen, bis auf einen Sockel von 15 Wochenstunden für die Dauer von längstens 24 Monaten bei gleichzeitiger Aufstockung des Arbeitsentgelts durch den Arbeitgeber. Die Entgeltaufstockung ging zulasten eines Arbeitszeitkontos (Wertguthaben i. S. des § 7b SGB IV), das der Familienpflegezeiter direkt nach Ablauf der Familienpflegezeit durch Nacharbeit oder Bezug eines entsprechend geminderten Entgelts sukzessive auffüllen musste (sog. Nachpflegephase). Für die Zwischenzeit stellte ihm der Staat ein zinsloses Darlehen zur Verfügung. Allerdings erwies sich dieses Gesetz als kaum praktikabel, weil es keinen Anspruch auf Familienpflegezeit gab und die Darlehenslösung viel zu bürokratisch ausgestaltet war; keine 300 Beschäftigten nahmen bundesweit von dieser Möglichkeit Gebrauch.[921] Daher wurde das FamPflegeZG mit Wirkung zum 1. 1. 2015 auf eine neue Grundlage gestellt und bis auf § 1 („Durch die Einführung der Familienpflegezeit werden die Möglichkeiten zur Vereinbarkeit von Beruf und familiärer Pflege verbessert.") völlig neu gefasst.[922] Dieses Gesetz, vor allem die Ausformung des neuen Anspruchs auf Familienpflegezeit, ist nunmehr so eng am PflegeZG angelehnt, dass sich die Frage aufdrängt, warum die Familienpflegezeit nicht einfach in das PflegeZG integriert wurde (federführend war in beiden Fällen das Bundesministerium für Familie, Senioren, Frauen und Jugend). Dies gilt umso mehr, als das andere (verbliebene) Kernstück des FamPflegeZG, die Darlehensgewährung, über § 3 Abs. 7 PflegeZG nunmehr auch für die Pflegezeit gilt.

---

919 Verkündet am 13. 12. 2011 als Art. 1 des Gesetzes zur Vereinbarkeit von Pflege und Beruf v. 6. 12. 2011 (BGBl. I S. 2564), in Kraft seit 1. 1. 2012; dazu Göttling/Neumann, NZA 2012, 119; Schlegel, juris-SozR 2/2012 Anm. 1; Schiefer/Worzalla, DB 2012, 516; Barkow von Creytz, DStR 2012, 191; Glatzel, NJW 2012, 1175; Karb, öAT 2012, 30; Liebscher/Kühler, ArbRAktuell 2012, 392; Regierungsbegründung in BT-Drs. 17/6000.

920 Karb, öAT 2012, 30.

921 S. auch Stüben/v. Schwanenflügel, NJW 2015, 577, 578.

922 Art. 1 des Gesetzes zur besseren Vereinbarkeit von Familie, Pflege und Beruf v. 23. 12. 2014, BGBl. I S. 2462; Regierungsbegründung in BT-Drs. 18/3124; dazu Müller, BB 2014, 3125; Thüsing/Pötters, BB 2015, 181; Haarke, NJW-Spezial 2015, 50.

FamPflegeZG	PflegeZG als Vorlage
§ 2 Abs. 2	§ 4 Abs. 1 Satz 1
§ 2 Abs. 4	§ 4 Abs. 1 Satz 4
§ 2 Abs. 5	§ 3 Abs. 5
§ 2a Abs. 1 Satz 1	§ 3 Abs. 3 Satz 1
§ 2a Abs. 1 Satz 2	§ 3 Abs. 3 Satz 2
§ 2a Abs. 2	§ 3 Abs. 4 Satz 1
§ 2a Abs. 3 Satz 1	§ 4 Abs. 1 Satz 2
§ 2a Abs. 3 Satz 2	§ 4 Abs. 1 Satz 3
§ 2a Abs. 4	§ 3 Abs. 1 Nr. 2
§ 2a Abs. 5	§ 4 Abs. 2

§ 2 Abs. 1 FamPflegeZG gibt Anspruch auf Familienpflegezeit. Beschäftigte **in Unternehmen mit regelmäßig mehr als 25 Beschäftigten** (Auszubildende zählen nicht mit)[923] haben hiernach einen **Teilzeitanspruch** von **bis zu 24 Monaten** bei einer **Mindestarbeitszeit von 15 Wochenstunden im Jahresdurchschnitt**, wenn sie **pflegebedürftige nahe Angehörige in häuslicher Umgebung** pflegen wollen (§ 2 Abs. 1 Sätze 2, 3 FamPflegeZG). Ebenso wie bei der Pflegeteilzeit (s. § 3 Abs. 4 PflegeZG) steht dem Beschäftigten hierfür kein Gestaltungsrecht zu; notfalls muss er die Teilfreistellung im Wege des einstweiligen Rechtsschutzes erwirken.[924] Der Arbeitgeber darf die Familienpflegezeit und deren Verteilung zwar nur aus dringenden betrieblichen Gründen ablehnen (§ 3 Abs. 4 Satz 2 PflegeZG); für die Rechtsdurchsetzung wäre die Ausformung als Gestaltungsrecht aber vorzuziehen gewesen. Hinzu kommt, dass der Beschäftigte sich nach § 2a Abs. 2 Satz 1 FamPflegeZG um eine entsprechende Vereinbarung mit dem Arbeitgeber zu bemühen hat, was möglicherweise einen Subsidiaritätsgrundsatz beinhaltet.[925] Nach § 4 Abs. 1 Satz 1 FamPflegeZG darf der Beschäftigte für jeden nahen Angehörigen nur einmal Familienpflegezeit in Anspruch nehmen. Auch dürfen Familienpflegezeit und Pflegezeit insgesamt nicht län-

923 Bis zur 1. Lesung im Bundestag war eine Untergrenze von 16 Beschäftigten gefordert worden, was vielen schon zu hoch erschien. Erst der federführende Ausschuss für Familie, Senioren, Frauen und Jugend schlug (nur für das FamPflegeZG) eine Erhöhung auf 26 Beschäftigte (ohne Auszubildende) vor (BT-Drs. 18/3449, S. 3, 12). Dieser Vorschlag wurde in den Abendstunden des 3. 12. 2014 im Internet veröffentlicht und vom Bundestag am nächsten Tag nach 2. und 3. Lesung so verabschiedet.

924 S. etwa LAG Hamm v. 28. 12. 2016 – 6 SaGa 17/16, NZA-RR 2017, 176; LAG Berlin-Brandenburg v. 20. 9. 2017 – 15 SaGa 823/17, BeckRS 2017, 129788 mit dem zutreffenden Hinweis, dass die einstweilige Verfügung nicht nur (wegen § 894 ZPO) auf den Zeitpunkt der rechtskräftigen Entscheidung im Hauptsacheverfahren, sondern auch (wegen § 2 Abs. 2 FamPflegeZG) auf insgesamt 24 Monate zu begrenzen ist (ebda. Rn. 34).

925 Vgl. BAG v. 19. 2. 2013 – 9 AZR 461/11 (Rn. 20, 25), NZA 2013, 909 f. – Personalreferentin, zum strukturell gleichen § 15 Abs. 5 Satz 2 BEEG.

ger als 24 Monate andauern (§ 2 Abs. 2 FamPflegeZG = § 4 Abs. 1 Satz 4 PflegeZG). Wie bei der Eltern- und der Pflegezeit besteht Anspruch auf **Verlängerung** der Gesamtdauer, wenn ein vorgesehener Wechsel in der zu pflegenden Person aus wichtigem Grund nicht erfolgen kann (§ 2a Abs. 3 Satz 2 FamPflegeZG). Die Familienpflegezeit **endet vorzeitig** vier Wochen, nachdem die Pflege unmöglich oder unzumutbar geworden ist (§ 2a Abs. 5 FamPflegeZG).

Gem. § 2 Abs. 3 FamPflegeZG finden die Regelungen des PflegeZG zum **Kündigungsschutz,**[926] zu **befristeten Verträgen** mit Vertretungskräften, zu den Begriffsbestimmungen (z. B. dem Begriff des nahen Angehörigen) und zur Unabdingbarkeit der gesetzlichen Regelungen Anwendung auf den Anspruch auf Familienpflegezeit. Insofern gelten die Ausführungen zu 8. hier gleichermaßen.

§ 2 Abs. 5 FamPflegeZG ermöglicht wie § 3 Abs. 5 PflegeZG eine **Freistellung** für die Betreuung pflegebedürftiger **Minderjähriger,** auch außerhalb der häuslichen Umgebung. Hierunter fallen Konstellationen wie die Begleitung eines Kindes während eines sehr langen Krankenhausaufenthalts oder in einer außerhäuslichen Einrichtung. Das Kind muss jedoch bereits pflegebedürftig i. S. des SGB XI sein. Eltern wird es so ermöglicht, ihre minderjährigen Kinder, insbesondere in zeitaufwändigen und nähebedürftigen Lebens- oder Behandlungsphasen, eng zu betreuen.[927] Der Freistellungsanspruch kann wahlweise zur Familienpflegezeit geltend gemacht werden. I. Ü. gelten die Regelungen zur Inanspruchnahme der Familienpflegezeit (z. B. die Höchstgrenze von 2 Jahren) entsprechend für diesen Freistellungsanspruch (§ 2a Abs. 6 FamPflegeZG).

Nach § 2a Abs. 1 Sätze 1 und 2 FamPflegeZG ist jede Inanspruchnahme von Familienpflegezeit ggü. dem Arbeitgeber **mindestens acht Wochen vorher anzukündigen.** Wie nach § 3 Abs. 3 PflegeZG muss der Beschäftigte ggü. dem Arbeitgeber erklären, in welchem Zeitraum und Umfang die Freistellung erfolgen soll; auch die gewünschte Verteilung der Arbeitszeit ist mitzuteilen. In Fällen, in denen für weniger als sechs Monate eine pflegebedingte Freistellung von der Arbeitsleistung mit einer verbleibenden Arbeitszeit von 15 oder mehr Wochenstunden beansprucht wird, und in denen der Anspruch

---

926 I. G. zur bisherigen Fassung (§ 9 Abs. 3 FamPflegeZG a. F.) hat der Beschäftigte, bedingt durch die Abschaffung der Nachpflegephase, keinen (für die bis zu zweijährige Dauer der Nachpflegephase) nachwirkenden Kündigungsschutz. Da die Darlehenslösung in der neuen Gesetzesfassung beibehalten ist, kann es dazu kommen, dass der Beschäftigte auch nach Kündigung noch Gehaltseinbußen aus seinem alten Arbeitsverhältnis wettmachen muss.

927 BT-Drs. 18/3124, S. 38.

mindestens acht Wochen vorher angekündigt wird, kann das Freistellungsverlangen sowohl auf das PflegeZG als auch auf das FamPflegeZG gestützt werden, da dann die Anspruchsvoraussetzungen beider Gesetze erfüllt sind; im Zweifel ist Pflegezeit gewählt (§ 2a Abs. 1 Satz 3 FamPflegeZG). Beschäftigte, die zuerst Pflegezeit oder eine Freistellung gem. § 3 Abs. 5 PflegeZG in Anspruch nehmen, müssen eine Freistellung im Rahmen einer Familienpflegezeit direkt im Anschluss, also ohne Unterbrechung, folgen lassen (§ 2a Abs. 1 Satz 4 FamPflegeZG). Der Arbeitgeber muss das drei Monate im Voraus wissen (§ 2a Abs. 1 Satz 5 FamPflegeZG). Wird die Pflegezeit nicht zu Beginn einer unvorhergesehenen, kurzfristig aufgetretenen Pflegesituation in Anspruch genommen, sondern aus einer vorangehenden Familienpflegezeit heraus, besteht keine Notwendigkeit für die kurze Ankündigungsfrist von zehn Arbeitstagen. Vielmehr ist dem Beschäftigten in dieser Situation die Einhaltung der längeren, für die Familienpflegezeit geltenden Ankündigungsfrist von acht Wochen zumutbar. Dem trägt § 2a Abs. 1 Satz 6 FamPflegeZG Rechnung. Zudem muss sich auch eine nach der Familienpflegezeit in Anspruch genommene Pflegezeit unmittelbar an die Familienpflegezeit anschließen.

Wird die Familienpflegezeit nur teilweise ausgeschöpft, lässt sie sich nur in den beiden Fällen des § 2a Abs. 3 FamPflegeZG (Zustimmung des Arbeitgebers oder unvorgesehener Wechsel in der Pflegeperson) verlängern.

Für die Dauer der Familienpflegezeit und der Freistellung nach § 2 Abs. 5 FamPflegeZG gewährt das Bundesamt für Familie und zivilgesellschaftliche Aufgaben den Beschäftigten auf Antrag ein in monatlichen Raten zu zahlendes zinsloses **Darlehen** in Höhe der Hälfte der Differenz zwischen den pauschalierten monatlichen Nettoentgelten vor und während der Ausfallzeiten. Zu den Modalitäten der Gewährung und Rückzahlung enthält das FamPflegeZG in den §§ 3–10 eingehende Regelungen. In diesem Darlehen beschränken sich im Wesentlichen die staatlichen Hilfen für den Beschäftigten, der Familienpflegezeit, Pflegezeit, eine Freistellung nach § 3 Abs. 5 bzw. § 3 Abs. 6 PflegeZG oder eine Freistellung nach § 2 Abs. 5 FamPflegeZG in Anspruch nimmt. Ausweislich der Regierungsbegründung sollte die Darlehenslösung den Steuerzahler im 1. Jahr gerade einmal 1,3 Mio. € kosten.[928] Damit droht aber auch die neue Fassung des FamPflegeZG zu verpuffen. Denn viele Arbeitnehmer können oder wollen hierauf nicht zugreifen, da damit nur ein Teil ihres Erwerbsausfalls überbrückt wird und sie die finanziellen Hilfen nach Ablauf der Familienpflegezeit auch noch zurückzahlen müssen (vgl. § 6 Abs. 1 Satz 1 FamPflegeZG: in Raten regelmäßig vier Jahre lang).

928 BT-Drs. 18/3124, S. 2; s. auch Bericht des Haushaltsausschusses in BT-Drs. 18/3450, S. 1.

Literaturverzeichnis

Backhaus, in: Ascheid/Preis/Schmidt (APS), Kündigungsrecht, 6. Aufl. 2021, Kommentierung zu § 21 BEEG, §§ 14, 15 TzBfG

Bader, in: Etzel u. a., Gemeinschaftskommentar zum Kündigungsschutzgesetz und zu sonstigen kündigungsschutzrechtlichen Vorschriften (KR), 11. Aufl. 2016, Kommentierung zu §§ 18, 19 BEEG

Böhm, in: Gallner/Mestwerdt/Nägele, KSchG, 7. Aufl. 2021, Kommentierung zu § 18 BEEG

Bruns, Teilzeit- und Befristungsrecht, 2013

Buchner/Becker, MuSchG/BEEG, 8. Aufl. 2008, Kommentierung zu §§ 15–21 BEEG

Dankelmann, in: Kreikebohm, SGB VI, 5. Aufl. 2017, Kommentierung zu § 56 SGB VI

Dörner, Der befristete Arbeitsvertrag, 2. Aufl. 2011

Ebener, Mutterschutz, Erziehungsgeld, Elternzeit, 3. Aufl. 2002

Ellenberger, in: Palandt, BGB, 80. Aufl. 2021, Kommentierung zu § 113 BGB

Gallner, in: Erfurter Kommentar zum Arbeitsrecht (ErfK), 23. Aufl. 2023, Kommentierung zu §§ 15–19 BEEG, §§ 4, 7 PflegeZG

Gaul, in: Hennsler/Willemsen/Kalb, Arbeitsrecht-Kommentar, 8. Aufl. 2018, Kommentierung zu §§ 15–21 BEEG

Heenen, in: Münchener Handbuch zum Arbeitsrecht, 3. Aufl. 2009, § 308

Kania, in: Küttner, Personalbuch 2022, 29. Aufl. 2022, Stichwort Befristetes Arbeitsverhältnis

Kiel, in: Erfurter Kommentar zum Arbeitsrecht (ErfK), 23. Aufl. 2023, Kommentierung zu § 4 KSchG

Laux, in: Laux/Schlachter, TzBfG, 2. Aufl. 2011, Anh. 1 B und 1 C.

Lembke, in: Hennsler/Willemsen/Kalb, Arbeitsrecht-Kommentar, 8. Aufl. 2018, Kommentierung zu § 6 PflegeZG

Linck, in: Schaub, Arbeitsrechts-Handbuch, 18. Aufl. 2019, § 172

Lipke, in: Etzel u. a., Gemeinschaftskommentar zum Kündigungsschutzgesetz und zu sonstigen kündigungsschutzrechtlichen Vorschriften (KR), 11. Aufl. 2016, Kommentierungen zu § 21 BEEG und § 14 TzBfG

Meisel/Sowka, Mutterschutz und Erziehungsurlaub, 5. Aufl. 1999, Kommentierung zu § 19 BErzGG

Müller-Glöge, in: Erfurter Kommentar zum Arbeitsrecht (ErfK), 23. Aufl. 2023, Kommentierung zu § 20 BEEG, §§ 15, 17 TzBfG

Osnabrügge, in: Boecken/Düwell/Diller/Hanau, NomosKommentar Arbeitsrecht, 2016, Kommentierung zu § 18 BEEG

Othmer, in: Roos/Bieresborn, MuSchG/BEEG, 2013, Kommentierung zu § 21 BEEG.

Pauly, in: Boecken/Düwell/Diller/Hanau, NomosKommentar Arbeitsrecht, 2016, Kommentierung zu § 21 BEEG

Poeche, in: Küttner, Personalbuch 2022, 29. Aufl. 2022, Stichworte Elternzeit und Teilzeitbeschäftigung

Preis, in: Erfurter Kommentar zum Arbeitsrecht (ErfK), 23. Aufl. 2023, Kommentierung zu § 8 TzBfG, § 612a BGB

Rancke, in: Hk-MuSchG/BEEG, 5. Aufl. 2018, Kommentierung zu §§ 15–19, 21 BEEG

Rolfs, in: Ascheid/Preis/Schmidt (APS), Kündigungsrecht, 6. Aufl. 2021, Kommentierung zu §§ 18, 19 BEEG, § 9 MuSchG 1968

Schlachter, in: Laux/Schlachter, TzBfG, 2. Aufl. 2011, Anh. 2 F. und 2 H.

Schneider, in: Brose/Weth/Volk, Mutterschutzgesetz und Bundeselterngeld- und Elternzeitgesetz, 9. Aufl. 2020, Kommentierung zu § 16 BEEG

Schrader, in: BeckOK Arbeitsrecht (Stand: 1. 3. 2023), Kommentierung zu §§ 15–21 BEEG

Sowka, Elternzeit, 8. Aufl. 2018

Stahlhacke/Preis/Vossen, Kündigung und Kündigungsschutz im Arbeitsverhältnis, 10. Aufl. 2010

Theiss, in: Boecken/Düwell/Diller/Hanau, NomosKommentar Arbeitsrecht, 2016, Kommentierung zu §§ 15, 16 BEEG

Velikova, in: Däubler/Hjort/Schubert/Wolmerath, Arbeitsrecht (HK-ArbR), 5. Aufl. 2022, Kommentierung zu §§ 15–19, 21 BEEG

Wiegand, BEEG, 2007

Sachregister